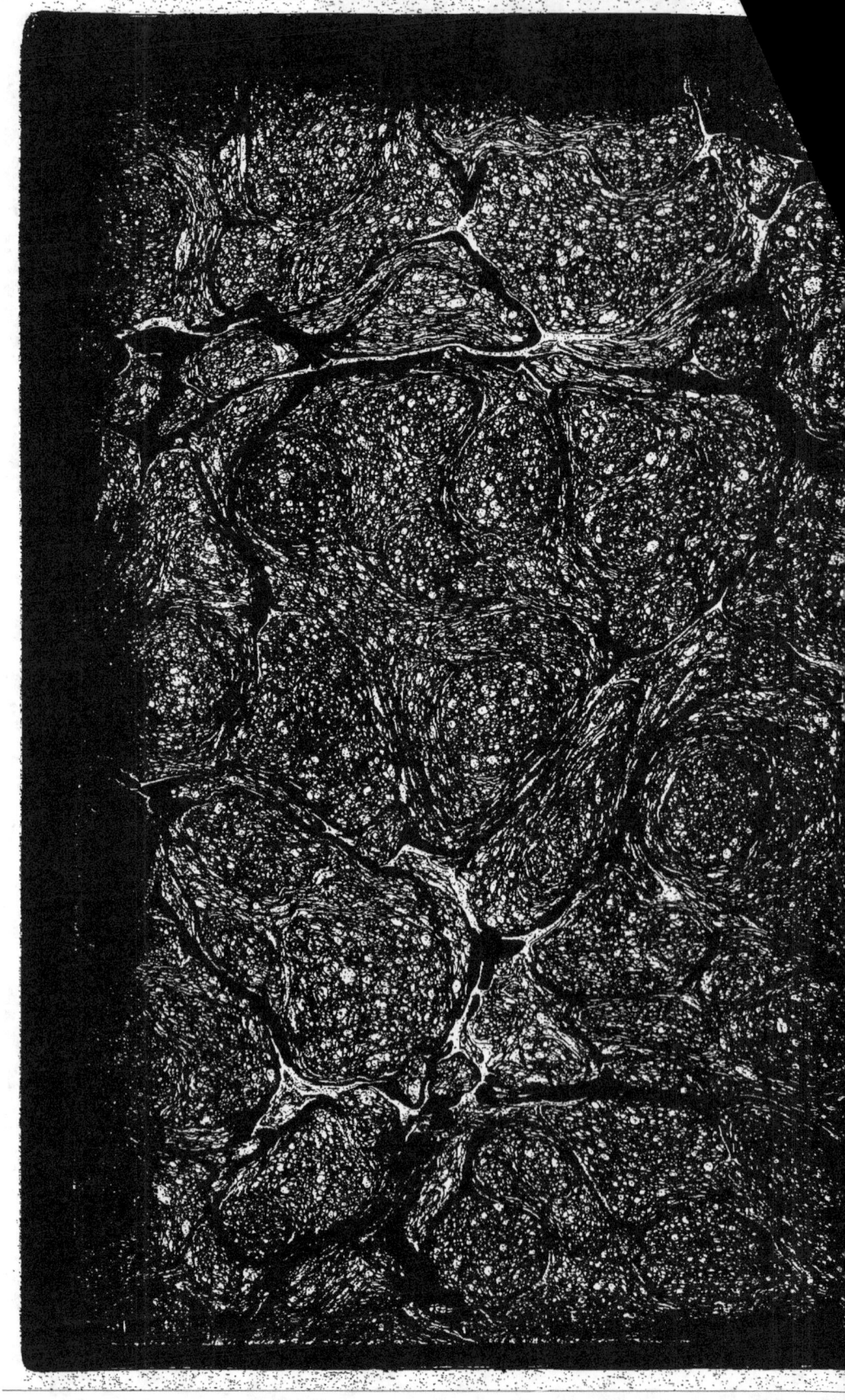

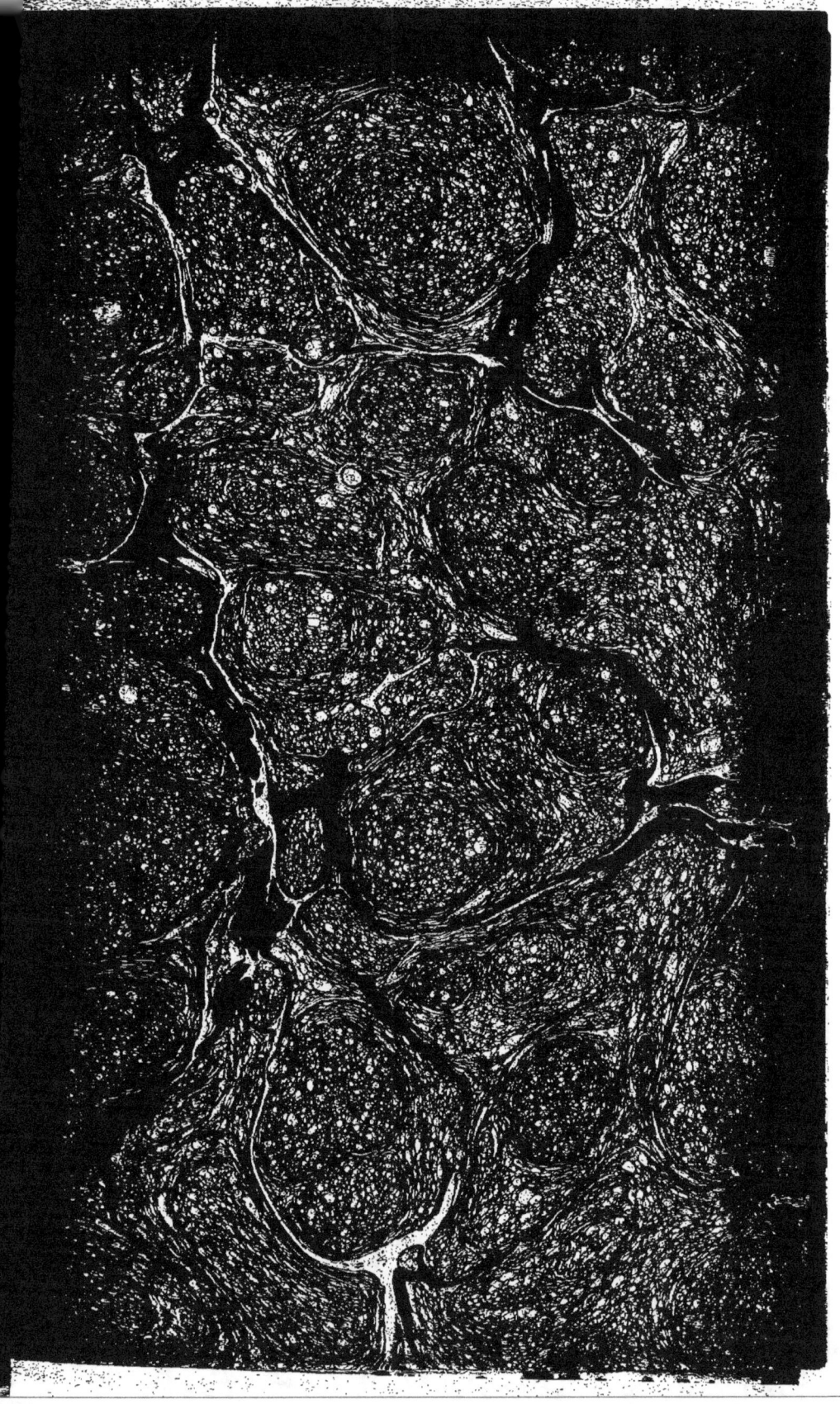

279 - ted 1.
H

DESCRIPTION

ROUTIÈRE ET GÉOGRAPHIQUE

DE L'EMPIRE FRANÇAIS.

DE L'IMPRIMERIE DE LEFEBVRE, RUE DE LILLE, N°. 11.

DESCRIPTION

ROUTIÈRE ET GÉOGRAPHIQUE

DE L'EMPIRE FRANÇAIS

DIVISÉ EN QUATRE RÉGIONS.

Ière. PARTIE. = RÉGION DU SUD.

SECTION Ière. = SUD-EST.

PAR R. V.***, INSPECTEUR DES POSTES-RELAIS, Associé correspondant des académies de Dijon et de Turin, Membre de celle des Arcades de Rome.

TOME TROISIÈME.

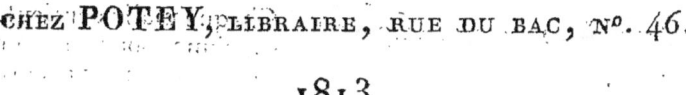

A PARIS,

CHEZ POTEY, LIBRAIRE, RUE DU BAC, N°. 46.

1813.

DÉPARTS

DES VOITURES PUBLIQUES ET DES COURRIERS

Sur les 2 routes de Turin à Florence.

VOITURES PUBLIQUES,

SUR LA 1re. ET 2e. ROUTE.

Il n'y avait aucune messagerie en activité, dans toute l'étendue de l'Italie, en 1810, toutes les entreprises de ce genre y ayant échoué contre la préférence donnée, par les habitans, aux voiturins, qui finiront sans doute, avec le temps, par échouer à leur tour, contre les nombreux avantages des messageries Françaises.

Une nouvelle diligence de Turin à Naples a été autorisée en 1812, en faveur du sieur Valsecchi ; mais il paraît qu'elle n'est par encore établie.

COURRIERS.

SUR LA 1re. ROUTE.

Le courrier de Turin à Gênes part tous les jours à midi.

Celui de Gênes à Florence part de même tous les jours à 7 h. du soir.

SUR LA 2e. ROUTE.

Il y a une petite malle établie d'Alexandrie à Parme, partant tous les dimanches, mardis et jeudis à midi, correspondant avec le courrier de Parme à Bologne, qui correspond lui-même à Bologne avec la malle de Florence, partant de Bologne tous les lundis, mercredis et vendredis à 5 heures du soir.

Chaque malle contient 2 places, l'une pour le courrier, l'autre pour un voyageur.

DESCRIPTION
ROUTIÈRE ET GÉOGRAPHIQUE
DE L'EMPIRE FRANÇAIS.

ROUTE DE PARIS A GÊNES,

Par Lyon, Turin, Asti, Alexandrie et la Bocchetta.

266 lieues.

	lieues.
Depuis Paris jusqu'à Turin (v. 1re. r^{te}. par le M^t.-Cenis). 63 *paragraphes*............	213
(2e. *route par le Mont-Genèvre*... 204 *l. et demie.*)	
§ 64. *De Turin à Truffarel*............	3
§ 65. *De Truffarel à Poirin*............	3

APRÈS avoir traversé le Pô au sortir de la ville sur un joli pont, qui fait face à la Vigne de la Reine, maison de plaisance déjà décrite (*V. ville de Turin*), on suit à droite un chemin agréable qui domine en terrasse sur le fleuve,

Tome III.

et qui est dominé lui-même à gauche par la charmante colline de Turin.

Au bout d'une demi-lieue, on voit sur la rive opposée, dans un site des plus frais, la maison royale du Valentin dont nous avons également parlé. Une lieue plus loin, on traverse la petite ville de Montcalier, peuplée d'environ 2000 habitans, et décorée d'une autre maison royale que nous avons encore fait connaître en décrivant les environs de Turin. Elle n'est remarquable que par cet imposant édifice, dont elle ne partage qu'à demi l'heureuse situation, se trouvant placée au dessous, et bien moins aérée.

Truffarel est un village peu considérable et sans ressource. On peut se rendre de là, par une route de trois lieues, qui n'est qu'un chemin de traverse, quoique ligne de poste, à *Chieri*, ou Quiers, ville assez considérable, qui a une communication plus directe avec Turin par la montagne de la Superga. La position de Chieri sur la ligne droite de Turin à Alexandrie, donne à ses habitans l'espoir fondé d'avoir un jour la grande route, qui dans l'état actuel fait un circuit de trois lieues, sans autre motif apparent que d'éviter la montagne ou plutôt la colline de Turin, dont le trajet n'offre aucune difficulté majeure, ou du moins insurmontable.

ROUTE DE PARIS A GÊNES. 3 lieues.

Ce vœu des habitans et des voyageurs est trop conforme au bien public pour n'être pas tôt ou tard exaucé. L'intérêt d'une ville de 8000 âmes doit peser aussi dans la balance.

Elle est riche et bien bâtie, dans une plaine assez agréable; on y remarque une jolie église, et une jolie porte de ville, construite en arc de triomphe. Les illustres familles des Crillon et des Broglio tirent leur origine de cette ville. Revenant à notre route, nous allons, après avoir remonté quelque temps la rive droite du Pô, l'abandonner, pour prendre à gauche, par une plaine bien cultivée, la direction de Poirin, bourg de 3000 habitans avec bureau de poste. *Parcouru depuis Paris* 219

---

§ 66. *De Poirin à Dusin.* 3
§ 67. *De Dusin à Gambetta.* 3
§ 68. *De Gambetta à Asti.* 3

Même plaine pendant la première distance. Au bout de deux lieues on traverse le bourg de Villeneuve, par une rue droite qui sépare le département du Pô de celui de Marengo. C'est à ce bourg que viendrait aboutir la route directe dont il a été question précédemment. Il y a 2000 habitans et un bureau de poste : il y aura

1 *

sans doute aussi quelque jour un relais, qui s'y trouvera mieux placé qu'à Dusin, ferme isolée aussi bien que Gambetta. Aux deux tiers de l'intervalle qui sépare ces deux fermes, le village de Villefranche, perché sur une jolie colline qui domine la route à droite, offre un coup d'œil assez gracieux, et un meilleur emplacement que Gambetta pour la poste.

La route s'enfonce dans de petites collines qui se rattachent sur la gauche à celle de Turin, dont la plus haute cime, couronnée par le majestueux dôme de la Superga, se montre encore dans un lointain de 5 à 6 lieues. Ces collines qui présentent avec des aspects variés, un sol argileux et peu fertile, se couvrent de vignes en approchant d'Asti, ville de 10,000 habitans, située non au bord, comme le disent presque tous les auteurs, mais auprès du Tanaro. Elle est entourée de grandes et mauvaises murailles, qui lui donnent une enceinte presque aussi étendue que celle de Turin. Rien d'intéressant à voir à Asti : la cathédrale est un édifice gothique qui mérite un simple coup d'œil en passant. L'église de *** renferme une rotonde qui sert, autant qu'il m'en souvient, de baptistère, et dont la construction est attribuée aux Romains. Elle porte réellement un caractère antique, mais du bas Empire: c'était, dit-on, un temple de Vénus.

Cette ville, célèbre jadis par ses cent tours, n'en possède plus qu'une trentaine, dont le nombre et la hauteur diminuent encore journellement. On sait que ces tours étaient en Italie les marques distinctives de la noblesse. On y voit encore une certaine quantité de ce que les Italiens nomment *palazzo* et que nous nommons *hôtel* en France. On remarque dans le nombre celui de ce fameux Alfieri qui, formé en France à l'école des Corneille, est devenu lui-même celui de l'Italie. Asti est le siége d'un évêché et d'une sous-préfecture. Le département, dont cette ville était le chef-lieu, a été réuni, depuis quelques années, à celui de Marengo.

Les vins rouges et blancs d'Asti sont réputés, à juste titre, les meilleurs du Piémont. La plaine du Tanaro est fertile en blé : elle est exclusivement consacrée à ce genre de culture. Cette fertilité ne paraît pourtant pas s'élever au dessus du terme moyen de cinq pour un.

Outre la route que nous suivons, Asti en a une de sept lieues sur *Acqui*, petite ville décrite parmi les communications ci-après, et une

6 SUD-EST DE L'EMPIRE FRANÇAIS. lieues.

de 5 lieues sur Albe, autre petite ville, où l'on peut se rendre aussi de Chérasco. Elle renferme 2000 habitans et possède une sous-préfecture.

   Cette patrie de l'Empereur Pertinax est sans doute la plus ancienne ville d'Italie, si sa fondation remonte à Janus, comme on le lit dans la Statistique de la Stura. Connue des Romains sous le nom d'*Alba Pompeia*, elle doit ce nom à son restaurateur Pompeius Strabon, père du grand Pompée. — *Parcouru depuis Paris* 228

---

§ 69. *D'Asti à Annone*. 3
§ 70. *D'Annone à Felissan*. 3
§ 71. *De Felissan à Alexandrie*. 4½

   Plaine riche en blé, très peu boisée et fort triste. Sa monotonie paraît augmenter avec sa fertilité, à mesure qu'on avance. Bordée à peu de distance à gauche par une chaîne de collines, elle s'étend, à droite, à perte de vue, jusqu'aux Apennins, qu'on ne distingue que dans les temps les plus clairs.

   Annone est un simple hameau, et Félissan un bourg de 1200 habitans. Le village qu'on a traversé une demi-lieue avant d'arriver à ce dernier est Quatordio, où était autrefois un relais, qui ne coupait qu'en deux parties tout l'intervalle d'Asti à Alexandrie. Ces deux distances paraissaient d'autant plus longues au voyageur, que celle d'Asti à Quatordio présentait en hiver des bourbiers affreux, dont on était plusieurs heures à se retirer : les ingénieurs français sont parvenus à les dessécher. A mi-chemin de Félissan à Alexandrie, on trouve Solero, bourg de 1200 habitans.

La ville d'Alexandrie vue de loin présente l'effet d'un grand village, au milieu d'une grande plaine. Un quart de lieue avant d'y arriver, on trouve un embranchement formé par quatre routes : celle qui est en face, se dirige sur la citadelle ; celle qu'on prend à droite mène à la ville ; celle qu'on laisse à gauche conduit à Casal.

Le pont couvert sur lequel on traverse le Tanaro, après avoir passé les fortifications de la place, est le plus beau du Piémont. Remarquable par sa hauteur et par sa solidité, il l'est encore plus par le toit qui, régnant dans toute sa longueur, en fait une véritable galerie. La ville ne commence proprement qu'après le pont. Elle s'annonçait assez mal par le vieux quartier, qu'il fallait traverser, avant d'arriver à la grande place, où l'on jugeait cette ville plus avantageusement. On la juge également bien aujourd'hui par la rue large et belle qu'on vient de percer depuis le pont jusqu'à cette place, l'une des plus belles de l'Italie. Une allée d'acacias l'entoure et sert de promenade.

Le palais Impérial, ci-devant de Ghilini, en orne un côté; on remarque sur un autre côté l'hôtel de ville et la salle de spectacle, qui est assez belle intérieurement, et sur un troisième qui fait face au premier, la préfecture. Le reste de la ville a peu de quoi satisfaire les regards du voyageur, si l'on excepte cependant la caserne, dite des jésuites, et l'hôpital civil, qui sont deux vastes et beaux édifices.

Alexandrie n'est ni une belle ville, quoique percée de rues la plupart droites et assez larges, ni une grande ville, quoiqu'elle prétende l'être autant que Turin. Il est aisé de vérifier, en parcourant l'enceinte de l'une et de l'autre, comme j'ai pris la peine de le faire, que l'étendue d'Alexandrie égale à peine la moitié de celle de Turin; sa population ne s'élève guères qu'au quart (environ 15,000 âmes), quand on n'y comprend pas la garnison, qui est toujours fort nombreuse.

Si ce n'est ni une grande, ni une belle ville, c'est en revanche une des plus fortes places de l'Europe, tant par sa citadelle que par elle-même, tant par les forts et les ouvrages avancés qui l'entourent, que par ses travaux intérieurs, dont le plus remarquable est l'éclusement du Tanaro.

Les remparts sont, avec la grande place dont nous avons déjà parlé, les uniques promenades de cette ville, siége de la préfecture de Marengo. Elle possède une école d'artillerie.

Les voyageurs y trouvent un établissement de bains publics, d'assez mauvaises et très chères auberges, des traiteurs médiocres, de beaux et bons cafés, un cabinet littéraire et une très petite bibliothèque publique.

Son commerce peu considérable consiste en soie filée. Les filatures sont établies la plupart hors de la ville. A l'exception d'une rue, les autres offrent peu de boutiques, ce qui les rend assez tristes. Les maisons sont toutes en briques, ainsi que les remparts.

Alexandrie de la Paille est célèbre dans l'histoire des guerres d'Italie par les nombreux siéges qu'elle a soutenus. Fondée dans le douzième siècle, sous les auspices du Pape Alexandre III, elle en reçut le nom qu'elle porte. On ne connaît pas aussi bien l'étymologie de son surnom de la Paille, que quelques auteurs attribuent à ce que, dans le principe, les maisons étaient couvertes en paille. C'est la patrie de Georges Merula, savant du quinzième siècle.

Le peuple d'Alexandrie et de cette partie du Piémont fournissait les plus beaux hommes et peut-être les meilleurs soldats de tous les états du Roi de Sardaigne, en même temps que les plus déterminés contrebandiers. On voit beaucoup de hautes tailles, de complexions musculeuses, de physionomies à caractère ; mais ces traits prononcés annoncent plus souvent l'audace que le courage, la brutalité que l'énergie ; je ne parle que du peuple proprement dit : on trouve dans la classe éduquée toute l'urbanité ultramontaine.

Quant au pays, il n'est ni beau ni bon. C'est une vaste plaine dépouillée d'arbres, assez cultivée malgré sa nature sablonneuse, et plus fertilisée que fertile. — *Parcouru depuis Paris*... 238½

---

§ 72. *D'Alexandrie à Novi*. 7

On traverse au bout d'un quart de lieue la Bormida, et demi-lieue plus loin Marengo, hameau jadis obscur, fameux aujourd'hui par la victoire qui a fixé les destinées de l'Italie. Une colonne placée au bord du chemin en rappelle le souvenir aux voyageurs.

La plaine de Marengo, qui est la même que celle d'Alexandrie, n'est belle que pour les batailles : point de bois, point de vergers, point de haies vives, peu de vignes ; mais de tout côté des champs à perte de vue. Elle se termine aux Apennins, que le voyageur a sans cesse en perspective jusqu'à Novi, où il se trouve au pied de la chaîne.

Ces montagnes, privées des vastes forêts qui décorent les sommités moyennes, et des neiges éternelles qui tapissent les crêtes supérieures des Alpes ou des Pyrénées, offrent, par leur attristante nudité, par leur faible élévation, en comparaison de ces chaînes primitives, et par leurs flancs grisâtres, sillonnés de ravins, un aspect horrible sans être une belle horreur. Fatigués de cette vue, les yeux se reposent avec plaisir sur les coteaux de vignes qui les précèdent, et qui entourent à moitié la ville de Novi.

Nous avons laissé à Marengo la route de Parme, et au village de Pozzolo, vers le milieu de la distance, l'embranchement de la route de Milan à Gênes.

Novi renferme 6000 habitans, qui étaient tous ou presque tous adonnés au commerce de frontière. Plusieurs sont très riches, comme on le juge aux belles maisons qui décorent cette ville, et qui semblent par leurs peintures extérieures annoncer le voisinage de Gênes. Quelques-unes appartenaient à des nobles de cette dernière ville. Il ne reste du vieux château de Novi qu'une tour bien conservée, située sur une éminence et remarquable par son élévation.

Cette ville qui dépendait jadis de l'état, aujourd'hui du département de Gênes, fait encore un peu de commerce d'entrepôt pour les transports, lesquels n'ont lieu qu'à dos de mulet, au travers des Apennins, c'est-à-dire, depuis Novi jusqu'à Gênes.

Elle a donné son nom à une bataille gagnée en l'an 7 de la république par les Autrichiens et les Russes sur les Français, qui y perdirent le général Joubert.

C'est de Novi que doit partir la nouvelle route de Gênes par Serravalle. La soie blanche de cette ville jouit d'une grande réputation dans le commerce.—*Parcouru depuis Paris.* . 245

§ 73. *De Novi à Voltaggio.* . . . .

Après avoir traversé les vignobles, les vergers, et les châtaigneraies de Novi, le voyageur pénètre, par une suite continuelle de montées et de descentes, de gorges et de ravins, de passages étroits et difficiles, dans le cœur des Apennins. Le bourg de Gavi, qu'on trouve au milieu de la distance, est connu par le fort qui le domine, et qui passe pour n'avoir jamais été

ROUTE DE PARIS A GÊNES. 13 lieues.

pris, peut-être parce qu'il n'a jamais été sérieusement attaqué. Ce bourg renferme 1600 habitans. Il y a un bureau de poste, et une assez bonne auberge. Celui de Voltaggio en offre deux non moins bonnes, avec un autre bureau de poste et environ 1200 habitans. Il y a, près de ce bourg, une source d'eau minérale sulfureuse. — *Parcouru depuis Paris* . . . . 253 ½

§ 74. *De Voltaggio à Campo-Marone.* 8

La montée et la descente de la Bocchetta composent toute cette distance, fixée à 8 lieues, dans le livre de poste, moins d'après le toisé qui n'en donnerait peut-être pas six, que d'après le temps qu'on met à la parcourir. La poste n'y emploie que des chevaux de la première force, dont on est encore obligé de doubler le nombre, ainsi que celui des postillons, à cause de la longueur et de la rapidité des pentes.

On avance dans une gorge étroite, tantôt au milieu des bois, tantôt le long des prés solitaires, qui bordent le Lemmo; et sans le souvenir des assassinats qui ont rendu le passage de la Bocchetta aussi célèbre que dangereux, souvenir qui fait éprouver la crainte de quelque rencontre de cette nature, on trouverait peut-être quelque chose de romantique à cette première partie de la montée, qu'on s'étonne de voir aussi boisée, quand on a remarqué de loin la nudité, qui semble être l'unique partage de ces montagnes; mais à cette distance on n'en voit point les gorges, on ne voit que les cimes.

Le voyageur ne s'étonne pas moins de rencontrer fréquemment des habitations le long de cette sauvage vallée. Elles s'éclaircissent à mesure qu'on avance : elles cessent entièrement à peu de distance du col, près duquel s'élève à gauche, sur un roc isolé, une maison bâtie pour un corps-de-garde, aspect à la fois pittoresque et rassurant. Les assassinats étaient devenus rares dans les Apennins depuis la réunion du Piémont : ils ne se renouvelaient plus depuis celle de la Ligurie, et les brigands paraissant détruits, la précaution du corps-de-garde avait été négligée; mais elle venait d'être remise en vigueur, lors de mon passage, à l'occasion d'une des plus hardies entreprises de ce genre qui aient jamais signalé les annales du brigandage. Un négociant étranger traversait la Bocchetta, en poste, avec son épouse, ses deux filles, un domestique mâle et une femme de chambre; il avait deux voitures conduites par cinq postillons. Comme il arrivait en face du corps-de-garde où se trouvait alors un garde champêtre, unique habitant de la maison, un brigand, le visage couvert d'un mouchoir, fond du haut de la montagne sur le voyageur qui dormait dans sa voiture, pendant que sa famille et les domestiques montaient à pied : c'était un vieillard infirme. Le domestique mâle court appeler du secours, et pendant ce temps le brigand force, le poignard à la main, le vieillard et les quatre femmes, qui avaient joint la voiture, à lui donner tout ce qu'il put emporter d'argent, sans aucune résistance de la part des postillons, qui s'étaient tous les cinq arrêtés à son signal, et ne se remirent en marche que lorsqu'il eut fini son opération. Ce qu'il y a de plus étonnant, c'est qu'avec cet air de connivence ils n'étaient tous coupables que de lâcheté, ainsi que le garde champêtre, qui ne fit aucun mouvement pour secourir les voyageurs. Ces témoins furent tous incarcérés, comme coupables ou du moins suspects de complicité, immédiatement après le délit commis quelques jours avant mon passage en 1809. Les mesures énergiques du préfet de Gênes et surtout du sous-préfet de Novi, qui promit, par une proclamation, 400 francs à celui qui découvrirait le voleur, et 1000 francs à celui qui l'arrêterait, le firent bientôt découvrir et arrêter. Il subit le supplice avec autant de courage qu'il avait commis le crime avec audace. Après avoir fait tous ses aveux, et avoir demandé pardon à la justice, à sa famille, à ses camarades (c'était un conscrit né de parens honnêtes), il s'est élancé lui-même sur l'échafaud, et a présenté sa tête.

Les postillons, ainsi que le garde champêtre furent reconnus innocens, et acquittés; mais pour que cette funeste lâcheté ne se renouvelle plus, une proclamation du préfet a, dit-on, déclaré qu'à l'avenir, les témoins d'un vol ou d'un assassinat qui ne feront rien pour s'y opposer, seront arrêtés comme suspects de complicité.

Le crime est d'autant plus facile à commettre dans cette partie de la route, que la rapidité continuelle des rampes n'y permet pas aux voyageurs la ressource de la fuite. Ce qui devrait cependant les rassurer et inquiéter les assassins, c'est le fréquent passage des muletiers qui foulent sans cesse la route de la Bocchetta, en temps de paix, pour le transport des marchandises importées dans l'intérieur par le commerce de Gênes, et en temps de guerre, pour l'approvisionnement de la ville, qui ne peut plus se faire par mer.

Le col de la Bocchetta est le point où l'on traverse la crête des Apennins. Sa hauteur perpendiculaire de 777 mètres au dessus du niveau de la mer, est peu inférieure à l'élévation générale de toute la chaîne. Cette mesure a pu facilement être portée à l'exactitude trigonométrique, vu que la mer baigne le pied de la montagne.

Le col de la route projetée par Serravalle sera infiniment moins élevé, puisque les mesures ne le portent qu'à 469 mètres au dessus du niveau de la mer. Je regrette de ne pouvoir donner la description de cette nouvelle route, qui doit remplacer celle de la Bocchetta ; elle était trop peu avancée, lors de mon dernier passage à Gênes. On m'en a promis le tableau quand elle sera finie : j'en ferai l'objet d'un supplément. En attendant je l'aurai toujours annoncée d'avance aux voyageurs comme une nouvelle agréable à leur apprendre, dont ils sentiront d'autant mieux le prix, qu'ils auront eu plus à se plaindre de la route actuelle, à laquelle je ne trouve point d'égale dans l'Empire, pour la rapidité des rampes, ainsi que pour la mauvaise nature et le délâbrement des pavés.

Le point où la nouvelle route doit traverser l'Apennin, étant plus bas que la Bocchetta, sera moins sujet aux tourmentes qui règnent fréquemment sur ce dernier passage ; mais il n'offrira pas, dit-on, un aussi beau point de vue. Outre la Méditerranée qu'on découvre de toutes les hauteurs de l'Apennin septentrional, la Bocchetta présente un aspect qui lui est particulier. La vallée de la Polcevera, qui s'étend depuis ce col jusqu'à la mer, dans une longueur de quelques lieues, est aussi sauvage, aussi stérile par sa nature, que toutes les vallées et toutes les croupes, tant septentrionales que méridionales de cette partie des Apennins; mais l'industrie et la magnificence Génoises lui ont presque donné une autre nature. Le voyageur enchanté de ce joli bassin regrette de le voir borné à si peu de distance, et comme arrêté tout d'un coup par la mer. L'infertilité y lutte partout contre les efforts de l'art ; mais elle est partout vaincue, excepté dans les parties de la vallée sujettes aux ravages du torrent, dont le lit large et pierreux la couvre presque en entier, repousse toute végétation, et présente une vue attristante.

La nudité naturelle à ces montagnes se montre aussi sur quelques croupes incultes, et perce à travers la végétation même, dans les pentes cultivées, où la maigreur des arbres accuse celle du sol. Malgré cela je ne connais point de perspective comparable à celle que j'ai vue se déployer inopinément à mes regards du haut de la Bocchetta. Mais n'anticipons point sur nos jouissances. Le paysage que nous avons sous les yeux va nous conduire à la superbe Gênes, placée sur la pointe orientale du croissant, dont il présente la forme pittoresque. On n'aperçoit cette cité, encore éloignée de 6 lieues, que d'une manière bien imparfaite du haut de la Bocchetta, ou pour mieux dire on ne l'aperçoit pas du tout; car ce qu'on entrevoit n'est que son faubourg. La mer, qu'on découvre à perte de vue de cette hauteur, ne se montre le plus souvent que comme un brouillard épais, qui se dissipe à mesure qu'on approche; mais par un temps clair et un ciel pur, on la voit briller comme une glace.

Quelques personnes m'ont assuré qu'on distinguait de la Bocchetta, au soleil levant, des matinées les plus claires, les montagnes de la Corse. Dans ce cas on pourrait, des sommités voisines qui hornent la vue du côté du nord, parcourir une ligne visuelle d'environ quatre degrés; car il y a bien cette distance des montagnes de la Corse à celles des Alpes, qu'on voit très distinctement de toutes les cimes de l'Apennin Ligurien, lorsqu'elles ne sont pas masquées par d'autres, comme la Bocchetta.

2 *

Nous ne quitterons pas cette partie des Apennins, quoique nous devions les traverser en divers autres points, sans en examiner la nature dans celui où nous nous trouvons. Elle est assez difficile à déterminer, à cause de son extrême variété. Cette chaîne secondaire ne semble pas devoir offrir le granit, et cependant j'en ai aperçu des blocs dans les torrens, quoique je ne l'aie vu nulle part en masse. Les rochers qu'on rencontre le plus souvent sont le schiste, le grès et quelquefois le poudingue. On trouve aussi à peu de distance de la route le marbre et le charbon de terre. La roche molle et noirâtre qui borde les talus de la Bocchetta est une variété du schiste.

Nous avons parlé de l'infertilité du sol : une marne grise, où domine l'argile, en forme la base : il n'admet en général que le seigle sur les hauteurs, la vigne sur les pentes qui bordent les plus basses vallées, les bois et les châtaigniers sur les flancs des plus élevées. Les habitans ne tirent aucun parti des landes et des pâturages, soit parce que l'herbe en est mauvaise, soit parce qu'ils ignorent la double industrie de la fabrication des fromages et de l'éducation des bestiaux. J'ai cependant vu quelques maigres troupeaux de vaches, en descendant le revers méridional de la Bocchetta.

Ce revers plus animé, plus cultivé que le côté du Nord à cause du voisinage de Gênes, offre encore une plus grande différence dans la température, puisque nous y verrons, non seulement l'olivier, mais l'oranger et le citronnier en pleine terre, tandis que le revers septentrional souffre à peine la culture du noyer et du mûrier. Ce sont, pour ainsi dire, deux zônes différentes. Toutes les chaînes de montagnes, qui ont leur direction de l'Est à l'Ouest, offrent également deux températures, mais pas aussi tranchées.

La vallée de la Polcevera, beaucoup plus évasée que celle du Lemmo, est aussi beaucoup moins longue, parce que la pente du sud finit plus brusquement que celle du Nord, circonstance que nous avons déjà remarquée, après M. de Saussure, dans les Alpes, comme dans le Jura, et qui mérite l'attention de tout observateur.

On a passé le danger des assassinats quand on a franchi le col. Un pays si découvert et si vivant n'est plus favorable aux voleurs. Après une descente de deux lieues, qui offre plusieurs rampes extrêmement rapides, et quelques villages, on arrive à celui de Campo Marone, où commencent les maisons de plaisance, qui décorent cette partie du revers des Apennins. Les châtaigniers qui règnent jusques là, s'y mêlent aux oliviers qui règnent en suite depuis là jusqu'à Gênes. — *Parcouru depuis Paris*. . . . . 261 ½

§ 75. *De Campo Marone à Gênes*. . . . . 4 ½

Cette distance offre une superbe route, dirigée en pente insensible, le long de la rive gauche de la Polcevera, dont le large lit toujours caillouteux et presque toujours à sec, servait de route, avant qu'un Doge de la maison de Cambiaso eût songé à faire construire cette belle levée, il y a près d'un demi-siècle. Les voyageurs longent, en la parcourant, un grand nombre de maisons de campagne et de jardins, et en découvrent des milliers de côté et d'autre. On traverse plusieurs villages qui en sont remplis, notamment Ponte decimo et Rivarolo où doit aboutir la nouvelle route. L'œil cherche partout l'ombrage dont le climat fait sentir le besoin, et ne le trouve nulle part. Les belles futaies, le tilleul majestueux, le noble maronnier, l'élégant platane, même le joli peuplier d'Italie, qui prodiguent ailleurs les ombrages frais, les asiles impénétrables aux rayons du soleil, ne sont pas le genre d'agrément qu'il faut chercher dans les environs de Gênes. Il semble que les glorieux propriétaires de ces riches habitations aient craint d'en dérober quelque chose à la vue, en les environnant de trop d'ombrage. On aime en France que les allées et les berceaux entourent, dominent même les maisons de campagne, de manière à n'en laisser à découvert que la façade, qui semble se montrer furtivement au milieu de ces masses de verdure ; mais ici les arbres doivent être dominés, écrasés par les maisons fastueuses autour desquelles ils s'élèvent humblement, pour les embellir, sans oser les ombrager. Le jardinier est là qui les surveille, prêt à trancher la tête qui entreprend de s'élever au dessus du niveau général.

Ainsi rien ne rafraîchit l'imagination desséchée, tant par l'aridité du sol que par l'ardeur du climat. Et cependant l'œil est enchanté : l'air se remplit de vapeurs balsamiques ; à la place des ombrages touffus, une gaze verdoyante s'étend, à long replis, sur la terre parfumée. Ce n'est point la verdure ordinaire des campagnes, mais celle des jardins ; ce ne sont point nos jardins d'Europe, mais ceux de l'Asie, de l'Egypte, de l'Archipel, je dirai presque de Cythère, dont l'aride rocher n'a jamais pu admettre d'autres bosquets que ceux que peuvent offrir l'oranger, le citronnier, le grenadier, le laurier rose, le myrthe, etc. etc. A ces arbres voluptueux les Génois aiment à marier les pins, les cyprès et toute cette populeuse famille d'arbres mélancoliques, enlevés aux forêts du Liban ou du Caucase, arbres d'éternelle, mais attristante verdure, dont « il semble, dit Dupaty, » que les autres saisons n'ont pas voulu pour les » laisser à l'hiver ».

Ainsi les plaines et les montagnes de l'Orient ont également concouru à fournir les élémens dont se composent les jardins de Gênes. Ces arbres exotiques et peu ombreux, sont, avec le figuier et le pampre d'Europe, presque les seuls qui entourent les palais des Génois tant à la campagne qu'à la ville. Tout le reste est donné à la magnificence, tout le reste est marbre, sculpture et peinture.

En nous abandonnant à cette variété de remarques et de sensations, et à l'espèce d'étourdissement que fait éprouver un nombre aussi prodigieux de palais, nous sommes arrivés à Gênes, sans nous en apercevoir, si toutefois l'on y est avant d'être parvenu à la première de ses trois portes, ou de ses deux enceintes. Quoi qu'il en soit, on est dans le faubourg Saint-Pierre d'Arena, dès qu'on a quitté les bords de la Polcevera, en laissant à droite le pont de Cornegliano pour prendre à gauche, le long du rivage de la mer, la direction de la ville dont la description fait le sujet du chapitre suivant.—*Parcouru depuis Paris jusqu'à Gênes*. 266

FIN DE LA ROUTE DE PARIS A GÊNES.

DESCRIPTION

DE

LA VILLE DE GÊNES.

Le faubourg de Saint-Pierre d'Arena paraît avoir au moins une lieue de long. Les palais, en assez grand nombre, qui en bordent l'étroite rue, sont aujourd'hui peu remarqués, ayant perdu la fraîcheur des peintures extérieures qui en faisaient la véritable beauté. Au lieu de cette rue, souvent embarrassée, on en peut suivre une autre qui règne en forme de quai sur le rivage de la mer ; et ce spectacle toujours imposant, dont la beauté ne saurait s'affaiblir, dédommage, avec usure, le voyageur de celui des maisons déjà vieillies et dégradées qui portent le titre de palais dans la rue principale.

Au bout de ce faubourg, l'Apennin projette jusques dans la mer une longue arête de rocher, au travers de laquelle on a été obligé de creuser une profonde échancrure pour le passage de la route.

VILLE DE GÊNES.

Ainsi détachée de la montagne, l'extrémité de cette roche s'élève isolément et d'une manière pittoresque au bord de la mer. Sur sa cime s'élance, à une hauteur prodigieuse, la tour de la Lanterne, dont le sommet, consacré au fanal qui indique le port aux navigateurs, pendant la nuit, offre un des points de vue les plus intéressans de Gênes. Dans l'échancrure du roc est pratiquée la première porte de cette ville sous le nom de *porte de la Lanterne*.

C'est après l'avoir passée que le voyageur voit se déployer le superbe amphithéâtre que forme, par sa position, cette ancienne maîtresse des mers, titre que lui donne le pape Alexandre IV, dans une bulle de l'an 1258. Cette vue est d'autant plus frappante, qu'outre la magnificence d'un tableau dans lequel figurent un si grand nombre de palais, la situation de Gênes est unique dans son genre. On l'a comparée à celle de Naples; mais la seule ressemblance est, à mon avis, que les deux villes sont l'une et l'autre au bord de la mer; les croupes hautes, arides et tristes, qui dominent Gênes, n'ont, avec les collines basses, fertiles et riantes qui entourent Naples, d'autre rapport que celui des contrastes. Celles-ci n'embrassent qu'une partie de l'enceinte de Naples; les autres bordent Gênes dans toute sa longueur, et la resserrent à tel point, qu'elle a été obligée de s'emparer de leurs bases, n'ayant pas eu d'autre moyen de s'étendre.

Dans le lointain les coteaux de Naples s'effacent et laissent voir à découvert une campagne aussi vaste que riche; mais de quelque distance que les navigateurs découvrent Gênes ils voient l'Apennin s'élever derrière cette cité, comme un immense rempart, et tout ce qui s'efface à la vue est l'étroit intervalle qu'elle occupe entre ce rempart et la mer.

Le ton sauvage, triste et monotone de ces montagnes, contribue à faire ressortir la magnificence de Gênes. C'est la plus frappante opposition que puisse offrir la richesse de l'art et la pauvreté de la nature. Elle semblait n'avoir destiné ce misérable coin de la terre qu'aux misérables cabanes des pêcheurs qui en furent sans doute les premiers habitans : ces cabanes ont fait place aux plus somptueux palais de l'Europe.

Entre la porte de la Lanterne et celle de Saint-Thomas, est un second et très long faubourg qui porte quatre noms différens pris des quatre paroisses qui le composent. Au bout de ce faubourg on trouve le palais du célèbre André

Doria. Une inscription latine qu'on lit sur la façade, quand on a le temps et le talent de la déchiffrer, porte les titres de son fondateur aux hommages de l'histoire et à la reconnaissance de ses concitoyens. Ce palais, où ont logé les deux plus grands empereurs de l'occident depuis Charlemagne (Charles-Quint et Napoléon), n'est pas aussi beau qu'il est grand ; l'intérieur est assez riche d'ornemens et de peintures, mais l'admiration ne se porte que sur le jardin où l'on voit, le long de la mer, une superbe colonnade surmontée d'une terrasse, le tout en marbre de Carare, et dans le bassin du milieu, un Neptune colossal, sous la figure d'André Doria, également en marbre blanc, ainsi que les chevaux. Ce groupe est d'un bel effet, quoique d'une exécution médiocre.

La maison de plaisance qu'on voit en face de ce palais en est une dépendance. Dans les jardins qui remontent de terrasse en terrasse, jusqu'au sommet de la colline, s'élève à mi-côte une mauvaise statue gigantesque de Jupiter. Elle est connue à Gênes sous le nom de *Gigante* (le géant). L'épitaphe qu'on lit près de cette statue est celle du chien d'André Doria, à qui ce grand homme, d'autres disent Charles-Quint qui l'avait donné à Doria, légua 500 écus de pension. Les contradictions des écrivains, sur le véritable auteur de ce noble legs, n'intéressent pas tellement l'histoire, que mes lecteurs ne me pardonnent d'avoir négligé les recherches propres à éclaicir la question, tout comme ils me pardonneront encore de ne pas leur transcrire ici cette longue épitaphe : il leur suffira de savoir qu'elle apprend aux curieux, assez patiens pour en subir la lecture jusqu'au bout, que le chien *Roidano* était le plus fidèle des chiens, qu'il vécut 21 ans et 8 mois, et mourut en septembre 1605, le jeudi à trois heures de la nuit.

Au sortir de ce jardin, nous arrivons à la porte Saint-Thomas, qui n'a rien de remarquable. A peine l'a-t-on franchie, qu'il faut tourner subitement à gauche, pour retourner aussitôt après à droite, en face d'une fontaine qui reçoit l'eau d'une voûte de stalactites, à la manière des grottes naturelles. Ce faible embellissement n'empêche point que ce ne soit une entrée peu digne de Gênes. La place carrée et en partie plantée d'arbres, que l'on traverse ensuite, porte le nom d'*Aqua verde;* c'est là seule jolie place que possède cette ville. On passe de là dans la rue Balbi, au bout de laquelle, traversant une autre place, celle de la

Numciata, on se trouve dans la rue Novissima, puis dans la rue Nuova. C'est dans ces trois rues, qui n'en font à bien dire qu'une seule, que consiste presqu'en entier la superbe Gênes, puisque les principaux palais y sont réunis, à peu d'exceptions près. Les autres rues n'annoncent qu'une ville ordinaire, tandis que cette double enfilade d'édifices forme la plus magnifique rue de l'univers. La peinture et la sculpture y présentent à l'envi les divers ordres d'architecture, exécutés là par le pinceau, ici par le ciseau des plus habiles artistes. Pas un palais qui ne soit orné de colonnes, pas une colonne qui ne soit de marbre, ou véritable ou parfaitement imité en stuc. La variété de ces marbres, les uns naturels, les autres figurés à s'y tromper, et celle de tous les ornemens, tant en relief qu'en peinture, font l'effet d'une riche décoration de théâtre.

Tous les points où l'on arrête ses regards, sont des points de vue, des tableaux de perspective; divers sujets représentant des traits d'histoire ou de mythologie, ou bien quelques scènes de famille, sont peints dans les entrecolonnemens. Les maisons de Gênes, dit ingénieusement Dupaty, sont des tableaux; il aurait pu ajouter qu'elles sont aussi des muséum, puisqu'elles renferment une immense quantité de tableaux et de portraits peints par les plus grands maîtres de toutes les écoles. La description de tant de chefs-d'œuvre exigerait un livre entier; nous nous abstiendrons d'en nommer aucun : les indicateurs qui conduisent les curieux ne manquent pas de désigner à leur admiration les plus beaux morceaux.

Les palais Durazzo (rue Balbi), et Brignolet, dit *Palazzo rozzo* (rue Nuova), passent pour les plus riches en ce genre. Le premier qui est en outre le plus beau de Gênes par sa grandeur, sa belle cour terminée en fer à cheval, et ses belles terrasses de marbre, renferme une galerie plus admirée qu'admirable. On y remarque, parmi quelques morceaux antiques, un buste de Vitellius très vanté, mais défiguré par l'idée bizarre d'un artiste moderne, qui l'a groupé avec le génie de la peinture. Le second est aussi l'un des plus beaux de Gênes et peut-être celui dont la façade fait le plus d'effet : on l'appelle *Palazzo rozzo*, parce que les murs sont peints en rouge. En face est un autre palais Brignolet, non moins remarquable; il est renommé par l'excellente collection de tableaux qu'il renferme.

Un second palais Doria (même rue Nuova),

se distingue aussi par sa façade, et le palais Serra par son salon, le plus riche sans doute qui soit au monde. Seize colonnes d'ordre corinthien, cannelées et dorées, en sont le principal ornement. Tout ce qui n'est pas dorure ou sculpture, est en lapis, c'est comme le fond du tableau. Ce salon somptueux a coûté un million au noble Spinola : il en coûterait deux aujourd'hui.

La maison de l'université, rue Balbi, est encore un des beaux palais de Gênes. Il fut donné aux Jésuites par un noble de la famille de Balbi. On y admire les deux lions en marbre qui décorent le vestibule.

En général tous les vestibules, ainsi que les escaliers des palais de Gênes, offrent une noblesse d'architecture, un luxe de marbre, de colonnes et de statues qui donnent la plus grande idée de la magnificence de l'intérieur. Par quelle philantropie mal entendue ces entrées majestueuses et brillantes sont-elles ouvertes aux besoins de tous les passans, bordées, infectées d'ordures et encombrées de mendians, qui semblent faire de ces portiques leur séjour habituel ? J'en ai trouvé sur toutes les rampes occupés à tuer la vermine qui les dévorait. L'extinction de la mendicité, sous le gouvernement français, aura sans doute fait disparaître ces hideux encombremens. Les habitations des nobles Génois sont d'ailleurs aussi propres que riches dans l'intérieur. Cette richesse et cette propreté ne sont pas circonscrites au petit nombre de palais qu'on vient de désigner. Nous en passons plusieurs sous silence qui ne méritent guères moins l'attention des voyageurs; on en pourrait encore compter au moins cinquante de remarquables : nous n'en citerons plus qu'un, le palais Ducal ou du Doge.

Cet édifice public, habité autrefois par le Doge, aujourd'hui par le Préfet, eût été nommé le premier, s'il ne se trouvait dans un quartier éloigné de celui par lequel nous sommes arrivés ; et l'on a dû voir que notre méthode itinéraire est de parler successivement des objets, à mesure qu'ils se présentent à nos regards. Le palais du Doge est précédé d'une grande et belle cour ; sa façade imposante paraît en marbre de Carare veiné : elle est en stuc. Deux rangs de colonnes, l'un dorique, l'autre ionique, la décorent : chaque rang est surmonté d'un balcon en marbre ; au dessus est un rang de pilastres, dont les intervalles sont ornés de statues : le tout est couronné de groupes et de trophées. Le grand escalier et la salle du grand conseil sont ce qu'il y a de plus beau dans l'intérieur;

la salle surtout est digne de l'admiration des étrangers, par les trente-huit colonnes de marbre *Brocatelle* qui l'enrichissent : huit statues de marbre de Carrare y ont été remplacées par des copies en plâtre. On montre aussi dans ce palais la salle du petit conseil et celle du petit arsenal. Sur la porte de cette dernière on fait remarquer une proue de navire ancien (*rostrum*), qui fut trouvée dans le port de Gênes, et qu'on croit unique au monde : c'est une pièce de fer terminée en groin ou hure de sanglier. Une particularité en même temps qu'un inconvénient de ce palais, est d'être tellement contigu aux prisons que les deux bâtimens semblent n'en faire qu'un.

Les palais de Gênes sont, ainsi que toute la ville, couverts en ardoise grise nommée *lavagna*, du nom de la carrière d'où on l'extrait, dans la rivière du Levant. Ils offrent tous, ou presque tous, une singularité remarquable, c'est que leurs opulens propriétaires n'habitent que les plus hauts étages. Cet usage si contraire au nôtre semble prouver que les nobles Génois apprécient mieux le bon air, et craignent moins la fatigue que ceux de Paris. Ils sont aussi plus accoutumés à exercer leurs jambes, allant rarement en voiture.

3 *

A l'exception des rues Balbi, Nuova et Novissima, par lesquelles nous sommes arrivés, il y en a peu d'autres où les équipages puissent rouler; elles sont même si étroites la plupart, qu'elles méritent à peine le nom de rues; d'autres plus larges sont inaccessibles par leur rapidité. Les chaises à porteur, *portantine*, tiennent lieu de voitures; mais on en fait aujourd'hui peu d'usage.

En voyant ce grand nombre de ruelles bordées de hautes maisons, et impénétrables aux rayons du soleil, on plaint le sort de ceux qui les habitent pendant l'hiver, mais on envie leur bonheur pendant l'été. C'est ce qui a fait dire à Dupaty que Gênes est une ville d'été.

Dans les principales rues, les pavés sont longitudinalement entrecoupés ou bordés de bandes de briques posées de champ, qui facilitent la marche des piétons, comme celle des chevaux.

Trois hôpitaux, savoir: le grand hôpital, celui des incurables, et celui qu'on nomme *l'Albergo dei poveri*, méritent l'attention des étrangers par leur tenue, leur grandeur et leur distribution. On remarque dans tous les trois de vastes salles ornées de statues colossales, représentant les divers bienfaiteurs de la maison. Si les deux premiers ne sont beaux qu'intérieurement, le troisième s'annonce comme un château, par sa magnifique façade et sa noble avenue. On y emploie un nombre considérable d'orphelins à des filatures de laines, à des ouvrages en broderie, etc. L'église de cet hospice n'est qu'une chapelle, mais cette chapelle possède une vierge de *Michel-Ange* et une assomption du *Puget*, le Michel-Ange de la France.

L'église de *Carignan*, où l'on arrive par un pont d'une hauteur prodigieuse, qui réunit deux montagnes, est enrichie de deux autres chefs-d'œuvre du même Puget : ce sont deux statues colossales, l'une de Saint-Sébastien, l'autre de l'évêque Alexandre Savoli, parent du fondateur de l'église, qui est elle-même un ouvrage de ce grand artiste. Belle de forme, simple d'ornemens, elle ne renferme qu'un petit nombre de tableaux, mais ils sont tous de la main de quelque peintre célèbre, tels que Charles Maratte, le Guercino, le Procaccino.

L'église de la *Nunciata*, dont la façade n'a pas été terminée, se distingue par sa grandeur, par ses belles colonnes ioniques de marbre blanc incrusté de marbre rouge dans toutes les canelures, et généralement par une profusion de marbre et d'or, qui la fait accuser d'être trop riche. On y voit au dessus de la grande porte une cène qu'on regarde comme le chef-d'œuvre du Procaccino.

La cathédrale est un édifice gothique revêtu de marbre noir et blanc, tant en dedans qu'en dehors, et pavée de même. Sa construction, que M. Lalande trouve assez légère, est reconnue assez lourde par les Génois eux-mêmes: son unique mérite est d'être en marbre, ce qui n'en est pas un en Italie, et son unique richesse consiste dans des colonnes de porphyre qui ornent la nef et la chapelle de Saint-Jean. On conservait dans la sacristie un vase apporté de l'Orient qu'on croyait d'émeraude et qu'on admirait par cette raison. Il est actuellement au cabinet des antiques à Paris; c'est une coupe exagone de 14 pouces de diamètre. M. de la Condamine y avait reconnu des bulles, telles qu'on en voit dans le verre fondu; et son jugement a été confirmé à Paris, où cette pièce curieuse n'est regardée que comme une pièce de verre.

Après ces trois églises principales, les amateurs doivent voir encore celle de Saint-Ambroise, riche à la fois de marbre, de dorure et de peinture, et celle de Saint-Cyr, riche de son architecture et de ses fresques. Parmi les tableaux qui décorent la première, on distingue une Circoncision et un Saint-Ignace de Rubens, avec une Assomption du Guido.

Nous pourrions citer beaucoup d'autres églises ; cependant, sur près de cent, compris les oratoires, il en est peu qui méritent un rang à côté de celles dont nous venons de parler ; et sous ce rapport, Gênes, si j'ose me permettre cette grande comparaison, le cède autant à Rome qu'elle l'emporte, pour les palais, sur cette capitale et sur toutes celles du monde. Plusieurs églises médiocres se distingent par divers genres de mérite particulier. On voit dans celle de *San-Stephano alle porte* un tableau dont la partie supérieure est de *Jules Romain* et le reste de *Raphaël*. Il représente la lapidation de Saint-Etienne. C'est l'unique morceau de Raphaël que j'aie vu à Gênes, et sans doute le seul qu'il y ait.

On voyait encore lors de mon dernier passage de beaux reliefs dans l'église des *Scole pie*. Ils étaient destinés pour Paris, l'église devant être démolie, parce qu'elle se trouve dans la direction de la grande route qui doit traverser la ville.

Parmi beaucoup de madones qu'on voit en divers quartiers, plusieurs ne sont pas sans mérite.

Les fontaines publiques fournies par l'aqueduc de Bisagno, torrent qui se jette dans la mer à l'Est, et presque sous les murs de la ville, sont peu nombreuses. La plus remarquable, ornée d'un petit groupe de marbre, dont j'ai oublié le sujet, mais non l'effet, qui était de captiver mes regards toutes les fois que je passais auprès, est dans le voisinage de la bourse. Les fontaines particulières sont en revanche très multipliées : il y en a dans presque toutes les maisons, et jusques dans les plus hauts étages.

Les étrangers qui ne veulent point connaître les lieux dans tous les détails, mais seulement dans l'ensemble et dans les objets principaux, peuvent se borner pour les églises, hospices et palais de Gênes, à ceux que je viens d'indiquer.

La double enceinte des fortifications de la ville appelle ensuite leur attention. L'enceinte extérieure, le *nuove mura*, commencée en 1626, embrasse, dans un circuit de 4 lieues, la cime d'une montagne. Ce développement était nécessaire pour la sûreté d'une ville aussi dominée que Gênes. Ainsi les remparts naturels, qui la menaçaient au lieu de la servir, ont été forcés par elle de concourir, avec ceux de l'art, à sa défense. Entre autres siéges glorieux qu'elle a soutenus, les Autrichiens n'ont pu dans les dernières guerres, en 1800, la prendre sur les Français que par famine.

VILLE DE GÊNES.

La visite de ces fortifications exige le sacrifice d'une journée entière. Il faut en consacrer une autre à voir le port et tout ce qui l'entoure. Une épaisse muraille le borde dans toute sa longueur, de manière que les maisons, dont les façades sembleraient devoir orner des quais, et jouir du coup d'œil de la mer, n'ont d'autre vue que celle de ces hauts et vilains remparts, qui les masqueraient totalement, si elles ne s'élevaient encore plus haut, de manière qu'on découvre au moins la mer des étages supérieurs. Sur ces murailles sont pratiquées d'étroites terrasses, garnies de parapets, qui offrent de beaux points de vue maritimes, et par cette raison d'agréables promenades. C'est de là seulement qu'on voit le port, les darses, l'arsenal, les vaisseaux, etc.

Rien de tout cela ne se voit de la ville, bâtie cependant tout à l'entour, sur un croissant de 1800 toises d'ouverture. Ce port fermé par deux moles peut recevoir des vaisseaux de quatre-vingt canons. Quoique l'entrée en soit grande, puisqu'elle a 350 toises d'un mole à l'autre, elle est assez difficile ; il faut prendre avec soin sa direction du levant au couchant pour entrer sans danger. C'est à une lieue en mer que la vue embrasse parfaitement tout l'amphithéâtre de Gênes ; et les voyageurs font souvent cette excursion maritime, pour jouir d'un spectacle qui a quelque chose de magique, par l'heureux assemblage de tant d'objets, de sites et d'oppositions.

Ce qu'on nomme le *Port-franc* est un quartier clos et percé de rues droites qui renferment divers pavillons destinés aux magasins des négocians. C'est l'entrepôt de toutes les marchandises qui arrivent à Gênes. Elles y entrent sans payer de droit. Comme toutes les affaires se font au Port-franc, on peut juger du mouvement qui doit y régner en temps de paix. Les voyageurs observent avec surprise que le port de Gênes, au lieu d'être ouvert de tous côtés, en vertu de sa franchise, est au contraire fermé de murs qui en interdisent la vue aux habitans, et l'entrée aux vaisseaux, par toute autre porte que celle du Port-franc. Rien ne paraît plus contraire à la franchise, que cette rigoureuse fermeture; et rien pourtant ne se concilie mieux, d'après l'explication qu'on m'en a donnée et qu'on donnera de même aux curieux qui la demanderont.

« La franchise du port de Gênes, m'a dit
» un des plus recommandables citoyens de cette
» ville, M. le conseiller d'état Corvetto, ne por-
» tant que sur l'entrée et la sortie par mer, et
» non sur l'importation dans l'intérieur, ni sur la

« consommation locale, il était naturel de re-
» cevoir toutes les marchandises en un même
» lieu, dès leur arrivée dans le port, afin de
» connaître leur destination ultérieure; au lieu
» de permettre à chaque négociant de les emma-
» gasiner où il voudrait, ce qui aurait obligé
» d'exercer sur ces marchandises une surveil-
» lance bien plus gênante que la nécessité de
» les débarquer dans des magasins *ad hoc*,
» nécessité qui est plutôt un bienfait qu'une
» charge; et d'après cela, il fallait bien empê-
» cher le débarquement dans tout le reste du
» port : il fallait donc l'entourer de murailles ».

Tout près du Port-franc est la petite place *Banchi*, ainsi nommée de la fameuse banque Saint-Georges, dont la vaste salle, ornée de statues représentant les fondateurs et bienfaiteurs de l'établissement, mérite d'être vue. On remarque aussi la loge ou bourse, qui offre une voûte très hardie, soutenue par de belles colonnes de marbre.

Les théâtres de Gênes sont au nombre de trois, dont le plus grand, le plus beau et le plus habituellement ouvert, est celui de Saint-Augustin, nom singulier pour une salle de spectacle. On pourrait trouver plaisant de voir danser les amours et leur mère, sous les auspices d'un père de l'église, si l'on n'apprenait que ce n'est point le théâtre qui est sous l'invocation de Saint-Augustin, mais bien l'église voisine, dont il a emprunté le nom.

Nous avons déjà vu une partie des promenades de cette ville, d'abord en suivant le quai qui règne depuis la porte de la Lanterne jusqu'à celle de Saint-Thomas, et qui attire les amateurs des points de vue, puis en traversant la place de l'*Acqua-Verde*, dont les allées sont fréquentées, tous les soirs, par le beau monde, enfin en parcourant les murailles du port, qui sont les promenades de toutes les classes, de tous les jours et de toutes les heures. Cette promenade se prolonge, en suivant toujours le bord de la mer, jusqu'à la partie orientale des remparts. Chemin faisant on aperçoit le fameux pont de Carignan, et sur la hauteur la belle église dont il porte le nom. Le pont sert lui-même de promenade en été : après les chaleurs brûlantes du jour, on court y chercher l'air, et l'on ne manque guères de l'y trouver, soit sur le pont même, soit sur la place qui entoure l'église, soit sur la petite terrasse qui est un peu au delà.

Du bastion où les remparts quittent les bords de la mer, pour se développer autour de la ville, on arrive, en continuant à les suivre encore une demi-heure, à la porte et aux allées de l'*Acqua-Sola*, qui offrent à la fois l'air, la vue, l'ombrage et la pelouse, heureuse réunion qu'on ne trouve dans aucune autre promenade de Gênes. C'est aussi la plus fréquentée, et même la seule, à proprement parler ; car des quais, des places et des ponts, même des remparts, ne sont pas de véritables promenades.

Le long des allées de l'Acqua-Sola, dans les fossés de la ville, on a établi un jeu de ballon, qui attire beaucoup de spectateurs et de parieurs. « Le noble, le bourgeois, l'ar-
» tisan (dit l'auteur d'une description de
» Gênes que j'ai sous les yeux,) s'y trouvent
» pêle-mêle les jours de fêtes, chacun y jouit
» de sa liberté. C'est un véritable petit paradis
» qui enlève beaucoup de monde à l'Acqua-
» Verde, mais qui prépare le rendez-vous dé-
» licieux du pont de Carignan ».

J'y ai moi-même remarqué cette heureuse confusion des rangs. Des banquettes de planches disposées en amphithéâtre sur le talus du fossé, sont les siéges offerts aux curieux de tout sexe et de toute caste, moyennant le prix, s'il m'en souvient bien, d'un sou par place.

On ne voit guères, dans les promenades du soir, ce fameux *mezzaro*, auquel les belles Génoises me paraissent devoir la pomme que leur accordent beaucoup de voyageurs sur les autres beautés de l'Italie. Rien de plus flatteur, de plus séduisant que ce voile de mousseline blanche, attribut de la candeur et de la virginité, qui enveloppe la tête, en dessine la rondeur, et ne laisse voir du visage que ce qu'il en faut pour faire désirer ce qu'on n'en voit pas. On croirait que ce costume, d'autant plus coquet qu'il est plus modeste, ne convient qu'à la la beauté; mais il sert aussi la laideur, car s'il fait ressortir la première, l'autre est adoucie, quelquefois effacée par cette espèce de charme artificiel, qui relève ceux de la nature, quand ils existent, et les remplace presque, lorsqu'ils n'existent pas.

En accordant la beauté aux dames de Gênes, les voyageurs leur ont reproché la coquetterie; il faudrait y avoir plus séjourné et plus suivi la société que je ne l'ai fait, pour pouvoir juger à quel point ce reproche est ou n'est pas fondé. Le sigisbéisme, plus en usage dans cette ville que dans aucune autre, n'est pas une preuve de coquetterie, lors même qu'il passe les bornes de son institution (moins vicieuse, ainsi que je l'ai dit, en parlant de Turin, qu'on ne le croit en France); car la coquetterie est sœur de l'inconstance, et rien de moins inconstant que le genre d'affection qu'éprouvent les dames Italiennes pour leur sigisbée, ou cavalier servant, connu encore plus dans cette ville sous le titre de *patito*, comme la dame sous celui de *patita*. Le changement en ce genre est très rare et déshonore toujours celles qui s'en rendent coupables. Une femme qui donne le bras à tout autre qu'à son cavalier en titre, s'expose autant à la censure publique en Italie qu'en France en le donnant toujours au même homme. Supposé donc qu'un sigisbée fût un amant, cet amant ne serait pas exposé aux caprices de l'inconstance, et il n'y exposerait pas lui-même sa dame; à moins, disent malignement les Génoises, qu'il ne soit Français.

Cette constance a son mauvais côté, sans doute ; mais ce n'est pas du moins de la coquetterie, et c'est tout ce que j'ai voulu prouver. Si elle commence à s'y introduire depuis la réunion, c'est qu'elle y arrive, assure-t-on, avec les modes de France, qui après avoir traversé rapidement les Alpes, pour la ville de Turin, franchissent, avec la même rapidité, les Apennins, pour celle de Gênes, où elles s'établissent aujourd'hui dans tout leur luxe, toute leur nouveauté, toute leur versatilité. En fait de costume, les Génoises ne sont fidèles qu'à leur *mezzaro*, et pourvu qu'on leur passe cette antique, mais toujours agréable coëffure du matin, elles ne rejettent aucun changement. On peut craindre néanmoins, pour le modeste et négligé *mezzaro* des Génoises, le sort du petit et cérémonieux manteau de taffetas noir que portaient les hommes, surtout les nobles, en société, et qu'on n'aperçoit plus depuis la réunion.

Quant aux mœurs des habitans, nous en abandonnons la description aux voyageurs qui, plus habiles que nous à saisir cette partie morale des peuples, la jugent d'un coup d'œil, et la transmettent d'un trait de plume, à leurs lecteurs. D'autres, moins habiles, mais plus confians, s'en rapportent à ce qu'ils ont lu, se dispensent de juger, et répètent ou copient. Ils ont eu à répéter beaucoup plus de mal que de bien, sur les Génois, fort maltraités par un grand nombre d'auteurs.

Pour nous, qui ne trouvons pas les traits nationaux si faciles à discerner, à travers les variétés individuelles, nous croyons devoir nous dispenser de porter aucun jugement sur les Génois, pour nous en référer modestement à celui de M. Lalande, qui pense que la bonne compagnie de Gênes est aussi aimable qu'en aucune autre ville d'Italie, et que le peuple n'est féroce que quand il est opprimé.

Un point sur lequel on est d'accord, concernant les Génois, est leur industrie et leur activité. Ils ne le cèdent peut-être, à cet égard, qu'aux seuls Hollandais.

Leur amour pour les arts se manifeste par les nombreux chefs-d'œuvre de peinture, de sculpture et d'architecture dont ils ont enrichi leur ville. Elle n'a fourni cependant elle-même que peu d'artistes de mérite, aucun du premier ordre : il y a, dans ce moment, de bons marbriers et d'excellens ébénistes ; il y a aussi de bons ouvriers en corail ; l'orfèvrerie y est portée à un assez haut degré de perfection. Les fleurs artificielles de Gênes sont connues et recherchées dans toute l'Europe, notamment en France, ce qui n'empêche pas, chose remarquable, que celles de Lyon ne soient recherchées à Gênes. Cette ville travaille la soie avec succès ; elle la tire du Piémont. Ses velours et ses damas sont renommés ; ses bas de soie le sont moins. On y fabrique aussi des vases, tasses et tabatières en bois verni imitant la faïence, dont on estime l'extrême légèreté, l'élégance et même la solidité.

Les pâtes de Gênes passent pour les meilleures de l'Italie. On attribue, dit Lalande, leur bonté à la qualité des eaux, non à la manière de les préparer. L'exportation des huiles d'olive que produit en abondance l'aride côte de Gênes, s'élève, d'après les calculs du même auteur, au terme moyen de 13,000,000 de France par an. Les oranges, limons, citrons et cédrats qu'on cultive sur la même côte, sont pour ses habitans une autre branche de commerce. Il y a, dans les environs de cette ville, beaucoup de papeteries, dont les produits, médiocres en qualité, s'exportaient autrefois dans l'Espagne et le Portugal.

A l'exception de l'huile et d'un peu de vin, le commerce d'importation embrasse à Gênes tous les objets de première nécessité, et toutes les productions tant du Levant que des deux Indes ; elles s'expédient ensuite, par terre, dans l'intérieur de l'Italie, et par mer, dans toute l'Europe.

Avant la révolution, la seule voie pour les transports, tant d'importation que d'exportation, était la mer : cette république d'armateurs trouvait son intérêt à n'en pas avoir d'autre. Telle est la cause du mauvais état des chemins, et de la difficulté des transports par terre, lesquels se font à dos de mulet, souvent même à dos d'homme, surtout ceux qui concernent l'approvisionement des marchés. J'ai vu jusqu'à cent volailles, grasses et vivantes, sur le dos d'un montagnard. Il traversait, à petites journées, les Apennins, avec sa charge, qui était à peu près celle d'un mulet.

VILLE DE GÊNES.

Les fortes complexions ne sont pas rares parmi les habitans de ces montagnes, et ils en ont besoin, puisqu'ils font le métier de bêtes de somme : les portefaix du port ne sont pourtant pas du pays; ils sont presque tous Bergamasques, peuple renommé à Gênes pour réunir la force à la fidélité. Ils passent pour les plus vigoureux de l'Europe, après ceux de Constantinople. Lorsque j'ai dit à des négocians de Gênes que les forts de la halle de Paris portent jusqu'à 9 et 10 quintaux, ils n'ont pas pensé que la force des leurs arrivât à ce degré (*).

La rencontre fréquente de ces forts, qui ne se détournent jamais pour le public, est le seul embarras des rues de Gênes, où les charrettes roulent encore moins que les carrosses. Leur manière de porter est de se mettre deux à deux,

---

(*) Ils avaient même beaucoup de peine à croire à cette force extraordinaire des portefaix de France. Que diraient-ils aujourd'hui, si je leur apprenais que j'ai vu, que tout Paris a pu voir comme moi, un laboureur français (l'Hercule du Nord) près duquel les forts de la halle sont faibles, puisqu'il lève jusqu'à 20 quintaux. Une pareille étendue de ressources musculaires excède tellement les bornes connues des forces humaines, qu'elle paraît incroyable, si l'on considère surtout qu'une bête de somme ne supporterait pas une charge aussi énorme.

4*

et de suspendre le fardeau au milieu d'une grosse et courte perche, dont ils placent ensuite les deux bouts, l'un sur l'épaule droite, l'autre sur la gauche.

Les forts, tant du port que de la ville, n'ayant plus d'occupation, depuis la guerre maritime, ont été investis du privilége exclusif de remiser les voitures qui arrivent, de les décharger et de porter les malles et paquets des voyageurs. Ceux-ci aimeraient sans doute mieux les confier aux garçons des auberges, d'autant que le tarif fixé pour ces transports est un peu onéreux; mais on doit contribuer sans regret à ce faible dédommagement accordé par la police à une foule d'hommes, privés de travail par la stagnation du commerce, et réduits à la mendicité.

Malgré cela, les mendians ne m'ont point paru aussi communs à Gênes, même avant la réunion, que le prétend Dupaty. Il est toutefois vrai de dire que l'ancien gouvernement, en alimentant cette classe d'une manière d'ailleurs assez paternelle, encourageait la mendicité, l'entretenait, et pour me servir de l'expression de cet ingénieux auteur, la faisait fleurir. La mendicité était un état comme un autre, dans un pays où le brigandage même en était un; et ces deux professions, dont l'une était presque honorée, l'autre presque tolérée, faisaient vivre une partie de la populace Génoise. La réforme de cet ordre de choses, ou plutôt de ce désordre, est un des bienfaits par lesquels le gouvernement Français a réalisé les espérances des bons citoyens, qui lui ont demandé à faire partie de la grande nation, en lui remettant le sceptre de la leur.

Ce n'est pas la première fois que cette république s'est donnée, comme le prouve la succession chronologique de ces donations, recueillies par M. de Lalande, de qui nous les empruntons.

« Gênes se donna en 1311 à l'Empereur
» Henri VII; en 1318 au pape Jean XXII; en
» 1335 à Robert, roi de Naples; en 1353 à
» Jean Visconsti, Duc de Milan; en 1396 à
» Charles VI, Roi de France; en 1409 au mar-
» quis de Monferrat; en 1421 à Philippe Vis-
» consti, Duc de Milan; en 1458 à Charles VII,
» Roi de France; en 1464 à François Sforce,
» Duc de Milan; en 1488 à Louis, Duc de
» Milan; en 1499 à Louis XII, Roi de France,
» ensuite à un Duc particulier, puis aux Es-
» pagnols en 1515, enfin aux Français ».

Deux dates omises, d'autres contredites par l'histoire, d'après la vérification que j'en ai faite, ne détruisent point la piquante vérité de cette série de donations, par lesquelles la république de Gênes usait du droit de choisir ses maîtres. Quelque nombreuses qu'elles soient, M. de Lalande en oublie encore plus d'une, notamment celle qui fut faite à Louis XI, dont la réponse est si connue : « Les Génois se donnent à moi, et moi je les donne au diable ».

Malgré ces intervalles de faiblesse, et beaucoup de vicissitudes de fortune, la ville de Gênes joue un assez grand rôle dans l'histoire d'Italie. Plusieurs auteurs latins la mentionnent, notamment Tite-Live, qui en parle dès la seconde guerre Punique, sous le nom de *Genua*, nom que quelques auteurs du moyen âge ont transformé en *Janua*, pour pouvoir faire honneur à Janus de la fondation de cette ville. Trois fois détruite, savoir : par les Carthaginois, par les Lombards, et par les Sarrasins, elle a toujours été promptement rétablie.

C'est au milieu des troubles et des révolutions, qui la firent si souvent passer de la liberté à des maîtres, et d'un maître à l'autre, qu'on la voit disputer aux Pisans, et partager avec les Vénitiens l'empire de la Méditerranée. Les chaînes suspendues en divers quartiers de la ville sont des fragmens de celle qui fermait le port de Pise, et des trophées qui rappellent la destruction de ce port, dans le treizième siècle, par la flotte des Génois. Leurs conquêtes se sont étendues jusqu'à la Crimée. Une partie des îles de la Méditerranée et plusieurs échelles du Levant leur appartenaient.

Maîtres de tant de pays, ils ne l'étaient pas d'eux-mêmes, et ils s'affaiblissaient par des pertes continuelles, lorsqu'enfin le célèbre André Doria suspendit en 1528 le cours de tant de révolutions, rendit la liberté à sa patrie, et posa les bases du gouvernement qu'elle a conservé jusqu'à nos jours. Depuis cette époque la république de Gênes, plus jalouse de fleurir par le commerce que par la guerre, ne fournit, jusqu'à la révolution française, que trois grands événemens à l'histoire. Le premier est le bombardement de 1684, qui réduisit un quartier en cendres, et força le Doge à venir, contre les lois constitutives de son pays, faire ses soumissions en personne à Louis XIV. Le second est la prise de la ville, en septembre 1746, par les Autrichiens, qui en furent chassés le 5 décembre suivant par une insurrection populaire. Le glorieux souvenir de cet évènement se perpétue par la conservation des pavés que foulèrent les conjurés, lors de leur rassemblement près du grand hôpital : on ne les renouvelle plus depuis ce temps-là.

Le troisième évènement historique, est l'abandon que les Génois firent à la France en 1769 de tous leurs droits sur l'île de Corse, ne pouvant plus s'y maintenir.

Entraînés en 1797 par le torrent de la révolution de France, les habitans remplacèrent leur gouvernement aristocratique par la démocratie pure, qui reçut ensuite diverses modifications calquées sur celles qu'éprouvait le même genre de gouvernement chez le peuple dont ils avaient épousé le système.

Nous avons eu occasion de parler du siége que les Français soutinrent en l'an 8, dans cette ville, contre les Autrichiens qui la prirent par famine. Les premiers en sortirent avec les honneurs de la guerre, et y rentrèrent peu de jours après, par l'effet du traité qui suivit la victoire de Marengo.

La capitale de cet état, devenue chef-lieu d'un département, auquel elle a donné son nom, voit dans son préfet un chef plus puissant que ne l'était son Doge, dont l'autorité temporaire, excessivement bornée, et sans cesse surveillée, se réduisait presque au droit de proposer les délibérations.

Cette ville, peuplée d'environ 100,000 habitans, possède, avec son université, une académie, une bibliothèque publique peu considérable et une école de marine. Elle offre aux voyageurs deux établissemens de bains, dont un sur la mer, et plusieurs bonnes auberges. Elles sont encore plus belles qu'elles ne sont bonnes, et les principales ont même quelque chose de la magnificence des palais, par leurs grands vestibules et leurs beaux escaliers en marbre ornés de bustes et de statues. Elles offrent, avec tout ce luxe, peu de commodités et d'agrémens, quoiqu'elles l'emportent peut-être sous ce rapport sur toutes ou presque toutes celles de l'Italie. Les chambres sont ordinairement grandes, hautes, voûtées et peintes, à la manière des anciens, manière qui est loin sans doute de valoir pour les modernes l'usage des tentures et des plafonds; mais qui peut, comme genre antique, avoir ses amateurs.

Un usage singulier, dont on ne m'a jamais donné de bons motifs, est de relever en tas les matelas au pied des lits, pour leur faire, dit-on, prendre l'air. Voilà comme sont les lits, pendant la journée, dans tout le pays de Gênes : les chambres à coucher offrent l'aspect d'un déménagement.

La cuisine m'a paru meilleure à Gênes, du moins dans les auberges, qu'en Piémont. Les légumes, les pois surtout, sont, ainsi que les fruits, aussi bons dans cette ville que nulle part. Je me suis étonné de ne point trouver de salade de laitue, pendant la saison, dans toute la rivière du Ponent; celle qu'on m'a servie à Gênes, sur ma demande réitérée, portait le nom de salade de France. Un petit herbage très verd, à bord dentelé, qui m'a paru ressembler au pissenlit par la forme, à l'oseille pour le goût, à tous deux par la couleur, est la seule salade que j'aie pu trouver dans toute cette rivière.

Les Génois font un vin aigre-doux qui me paraît détestable, et qui leur paraît à eux préférable aux vins francs, savoureux et stomachiques du Languedoc, connus et peu prisés à Gênes sous le nom de vins de Provence; ils sont ordinairement expédiés de Marseille. Les aubergistes, qui savent distinguer les voyageurs, se gardent bien de servir leur vin du cru aux Français, ayant presque tous du vin de *Provence* dans leurs caves, ou plutôt dans leurs magasins, car ils n'ont point de caves souterraines, par conséquent point de vins frais; ils ne le mettent guères rafraîchir dans les puits, et ne sont pas dans l'usage de le servir avec de la glace, comme dans d'autres parties de l'Italie. On sert néanmoins de fort bonnes glaces dans les cafés, qui sont assez nombreux, mais peu élégans.

Point de cabinets littéraires, et très peu de librairies. Ce commerce n'est pas plus celui des Génois que la littérature n'est en général leur occupation.

Cette patrie du célèbre André Doria a fourni peu de grands hommes aux sciences. Savone lui dispute, comme le village de Cocoletto à cette dernière ville, le savant navigateur du quinzième siècle, qui devina le nouveau monde avant de l'avoir découvert, et dont le nom fait moins d'honneur à son pays qu'à l'Espagne, qui sut apprécier l'homme et son projet, dédaignés l'un et l'autre par les nobles Génois.

Un village du Piémont nommé *Cuccaro*, près d'Alexandrie, vient encore d'entre en lice dans ces derniers temps avec tous les lieux qui se disputent la gloire d'avoir donné le jour à Colomb, et il fonde ses prétentions sur des pièces authentiques qui ont paru des preuves à l'Académie de Turin.

FIN DE LA DESCRIPTION DE GÊNES.

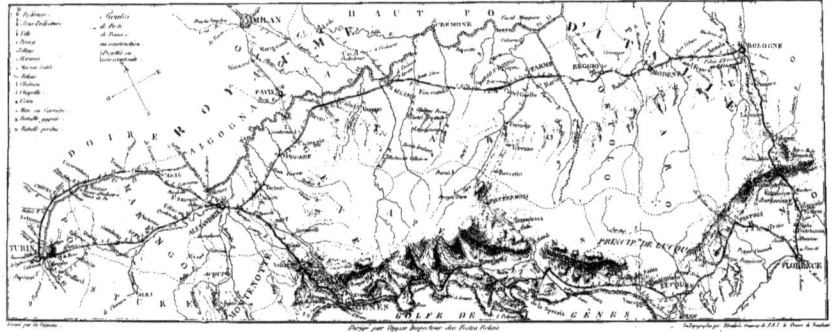

DESCRIPTION
ROUTIÈRE ET GÉOGRAPHIQUE
DE L'EMPIRE FRANÇAIS.

Ire. ROUTE DE PARIS A FLORENCE,

Par Lyon, Turin, Gênes, Lucques et Pistoia.

338 lieues et demie.

	lieues.
Depuis Paris jusqu'à Gênes (*v. route de Paris à Gênes*). 75 paragraphes.	266
§ 76. De Gênes à Recco.	6

On passe, presque au sortir de Gênes, le torrent du Bisagno. Il n'est point sujet à tarir comme la Polcevera, que nous avons côtoyée en arrivant. Ce torrent qui vient alimenter, au moyen d'une abondante prise d'eau, toutes les fontaines publiques et particulières de la ville, favorise aussi sa défense, par la gorge aussi escarpée que profonde qu'il s'est creusée, et qui forme comme le fossé des dernières fortifications, du côté de l'Ouest.

Après ce torrent, on traverse une foule de villages remplis de palais et de maisons de campagne, dont les façades et les murs de clôture masquent continuellement la vue, et laissent rarement apercevoir la mer, qu'on ne cesse pourtant de longer sur la droite, en même temps qu'on longe le pied des Apennins sur la gauche. Le plus beau de tous ces villages est celui de Nervi, qui partage la distance en deux parties à peu près égales : il renferme de beaux palais. Ses jardins produisent beaucoup d'oranges, de citrons et de légumes qui se vendent dans les marchés de Gênes.

Recco, bourg de 2000 habitans, fait le commerce des fruits, du fil, de la toile et surtout de l'huile. Il y a un bureau de poste et un petit port de construction. — *Parcouru depuis Paris.*

§ 77. *De Recco à Rappallo.*

Route montueuse, variée d'aspects, et très ombragée ; paysage continuel. A mi-chemin, on passe du département de Gênes dans celui des Apennins. Rappallo est un bourg de 2500 habitans, qui n'a pas de bureau de poste, mais seulement une boîte aux lettres. On y fabrique beaucoup de dentelles. Il est situé au fond d'une petite rade, peu sûre, quoique assez enfoncée dans les terres. A la partie occidentale du golfe est un assez bon port, *Porto fino,* en latin *Portus Delfini.*— Parcouru depuis Paris. 275

§ 78. *De Rappallo à Chiavari* . . . . 3 ¼

Route toujours montueuse et pittoresque, toujours ombragée et verdoyante ; elle traverse deux villages. La vue de Chiavari, du haut de la montagne par laquelle on y arrive, forme avec la mer qui s'étend à droite et les collines qui s'élèvent à gauche, une agréable perspective.

Ce chef-lieu du département des Apennins se présente dès le premier abord d'une manière avantageuse ; c'est une petite ville bien percée, assez bien bâtie, richement habitée. Je n'y ai vu ni palais ni masure : je n'y ai rencontré ni équipages, ni mendians, tout y annonce l'aisance générale et rien que l'aisance. Elle est peuplée de 6000 habitans. Son port, comme tous ceux de cette côte, consiste dans une simple plage ; il n'a pas même de rade. Tout le commerce de cette ville consiste dans le peu de dentelles qui s'y fabrique, et dans des foires assez fameuses, dont une est liée à une fête non moins fameuse dans le pays, sous le nom de *la Madona dell' Orto.*

Une des avenues de Chiavari, celle par laquelle nous allons poursuivre notre route, offre une promenade charmante. C'est une plaine d'une demi-lieue de trajet, couverte d'un superbe bois de cerisiers, de peupliers et de platanes, tous de la plus grande élévation. Chaque tige est mariée avec un ceps de vigne dont les pampres suspendus aux rameaux se communiquent en forme de guirlande, à une hauteur considérable au dessus de la tête des promeneurs. Voilà ce qui s'appelle de véritables *hautins* : quand on a vu ceux là, on ne peut que trouver impropre la même dénomination appliquée aux humbles treillages suspendus à des arbrisseaux, dans quelques parties de la France méridionale.

La ville de Chiavari a donné le jour au pape Innocent IV, qui déposa, dans le concile de Lyon, l'Empereur Frédéric II. Peu connue dans l'histoire, cette ville serait pourtant fondée, d'après le rang que lui assigne sa population, à se plaindre d'avoir été oubliée ou négligée par plusieurs géographes ; elle n'est pas mentionnée dans l'Itinéraire d'Italie que j'ai sous les yeux, quoiqu'elle le soit sur la carte qui y est jointe : elle est omise encore sur la carte de M. Lalande, quoiqu'elle ne le soit pas dans son voyage. — *Parcouru depuis Paris* . . . . 278 ½

Ire. ROUTE DE PARIS A FLORENCE.   65 lieues.

§ 79. *De Chiavari à Bracco.* . . . .   5 ½

   Bientôt après avoir traversé la belle promenade dont on vient de parler et le torrent de Lavagna qui la termine, on arrive, sans quitter la plaine, au village de ce nom, peuplé de 2000 habitans, tous ou presque tous occupés à l'extraction et à l'expédition de l'ardoise que produit en abondance la montagne au pied de laquelle est situé le village. Cette ardoise nommée *pietra di Lavagna*, qui couvre toutes les maisons et palais de Gênes, est d'une consistance très argileuse, qui, en contribuant sans doute à sa solidité, lui donne une teinte grise, peu flatteuse à la vue, et la rend bien inférieure en beauté non seulement à l'ardoise azurée d'Angers, la plus belle peut-être qui soit au monde, mais encore à toutes celles de France.

   Quatre milles au delà de Lavagna, la route passe près de *Sestri du Levant*, petite ville ainsi surnommée pour la distinguer de *Sestri du Ponent*, bourg situé sur la côte occidentale. Elle est peuplée de 3000 habitans adonnés au commerce du cabotage. Sa situation sur une langue de terre que la mer baigne des deux côtés, et au bout de laquelle s'élève un monticule défendu par un château, est extrêmement pittoresque. Une vallée ombragée, suivie de quelques croupes dépouillées, forme le reste de cette distance. Bracco est un hameau de 4 ou 5 maisons. — *Parcouru depuis Paris.* 284

§ 80. *De Bracco à Matarana.* 3

Collines et montagnes escarpées, sauvages et presque nues, sol aride : schiste et mica. On s'élève jusqu'à 400 mètres, de hauteur perpendiculaire, au dessus du niveau de la mer, dont on a continuellement la vue, pendant cette partie du chemin, tout en s'éloignant de la côte. La route neuve sera sans doute autrement dirigée ; il est à désirer qu'elle le soit mieux, et qu'elle évite cette montagne, en suivant le rivage de la mer. Matarana est un village de 300 habitans, qui m'ont paru de bonnes gens comme ceux de Bracco. J'y ai été accueilli par une famille patriarchale ; elle m'a offert le lait et le pain de châtaignes, avec de mauvais fromage et une exécrable boisson, qu'on appelle vin dans le pays, et qu'il est aussi malaisé à un Français de baptiser que de boire. Je me suis dédommagé du vin sur le lait, et du fromage sur le pain de Châtaignes, qui ne m'a point paru mauvais. Les habitans vivent de ce pain, pendant la plus grande partie de l'année, afin de tirer quelque argent du peu de grains qu'ils récoltent, et qu'ils ne cultivent que pour le vendre.

Contens de peu, ils sont aussi sobres que pauvres, et aussi francs, aussi hospitaliers que pauvres et sobres. Si tous les habitans de ces montagnes leur ressemblaient, non seulement ils ne mériteraient pas leur mauvaise réputation, mais ils en mériteraient une toute contraire.— *Parcouru depuis Paris*. 287

§ 81. *De Matarana au Borghetto*. 3

On parcourt la moitié de cette distance dans les montagnes; l'autre moitié dans un vallon gracieux, arrosé par un joli ruisseau et planté de beaux arbres, parmi lesquels j'ai remarqué le noyer, arbre fort rare dans la Ligurie, où il devient inutile à côté de l'olivier. Le Borghetto est un petit village, dont les habitans n'ont pas la réputation d'être aussi francs ni aussi bons que ceux de Matarana.—*Parcouru depuis Paris*. 290

§ 82. *Du Borghetto à la Spezia* 6

Le rameau des Apennins que nous venons de traverser, et que ne doit pas franchir la nouvelle route, projetée le long des côtes, nous a dérobé la vue de la mer. Le ruisseau que nous avons suivi ensuite jusqu'au Borghetto, se perd auprès de ce village dans le torrent de la Vara que nous allons côtoyer, pendant quelque temps, avant de gravir les collines fertiles en grains et en fruits de toute espèce qui précèdent le beau bassin de la Spezia. On y descend par une multitude de tournans à travers un paysage continuel, en jouissant de la superbe perspective du golfe, et de la douceur extrême de la température. Le passage d'un revers à l'autre est un véritable changement de climat.

La ville de la *Spezia*, située au fond du golfe qui porte son nom, est assez bien percée et pas mal bâtie. C'était à peine un bourg tant par son étendue que par sa population de 1200 habitans, avant la réunion de la Ligurie à la France. Ce bourg acquiert tous les jours de nouveaux droits au titre de ville par son accroissement rapide, et doit son lustre naissant à la plus heureuse position maritime, qui existe sur les côtes de la Méditerranée, position aussi appréciée par le Gouvernement Français, qui en a fait le siége d'une préfecture maritime, et l'objet de tous ses soins, qu'elle l'était peu par celui de Gênes, qui n'en faisait rien, crainte de nuire aux intérêts de sa capitale.

« Le golfe de la Spezia ou *Specie*, dit La-

Iʳᵉ. ROUTE DE PARIS A FLORENCE.

lande, est un port des plus beaux, des plus vastes, des plus sûrs que la nature ait formés, ou plutôt un assemblage de plusieurs ports, tous extrêmement sûrs, et capables de contenir plusieurs armées navales ».

Ces ports ou anses sont au nombre de sept, savoir : deux du côté de l'Est et cinq du côté opposé, sans comprendre celui de la Spezia qui est dans le fond et le moins abrité de tous.

Défendus de l'agitation de la mer par la tranquillité du golfe où viennent expirer les vagues, ils le sont des vents de terre par les falaises qui forment leur enceinte, falaises si hautes qu'une flotte qui serait dans un de ces ports ne verrait pas les mâtures de celle qui serait dans le port voisin. Elles sont en outre hérissées de forts et armées de batteries; ainsi par l'heureux concours de l'art et de la nature, ces ports jouissent de tous les genres de sûreté. On juge, d'après ce tableau, que le golfe de la Spezia est moins un port qu'une petite rade entourée de ports.

Il y a dans ce golfe, à une lieue de la Spezia, près de la côte occidentale, une source d'eau douce, visitée et décrite par Spallanzani, qui a vérifié que l'eau en est véritablement douce, qu'elle sort de terre à 38 pieds de profondeur, qu'elle est plus froide que celle de la mer et fort trouble.

Du même côté, sur la pointe élevée d'un petit promontoire, qui s'avance dans la rade, entre deux autres pointes garnies chacune d'un château, est un lazaret établi pour le port de Gênes, qui y envoie les bâtimens en quarantaine.

Les travaux par lesquels l'Empereur Napoléon seconde les vues de la nature, dans cette partie de la côte Ligurienne, en feront un des plus puissans boulevards maritimes de son Empire, dont le port de la Spezia a été déclaré le premier port.

La ville offrait, lors de mon passage en 1809, un grand nombre de nouveaux habitans et d'étrangers, beaucoup de mouvement et pas une bonne auberge, tant ce genre de commodité est rare en Italie, mais un fort bon café où l'on faisait parfaitement les glaces. Partout nous verrons l'Italie préférer les jouissances du luxe aux commodités de la vie !

Porto-Venere est un port de la même rade, situé, non au centre, mais sur la pointe occidentale du croissant qu'elle forme. Il est défendu par un bon fort, par l'île de *Palmaria* qui, placée en face de cette pointe, semble en avoir fait partie, et par l'escarpement naturel de ses

Iᵣₑ. ROUTE DE PARIS A FLORENCE.

rochers, dont plusieurs minés en dessous par les vagues, s'avancent dans la mer, en demi-voûte, de la manière la plus extraordinaire. La saillie d'un de ses rocs offre un superbe saut de Leucate. On assure que l'essai en a été fait par une amante désolée.

Les Anglais ont détruit le fort de la Scola, qui, placé sur un roc isolé, à l'entrée du port, contribuait à défendre cette entrée et celle de la rade. Ils en ont détruit un autre sur la côte opposée. Le bourg de Porto-Venere, peuplé de 5 à 600 pêcheurs, est baptisé *ville* par les géographes.

J'y ai remarqué la carcasse d'une église en marbre noir et blanc, et sur un des marbres qui formaient la façade, une inscription ancienne qui ne m'a rien appris. Ce port, d'après son nom moderne de Porto-Venere, est regardé par les géographes comme le *Portus-Veneris* d'Antonin. Quelques dévots, pour sanctifier cette origine idolâtre, ont voulu la faire dériver d'un monastère de Sainte-Vénérée, dont on prétend voir encore les vestiges dans l'île de Palmaria.

Le port de *Lerici* sur la côte orientale fait à peu près face à celui de Porto-Venere. Il est dominé par un bon fort et avoisiné de trois autres. La population de Lerici est de 2000 âmes. Les voyageurs s'y rendent ordinairement de Gênes par mer ; la route littorale ou *de la rivière du Levant*, n'étant comme celle *de la rivière du Ponent* praticable, qu'à dos de mulet (*).

Ceux qui préfèrent les difficultés de cette route aux dangers de la mer, sont contraints d'exposer à ces dangers au moins leurs voitures, qu'ils ne peuvent reprendre qu'à Lerici, dernier port de l'ancien état de Gênes. Ils y trouvent une communication en grande route et en poste, qui les conduit à Sarzane.

Les mœurs de Lerici se ressentent un peu de ce voisinage ; accusés, je ne sais pourquoi, de fausseté par leurs voisins, les habitans m'ont paru plus doux, quoique non moins fanatiques, que le peuple Génois. J'ai assisté à l'une de ces cérémonies religieuses du soir qu'on nomme *salut*; toute la ville était à genoux sur la place, dans les rues, dans le port : j'ai fait comme toute la ville. Lerici a un bureau de poste et une bien mauvaise auberge au relais, si toutefois elle n'est pas améliorée depuis mon passage.

Le chemin de terre qui mène de la Spezia à Lerici est varié, ombragé et légèrement mon-

---

(*) Elle ne tardera pas à l'être pour les voitures : elle l'est même déjà en grande partie, par les progrès qu'ont faits les travaux depuis mon passage.

Ire. ROUTE DE PARIS A FLORENCE. 73 lieues.

tueux; mais je l'ai trouvé tout-à-fait impraticable pour les voitures, jusqu'à l'embranchement de la jolie route qui conduit de Lerici à Sarzane. — *Parcouru depuis Paris*. 296

§ 83. *De la Spezia à Sarzane*. 4½

Même route jusqu'à l'embranchement ci-dessus. Là, tournant à gauche, on voit en face la ville de Sarzane, non loin du pied des Apennins, ou plutôt des collines qui les précèdent, dans une large et riche vallée, qu'on peut regarder comme une plaine, et à une demi-lieue de la rive gauche de la Macra, torrent qui peut de son côté passer pour une rivière. On le traverse dans un bac, qui doit être remplacé par un pont. La Macra est la plus considérable des rivières que l'Apennin Ligurien verse dans le golfe de Gênes.

Sarzane, siége d'une sous-préfecture et d'un évêché, est une ville de 4000 habitans. Ses remparts lui servent de promenade. Son plus bel ornement est une cathédrale, en marbre de Carrare, dont la carrière n'est éloignée de cette ville que de trois lieues. La salle de spectacle m'a été vantée comme très jolie, par les habitans d'une ville voisine. Personne ne m'en a parlé à Sarzane. La ville n'a rien de remarquable par elle-même qu'une très grande place sans régularité. Un des plus estimables Papes qui aient honoré le Saint-Siége, Nicolas V, était de Sarzane.

On lit dans un ouvrage Italien intitulé : *Relazione d'alcuni viaggi fatti in diversi parti della Toscana*, que plusieurs familles illustres de Sarzane, *nobili ed onorevoli*, du nombre desquelles étaient les Aldobrandini, les Bonaparte, etc., poursuivies par le parti des Guelfes, se retirèrent à Florence, Lucques et Pise. « De cette famille, ajoute le même auteur (*Targioni Tozzetti*), quelques-uns passèrent en Corse, où ils sont encore ». Targioni écrivait au milieu du dernier siècle.

A cinq milles au Sud de Sarzane, près de l'embouchure et de la rive gauche de la Macra, on distingue les restes d'une ancienne ville de Luni détruite, les uns disent par les Normands, les autres par les Sarrazins (*Luna distrutta*). Entre autres débris, on croit reconnaître ceux d'un théâtre. — *Parcouru depuis Paris*. 30

§ 84. *De Sarzane à Lavenza*. . . . .
§ 85. *De Lavenza à Massa-Carrara*. . . . .

Même plaine, resserrée entre la mer qu'on longe à droite, sans la voir, et les Apennins

Ire. ROUTE DE PARIS A FLORENCE.

qui se dessinent à gauche en collines fraîches et riantes. La route, quoiqu'assez roulante, ressemble à un chemin de traverse, les campagnes qu'elle parcourt à un vaste jardin entremêlé de bosquets d'oliviers, et parsemé de diverses autres espèces d'arbres, presque tous garnis de treillages.

Un peu avant Lavenza on entre dans la principauté de Lucques. Lavenza est un petit village, et Massa une petite ville jadis chef-lieu d'un Duché indépendant, aujourd'hui d'une subdélégation annexée à la principauté de Lucques. On y battait monnaie : il circule encore des pièces de Massa. Le palais du Gouvernement est fort beau, ainsi que les jardins. Il est en marbre de Carrare, aussi bien que plusieurs autres maisons. La population de Massa est de 5000 habitans.

C'est à une lieue de cette ville qu'est située celle de Carrare, si connue par ses carrières de marbre. Il est peu de voyageurs qui ne s'y fassent conduire, pour voir, avec ces fameuses carrières, qui emploient en tems de paix jusqu'à 1200 ouvriers, les ateliers de sculpture, où des artistes domiciliés travaillent le marbre sur les lieux. Ces carrières étaient connues des anciens Romains. On montre encore celle d'où ils ont extrait le marbre du Panthéon. Spallanzani s'est assuré que la matière ne s'y est pas reproduite : seulement il s'est formé en quelques endroits des croûtes de stalactites.

Les montagnes de Carrare sont toutes de marbre, depuis la base jusqu'au sommet, sur une longueur de plus de deux lieues. M. de Lalande, que nous avons vu doubler la hauteur perpendiculaire de la plaine de Coni, au dessus du niveau de la mer, en la portant à 400 toises, réduit environ de moitié celle des montagnes de Carrare, en ne leur donnant que cette même hauteur. Elles ne doivent avoir guères moins de 800 toises ; ce sont les plus hautes qui existent dans cette partie et peut-être dans la totalité de la chaîne. Si l'on n'en voit pas les crêtes, de la route que nous suivons, quoiqu'on les distingue de très loin, c'est qu'elles sont masquées ici par celles qui bordent immédiatement la plaine. Je les ai vues de diverses hauteurs, notamment de celle par laquelle on descend à Pontremoli. C'est à peu de chose près la physionomie, les crêtes décharnées, et presque les neiges éternelles des Alpes. *Parcouru depuis Paris*. . . . 306

§ 86. *De Massa à Pietra-Santa*. 3

Même nature de route et de contrée ; Pietra-Santa est une ville de près de 3000 âmes. Sa

Ire. ROUTE DE PARIS A FLORENCE. 77 lieues.

situation, délicieuse en apparence, est très malheureuse en réalité, à cause du mauvais air qu'on y respire. Les citoyens aisés ont tous une habitation d'été sur les montagnes, particulièrement à Seravezza. Quoique enclavée dans l'état de Lucques, cette petite ville, avec son territoire, faisait et fait encore partie de la Toscane.

On y voit un palais des grands Ducs. Il est construit d'un marbre blanc tirant sur le rouge. L'église des Augustins est également en marbre, plusieurs maisons en sont revêtues. *Parcouru depuis Paris.* . . . . 309 $\frac{1}{2}$

---

§ 87. *De Pietra-Santa à Montramido.* 3
§ 88. *De Montramido à Lucques.* 6

Même plaine jusqu'à Montrámido, maison seule et sans ressource, très voisine de Viareggio, petit port de mer, où était jadis une autre relais, supprimé depuis quelque temps, à cause du peu de travail des postes dans cette partie. Ce n'est, à proprement parler, qu'un port de pêcheurs, d'où il a été fait cependant quelques expéditions maritimes. Cet unique port de la république de Lucques était, malgré son peu d'importance, fort utile au commerce de la capitale, qui y communiquait par une bonne route.

Entre Montramido et Lucques on traverse, vers le milieu de la distance, un rameau des Apennins, par une route aussi agréable que belle, tantôt à l'ombre des châtaigniers, tantôt au milieu des oliviers, des treillages et des arbres fruitiers; et vers les trois quarts du même trajet, le Cerchio, rivière navigable, qu'on croit être l'*Anser* ou l'*Auser* des anciens.

La ville de Lucques, située au milieu d'une riche plaine, se présente avantageusement par ses remparts verdoyans et ombragés. Ils lui servent de promenades, ainsi que les glacis. On juge à cet abord que c'est une ville de guerre; elle n'est cependant pas considérée comme telle, ou du moins comme ville forte, parce qu'elle n'a point d'ouvrages avancés. Sa population est d'environ 2000 habitans. Ses rues ne sont ni larges ni droites, à l'exception de celle qu'a fait percer la princesse Élisa, depuis son palais, situé sur une grande place carrée et entourée d'arbres, qui est encore son ouvrage, jusqu'à la porte de l'avenue de Florence, qu'elle a fait construire en même temps, et qui en a reçu le nom de Porte Élisa.

Toutes les rues de Lucques offrent un agrément particulier à la Toscane, celui d'être pavées en larges dalles de pierres, genre de luxe qui frappe extrêmement, quand on le voit pour la première fois. Ce qui étonne le plus, c'est de voir trotter et même galoper, sans accident ni danger, les chevaux sur ces grandes pierres plates, comme dans les chemins ordinaires. Elle ne renferme aucun autre palais remarquable que celui de la princesse, qui même est plus grand que beau. La plupart des églises sont en marbre de Carrare. Il n'y en a que deux qui aient fixé mon attention, par leur architecture gothique et assez curieuse : la cathédrale et Saint-Michel. La première est fameuse par le *volto santo*, crucifix de bois transporté, dit-on, miraculeusement dans cette église, et en grande vénération dans le pays. Il est dans une chapelle entourée d'une grille, où personne n'a le droit de pénétrer, hors le prêtre qui la dessert.

L'homme du peuple qui m'accompagnait m'a raconté naïvement que des militaires français, lors de leur entrée dans cette ville, ayant osé mettre les pieds dans la sainte chapelle et porter les mains sur les reliques, furent aussitôt renversés comme par un coup de foudre, et perdirent au même instant la vue.

Cette église renferme quelques tableaux qui ne sont pas sans mérite. Celle de Saint-Michel ne tient pas ce que promet son extérieur. Préférable, sous ce dernier rapport, à la cathédrale, elle ne lui est pas comparable intérieurement. Je suis entré dans d'autres églises qu'on me vantait, et qui ne m'ont point paru mériter de l'être : quelques-unes renferment de beaux tableaux, que l'obscurité ne m'a pas permis d'apprécier.

Cette ville possède un archevêché, une université, une académie des sciences et des arts, une célèbre maison d'éducation pour les demoiselles, et une filature de soie. L'on y fabrique de petites étoffes et des velours de la même matière; des ouvriers de Lyon y ont été appelés par la Princesse.

C'est dans le territoire de Lucques qu'il faut chercher la magnificence de cette ville. Les maisons de campagne y sont aussi nombreuses que belles. Les lois somptuaires de la république avaient banni le luxe de son chef-lieu, où il y avait cependant de riches familles. L'opulence ne pouvant point s'y étaler, se réfugiait dans les champs. Des lois non moins sévères interdisaient les titres : les nobles Lucquois en achetaient ailleurs; de là vient que plusieurs d'entre eux possédaient des terres en pays étranger pour pouvoir avoir l'honneur d'être comtes, marquis ou barons. Ces lois austères ont de quoi étonner dans une république aristocratique; mais d'autres républiques nous fournissent de semblables contrastes.

Parmi les maisons de campagne de Lucques, on doit distinguer celle de la princesse, achetée et embellie par elle. Le territoire de cette ville produit une huile fameuse. L'agriculture y est singulièrement en honneur : c'était la principale industrie des Lucquois, dont on peut comparer le territoire à un vaste jardin ; il produit de 15 à 20 pour 1, et nourrit, s'il en faut croire M. Lalande, 5274 personnes par lieue carrée, population excessive et presque incroyable.

Les Lucquois étaient affectionnés à leur ancien et paisible gouvernement, auquel ils devaient leur long repos de plus de deux siècles, et leur état de prospérité. La princesse Élisa est parvenue à le leur faire oublier, par une administration aussi paternelle que celle qu'ils regrettaient, et qui est loin sans doute d'avoir mérité les censures et les épigrammes du président Dupaty, puisqu'elle était chérie du peuple même, qui n'y avait aucune part.

Au lieu du sénat de Rome, il a trouvé, dit-il, le sénat de Lucques ; mais ce sénat de Lucques valait peut-être mieux que le sénat de Rome dont il parle, et qui n'était alors que le sénat du triumvirat. On vit paraître à-la-fois à Lucques 200 sénateurs romains devant la porte de César. C'est là que se fit le premier triumvirat entre ce général, Pompée et Crassus. « Sûrement (dit encore Dupaty) après avoir passé ce contrat pardevant quatre cent mille personnes, ils n'y dormirent pas aussi bien que moi ».

Dans les montagnes, à 4 lieues Nord de Lucques, sont des bains renommés, dont les eaux, plus chaudes que celles de Pise, ont, dit-on, plus de 60 degrés de chaleur au thermomètre de Réaumur. — *Parcouru depuis Paris* . . . . . 318.

§ 89. *De Lucques à Pescia*. 6

On sort par la porte Elisa, d'où part une route neuve et belle, qui offre d'immenses développemens en ligne droite. Elle traverse d'abord une charmante plaine, bordée par les Apennins, et divers villages, dont le plus considérable est Borgo-Nuovo. L'on passe, vers le milieu de la distance, de la principauté de Lucques dans le département de l'Arno. Le pays toujours frais et varié devient pittoresque, même romantique aux approches de Pescia, petite ville très commerçante, d'environ 4000 habitans. Elle consiste en une seule et fort belle rue, et renferme beaucoup de filatures de soie et des papeteries renommées.

Les montagnes assez élevées et très escarpées qui entourent la ville sont couvertes du haut en bas de tous les genres de verdure et de végétation. Les vignes, les treilles, les mûriers, les oliviers, etc., se fondent si bien avec les forêts qui couronnent les cimes, qu'on n'en distingue pas la séparation. Le bassin, à la fois riant et sauvage, dans le fond duquel est située la ville, forme le débouché d'une gorge profonde. Ce bassin est très richement cultivé en jardins et en vergers. Ainsi dans les murs de Pescia fleurit l'industrie manufacturière, hors de ses murs l'industrie agricole.

Ce fut à Pescia et à Poggio-Caiano, village dont nous parlerons ci-après, que furent apportés il y a quelques siècles, par François Buonviccini, les premiers mûriers qui aient parus en Toscane. Cet arbre est originaire du Levant ; mais il paraît que Buonviccini l'apporta de Rome. — *Parcouru depuis Paris*. . . . . $324\frac{1}{2}$

---

§ 90. *De Pescia à Pistoia*. 5

La route, après avoir longé, en partant, la belle colline qui forme l'enceinte de Pescia, s'éloigne ensuite de la chaîne des Apennins. La plaine, de plus en plus riante, offre un paysage continuel, qui accompagne le voyageur jusqu'à Florence. Au bout d'une lieue on traverse Borgo-Buggiano, joli bourg de 8 à 900 habitans, où aboutit une communication de Livourne avec cette route. Une allée forme l'avenue de Pistoia. Cette ville, située dans la partie la plus riante, comme la plus fertile de la plaine, doit ses vieilles murailles à Didier, Roi des Lombards, et sa vieille forteresse aux Florentins, qui la construisirent en 1252. Ses rues sont la plupart larges, quelques-unes droites et toutes pavées en dalles. Les bâtimens en sont d'une construction agréable, sans présenter néanmoins rien qui mérite d'être cité. Sa circonférence est de près d'une lieue, et sa population de 9000 habitans, en y comprenant ceux des faubourgs. La cathédrale, malgré le marbre de Carrare qui y est prodigué, a tout l'air d'une église de village; le baptistère, également en marbre, est une rotonde assez agréable.

Cette ville, siége d'un évêché et d'une sous-préfecture, possède quelques fabriques de draps, et quelques tanneries peu perfectionnées. Elle a aussi une belle filière de fer. La soie y est encore un objet de commerce. C'est à Pistoia que se sont fabriqués, dit-on, les premiers pistolets, et ils en ont pris leur nom. Peu de personnes connaissent cette étymologie, que je n'oserais moi-même garantir.

Le territoire de cette ville produit de 10 à 12 pour 1. Il fournit à Florence les plus beaux melons d'eau qui s'y mangent.

Les montagnes voisines renferment des marcassites, dont quelques-unes paraissent de la même nature que celles du Vésuve, étant également imprégnées de matières bitumeuses. On y trouve aussi des pétrifications. Pistoia possède un musée abondamment pourvu de ces productions locales.

La société littéraire de cette ville fait gloire d'avoir compté parmi ses membres la célèbre improvisatrice Corilla, comme la ville elle-même s'honore de lui avoir donné le jour.

Outre la route que nous suivons, Pistoia en a une sur Modène, construite vers le milieu du dernier siècle, par les ordres du Grand-Duc, qui voulut que sa capitale communiquât avec cette dernière ville, sans passer par les états de l'Eglise : elle en a une autre sur Florence, par Poggio-Caiano, village qui renferme une maison de plaisance des Grands-Ducs, circonstance à laquelle est due cette route, plus courte d'un mille, et non moins agréable que celle de Prato. — *Parcouru depuis Paris.* . . . . 329 $\frac{1}{2}$

§ 91. *De Pistoia à Prato.* . . . . 4 $\frac{1}{2}$

Même contrée riante et fertile ; Prato est une ville du même ordre que Pistoia et de la même population, 9000 habitans. Egalement épiscopale, malgré la proximité de ce siége et de celui de Florence, elle est un peu moins grande, tout aussi belle, mieux percée et mieux pavée. On n'y remarque autre chose qu'une cathédrale en marbre blanc et une grande place, qui ressemble à une place d'armes, c'est un champ de foire. Prato est une ville manufacturière, dont les fabriques consistent en lainages et en ouvrages de fer et de cuivre. On y fait le meilleur pain de la Toscane. — *Parcouru depuis Paris.* 334

§ 92. *De Prato à Florence.* 4

Même plaine toujours aussi riche qu'agréable. La quantité, la beauté, la population des villages qu'on traverse, semblent annoncer une grande ville, et l'entrée imposante de Florence

Iʳᵉ. ROUTE DE PARIS A FLORENCE. 87 lieues.

répond à cette annonce. C'est une superbe rue d'une largeur prodigieuse (*). — *Parcouru depuis Paris jusqu'à Florence.* 338

(*) La route qu'on vient de parcourir depuis Lucques, n'était pas encore suivie par les courriers, lors de mon séjour dans le pays en 1809 et 1810. Ils se dirigeaient de cette ville vers Pise, en allongeant de 6 lieues et demie sur 20, déviation commandée tant par des combinaisons de service, que par la non-confection de la route de Pistoia. Cette dernière considération vient de cesser, et peut-être que la première ne suffira pas pour faire maintenir une direction aussi détournée; les deux au contraire, combinées avec l'économie, feront infailliblement diviser et alterner le service entre les deux routes, ainsi que je l'ai proposé dans mon travail administratif.

FIN DE LA 1ʳᵉ. ROUTE DE PARIS A FLORENCE.

DESCRIPTION

ROUTIÈRE ET GÉOGRAPHIQUE

DE L'EMPIRE FRANÇAIS.

IIe. ROUTE DE PARIS A FLORENCE,

Par Lyon, Turin, Casal, Alexandrie, Plaisance, Parme et Bologne.

337 lieues.

lieues.

Depuis Paris jusqu'à Turin (v. 1re. re. par le Mt.-Cenis).
64 *paragraphes.* 213
    (2e. *route par le Mont-Genèvre*. . . 204 *l. et demie.*)
§ 65. *De Turin à Settino.* 3
§ 66. *De Settino à Chivas.* 3

Plaine fraîche et riante, route plate et commode, dirigée le long de la rive gauche du Pô, dont elle est toujours séparée par des prairies et des haies vives qui en dérobent la vue.

Elle traverse la Doire (Dora Riparia) au

sortir de Turin, et la Stura vers le milieu de la distance, sur deux ponts de bois, dont le premier est vieux et mauvais, le second neuf et très beau. Il ne faut pas confondre ces deux rivières avec celles qui ont donné leur nom à deux départemens dans cette même partie de l'Empire.

Les deux routes qu'on laisse à gauche, l'une après le pont de la Dora, l'autre après celui de la Stura, conduisent la première à la maison Royale de la Vénerie, la seconde à Yvrée.

Un embranchement qu'on laisse à droite, à mi-chemin de la Vénerie, mène à la ville de Lanzo, chef-lieu de la belle et riche vallée de ce nom, connue surtout par ses forges de fer qui tirent leur minerai des montagnes voisines, et par ses bestiaux qui fournissent à la plus grande partie de la consommation de Turin en bœufs et en veaux, ainsi qu'en beurre.

Settimo est un grand et beau village peuplé de 2000 habitans, au sortir duquel on entre dans le département de la Doire. Ensuite l'on traverse encore sur deux ponts volans le Malone et l'Orco, l'un vers le milieu, l'autre vers la fin de cette distance. Ces deux torrens, qui dans l'état actuel arrêtent souvent les courriers par leurs crues subites et violentes, mes lecteurs les passeront peut-être sur deux beaux ponts comme celui de la Stura, sans pouvoir m'accuser pour cela d'inexactitude, car ils ne sauraient voir dans de pareils changemens qu'un inconvénient inévitable pour l'auteur, qui, en décrivant le présent, ne répond point de l'avenir, en ce qui dépend, soit de la volonté des hommes, soit des caprices de la nature.

La rivière de l'Orco est surnommée, par les habitans, *Aqua d'Oro* (eau d'or), parce qu'elle charrie des paillettes d'or mêlées dans ses sables. Il y a sur ses rives plusieurs villages dont la principale ressource industrielle consiste à recueillir ces paillettes pour les vendre aux orfèvres de Turin.

Chivas est une petite ville de 3000 habitans qui compte pour 5000, en y comprenant le territoire. C'est le siège d'une sous-préfecture et d'un tribunal d'arrondissement. C'était autrefois une des places fortes du Piémont. — *Parcouru depuis Paris* . . . . 219.

§ 67. *De Chivas à Crescentino*. . . . . $4\frac{1}{2}$

La route que nous suivons, laissant à gauche celle de Milan, continue à côtoyer à droite la rive gauche du Pô; elle traverse, vers le milieu de la distance, le village de Verolengo, et vers les deux tiers, la Doire (Dora Baltea), qui sépare le département auquel elle a donné son nom de celui de la Sesia dont nous allons parcourir la lisière méridionale.

Crescentino est une petite ville de 2000 habitans. Peu intéressante par elle-même, elle offre aux étrangers un objet de curiosité du premier ordre : c'est un clocher qu'on voit à droite, et tout près de la route, un moment avant d'arriver. Il n'a rien qui fixe l'attention, mais elle est réveillée lorsqu'on apprend que ce clocher a été transporté en 1776 à la place qu'il occupe. On doit bien penser que le trajet n'a pas été long; mais ce qui a pu être exécuté dans un espace de 7 à 8 pieds, aurait pu l'être de même dans une distance de plusieurs toises, et même de plusieurs lieues, pourvu que ce fût toutefois sans quitter la plaine, circonstance rigoureusement nécessaire pour le succès du procédé qui a été mis en usage, consistant à creuser, jusqu'au niveau des fondations, une tranchée parfaitement unie, et dirigée, en ligne droite, de l'ancien emplacement du clocher à celui qu'on voulait lui donner. On a creusé ensuite sous les fondations même, jusqu'à ce que le clocher n'a plus porté que sur les angles; on a rempli les intervalles par d'énormes et forts rouleaux, placés transversalement à la direction de la tranchée : quand ils ont été bien établis, on a déchaussé les angles, de manière que le clocher n'a plus porté que sur les rouleaux. Le lecteur devine aisément le reste de l'opération : on sent qu'il ne faut plus que des leviers et des bras, aidés des moyens mécaniques propres à faciliter la rotation des rouleaux. Mais, me demandera-t-on sans doute, à quoi bon transférer un clocher? Voici ma réponse, d'après celle que m'a faite à moi-même le respectable comte de Grégori, contemporain de cette translation, et propriétaire d'un château près de Crescentino :

Le clocher était rebâti depuis peu de temps et en bon état : l'église à laquelle il appartenait tombait en ruines. On voulait la reconstruire plus belle, plus grande et plus digne de la mère de Dieu, à qui elle était consacrée. Des fonds affectés à cette réparation en fournissaient les moyens et en faisaient un devoir; mais l'emplacement était rigoureusement prescrit par le lieu même où fut opéré le miracle, qui était le motif de la vénération publique. Il fallait ou que l'église ou que le clocher changeât de place; celui-ci allait être sacrifié, lorsqu'un maître maçon offre de le transporter tout entier, sans accident et sans grande dépense, à la place convenable. On rit, il insiste : on rit encore, il s'explique, et la chose démontrée possible est exécutée au moyen d'une dépense de moins de 150 fr., modicité de frais incroyable qui me paraît la partie la plus étonnante de cette espèce de miracle, moins vanté en Italie que tant d'autres, plus extraordinaires à la vérité, mais pas aussi constatés.

Quelles sont donc les dimensions de ce clocher miraculeux, nous demande encore avec raison le lecteur, dont la pensée se porte peut-être sur les plus fameux clochers qu'il connaît ? Sans doute celui de Strasbourg ou de Milan, ou les tours de Notre-Dame de Paris n'auraient pu être transférées de la sorte. Celui dont il s'agit ici est un quadrilatère d'environ 60 pieds de haut, et 6 pieds de large sur chaque face. L'opération a été facilitée par sa construction en briques, qui le rendait plus léger, et par l'adhérence parfaite de ses parties, qui n'en laissait pas craindre la disjonction.

IIe. ROUTE DE PARIS A FLORENCE.

L'inscription suivante qu'on lit dans l'intérieur de l'église consacre le souvenir et la réalité de cette translation :

SISTE. GRADUM. VIATOR.
QUO. MARIANUM. SACELLUM. AMPLIARETUR.
TURRIM. HANC. SACRAM.
OPITULANTE. DEIPARA.
PRIMIS. E. FUNDAMENTIS. HUC. USQUE.
QUATUOR. AD. PASSUS.
PULSATISQUE. INTEREA. IMPENDENTIBUS. TINTINNABULIS.
IN. LÆTITIÆ. ARGUMENTUM.
CRESCENTINI. SERRA. CRESCENTINENSIS.
INTENTATO. HACTENUS. AUSU.
TUTO. EX. INSPERATO. TRADUCTAM.
DIE. XXVI. MARTII. ANNO. MDCCLXXVI.
SCITO. ADMIRATOR. ABI.

Après avoir payé son tribut, sinon d'admiration, du moins d'étonnement à ce clocher, l'une des merveilles du Piémont, le voyageur qui observe ne doit pas quitter Crescentino sans aller visiter de l'autre côté du Pô, qui passe à quelques portées de fusil de cette ville, celle de Verrue, ancienne forteresse qu'on voit sur le sommet d'une roche escarpée, et tout près de là, entre le fleuve et le village de Monte di Pô, les ruines ou plutôt l'emplacement de l'antique *Industria* dont parle Pline, l. 3, ch. 5 et 16. Les géographes, commentateurs et compilateurs, l'avaient jusqu'à ces derniers temps placée à Casal. L'auteur latin ayant parlé d'une ville située sur la rive droite du Pô, à l'endroit où ce fleuve commence à devenir navigable, ils se sont naturellement arrêtés à la première ville de quelque importance qu'offre cette rive, au dessous de Turin.

Les morceaux les plus curieux que l'on a trouvés dans ces ruines sont un trépied de bronze, un petit vase de même matière contenant 196 médailles d'or, et une inscription qui, portant le nom d'*Industriensium*, fixe les géographes sur l'emplacement de cette ville. — *Parcouru depuis Paris* 223

§ 67. *De Crescentino à Trino.* 4
§ 68. *De Trino à Casal.* 4

Même plaine et même nature de route toujours dirigée le long du Pô, au milieu des prairies ombragées et des canaux qui les arrosent. Ils arrosent aussi les rues de Trino, qui n'ont rien de remarquable, quoique la plupart soient droites et bordées d'arcades. C'est une ville du même ordre, mais un peu plus considérable que Crescentino. « Les jambons de Trino (dit l'auteur d'un » Voyage en Piémont) ont presque en Italie

» la réputation des jambons de Mayence et de
» Bayonne en France ».

Cette petite ville a été une place forte, et a subi plusieurs siéges, dont deux ont occasionné l'élévation de deux illustres capitaines français, Turenne et Grammont. Le premier valut à Turenne, déjà célèbre par ses victoires, le bâton de maréchal; le second valut à Grammont, dont il fut le premier titre de gloire, une réputation militaire.

Les voyageurs privés, tant avant qu'après Trino, de la vue du Pô, que les haies vives et les arbres laissent rarement entrevoir, en sont dédommagés par celle du délicieux coteau qu'ils ont sans cesse en perspective, sur la rive opposée, jusqu'à Casal où il vient expirer, en pente douce, au pied même des remparts. Cette ville est une des plus agréables du Piémont, moins par elle-même que par ses promenades ainsi que par sa situation dans une belle plaine, et sur la rive droite du Pô, que nous traversons dans un bac en arrivant.

Peuplée de 10 à 12,000 habitans, elle est le siége d'un évêché et d'une sous-préfecture : autrefois place forte, elle ne l'est plus aujourd'hui, quoiqu'elle ait encore un fort. Le rem-

Tome III.

part qui l'entoure a été converti en promenade, qui lui procure une agréable enceinte d'ombrage et de verdure. En la parcourant, on rencontre, entre cette enceinte et la ville, deux autres jolies promenades qui sont le jardin public et la place d'armes. Près de celle-ci est le séminaire, l'un des bâtimens remarquables de Casal : les plus beaux sont les palais qui forment la façade de la rue des Nobles. Cette courte rue m'a paru un diminutif de la *Strada-Nuova* de Gênes. Quelque inférieure qu'elle soit à cette dernière, encore est-ce beaucoup qu'elle puisse la rappeler.

Le palais épiscopal est une maison ordinaire; la cathédrale n'offre aux amateurs qu'un vestibule, dont on admire la belle voûte, et une chapelle revêtue de marbre, qui rappelle celle des Médicis de Florence, de la même manière que la rue des Nobles rappelle la *Strada-Nuova* de Gênes.

On trouve à Casal, comme dans toutes les villes d'Italie, une salle de spectacle, et comme dans toutes les villes savantes, une bibliothèque publique, mais peu de commerce, comme dans toutes celles où domine la noblesse. Il y a cependant des filatures de soie assez considé-

IIe. ROUTE DE PARIS A FLORENCE. 99 lieues.

rables. Les nobles de cette ville ne se mêlent pas avec la bourgeoisie, et chaque degré de noblesse y forme sa société particulière. On voit que les idées libérales ne dominent point à Casal. L'évêque actuel, M. le baron de Villaret, chancelier de l'Université impériale, a tâché de les y répandre, et quoiqu'il n'y ait pas complètement réussi, il peut cependant se flatter d'avoir donné une nouvelle vie à cette ville, en rapprochant les élémens désunis qui en composaient la population. Né français, il a su gagner tous les cœurs, tant à lui qu'à son gouvernement, qui, s'il était servi partout de même, conquerrait tous les peuples, sans coup férir.

Le territoire de cette ville, prise, rendue et reprise plusieurs fois, dans les guerres d'Italie, a été le théâtre de la victoire remportée en 1640 sur les Espagnols par le Duc d'Harcourt. — *Parcouru depuis Paris.* . . . . 232 $\frac{1}{2}$

§ 69. *De Casal à Saint-Sauveur.* . . . . 4 $\frac{1}{2}$
§ 70. *De Saint-Sauveur à Alexandrie.* 3

La plaine devient inégale, et finit par dégénérer en petites collines argileuses, dont la chaîne sépare le bassin de Casal de celui d'Alexandrie. C'est sur une de ces collines qu'est bâti le village de Saint-Sauveur, avant lequel on a traversé aux deux tiers de la distance celui d'Occimiano, et vers les trois quarts celui de Mirabello.

Route toujours plate ou légèrement inclinée depuis Saint-Sauveur jusqu'à Alexandrie. (*V.* pour la description de cette ville, *la* 1re. *route de Paris à Gênes*). — *Parcouru depuis Paris* 240

§ 71. *D'Alexandrie à Saint-Julien.* 4
§ 72. *De Saint-Julien à Tortone.* 2

Plaine continuelle, peu boisée et peu récréative ; c'est celle de Marengo. Nous en avons traversé une partie en suivant la route de Gênes, qui s'embranche avec celle-ci à Marengo même. Ce hameau et celui de Saint-Julien, sont les seuls lieux qu'on rencontre. Entre les deux on passe du département de Marengo dans celui de Gênes. La plaine n'offre d'autre intérêt que la célèbre victoire que son nom rappelle. En arrivant à Tortone, on traverse la *Scrivia* sur un très long et très beau pont de bois, nouvellement construit. On passait auparavant cette rivière à gué, non sans quelque danger d'être entraîné par la violence de son cours, et souvent même on ne la passait point du tout, pendant plusieurs jours consécutifs.

IIe. ROUTE DE PARIS A FLORENCE. 101 lieues.

Tortone est une ancienne ville de guerre démantelée par les Français ; située au pied d'un monticule, sur lequel s'élevait la citadelle, dont on voit encore les débris, elle est peuplée de 4 à 5000 habitans, et de 7 à 8000, si l'on consulte les habitans eux-mêmes, qui, pour arriver à leur compte, ont soin de s'adjoindre ceux de tous les villages et hameaux circonvoisins. Cette ville était épiscopale avant d'appartenir à la France. — *Parcouru depuis Paris* 246

§ 73. *De Tortone à Voguère.* . . . . 4 $\frac{1}{2}$
§ 74. *De Voguère à Casteggio.* . . . . 2 $\frac{1}{2}$
§ 75. *De Casteggio à Broni.* . . . . 3 $\frac{1}{2}$

Même plaine et même nature de route dans ces trois distances. On traverse au milieu de la première, le village de Ponte-Curone, par une rue large et droite, aboutissant à deux portes qui lui donnent l'air d'une ville. Celle de Voguère est à peu près de la même grandeur et de la même population que Tortone; tout aussi dépourvue d'intérêt, si elle a quelque importance de plus, elle la doit à sa sous-préfecture et à son tribunal d'arrondissement. Cette ville, comme la précédente, et comme toute cette contrée, ne connait d'autre commerce que celui des grains, d'autre industrie que l'agriculture ; c'est une véritable *terre de labour*. Les champs y sont pourtant plus étendus que fertiles, leur produit moyen en froment n'est que de 4 à 5 pour 1.

La plaine s'embellit et s'améliore à mesure qu'on avance. Toujours à perte de vue sur la gauche et en face, où elle se joint à celle de la Lombardie, elle est bientôt rétrécie à droite, par de petits coteaux, dont les pentes douces viennent expirer au bord de la route. C'est sur un de ces coteaux qu'est situé Casteggio, joli bourg de 2000 habitans, qui n'a point de bureau de poste. Il y a cependant un bureau d'estafette, à cause de l'embranchement de la route de Milan. Celle que nous suivons longe, avec le bourg, le pied du coteau, qu'elle continue à suivre encore, jusqu'à Broni, autre joli bourg d'environ 2000 habitans, avec bureau de poste. Les bourgs et villages paraissent, comme la terre, se ressentir du voisinage de la riche Lombardie, à laquelle ils ont anciennement appartenu. —*Parcouru depuis Paris*. 257

§ 76. *De Broni à Castel-San-Giovani*. 3½

Même plaine entrecoupée de quelques inégalités. Vers le tiers de la distance on traverse le bourg de *Stradella*, peuplé d'environ 2000 habitans, comme Casteggio et Broni. On y trouve une belle auberge. Il est adossé à des coteaux rians, où abondent les vignes, les arbres fruitiers et les beaux sites. Un quart de lieue plus loin, on traverse le torrent d'*Aversa*, qui n'est difficile que dans ses crues. On doit y faire un pont. Un quart de lieue avant Castel-San-Giovani, on passe du département de Gênes dans celui du Taro. Castel-San-Giovani est encore un bourg de 2000 habitans : il renferme, comme Stradella, une bonne auberge, et de plus un bureau de poste. On le parcourt dans sa longueur, par une large et courte rue, qui aboutit, en ligne droite, d'une porte à l'autre. —*Parcouru depuis Paris*. . . . . 260$\frac{1}{2}$

---

§ 77. *De Castel-San-Giovani à Plaisance*. . . . . 7.

La route s'insinue dans de jolies collines, avant de traverser le *Tidone*, qui partage cette distance en deux parties presque égales. C'est un petit torrent, que les prises d'eau, pour l'arrosement des terres, mettent à sec tous les étés. A la différence des torrens qui, provenant de la chaîne centrale des Apennins, charient les débris de ces monts, les répandent dans la plaine, et ne roulent que sur de vastes lits sans rivages, celui-ci est au contraire resserré dans un profond encaissement; ce qui fait assez connaître qu'il ne vient point de cette grande chaîne, mais seulement des coteaux qui la précèdent. Cette profondeur d'encaissement, qui rend le passage du torrent plus difficile, rend aussi plus facile la construction d'un pont, en même temps qu'elle la rend plus nécessaire.

La *Trebbia* qu'on traverse ensuite est un des plus fougueux torrens que vomissent les Apennins. Il arrête souvent les courriers et les voyageurs que la Bormida et la Scrivia ont laissé passer, comme on le passe aussi quelquefois lui-même, lorsque les autres interceptent la route; c'est que les torrens qui proviennent des mêmes montagnes sont sujets à des crues qui n'ont pas toujours les mêmes causes, tels que des orages locaux, des fontes de neige plus abondantes, produites par des amas plus considérables, par des pentes plus rapides, par des vents plus chauds.

Ce torrent que le Pô reçoit à une lieue au dessus de Plaisance, donna son nom à la seconde des trois victoires qui signalèrent la marche triomphante d'Annibal en Italie, et qui firent douter un moment si l'empire du monde devait appartenir à Rome ou à Carthage. On présume que le champ de bataille était dans le territoire nommé *Campré-Moldo*, entre la Trebbia et

IIe. ROUTE DE PARIS A FLORENCE.

Plaisance. M. de Lalande rapporte en preuve une étymologie si peu satisfaisante, qu'elle ne nous paraît pas plus digne d'être citée que d'être admise.

La ville de Plaisance est bâtie sur la rive droite du Pô, dans une plaine vaste et riche, mais pas aussi *délicieuse* que le dit l'auteur du prétendu Itinéraire de l'Empire Français, d'après le prétendu Itinéraire d'Italie. Sa situation, son coup d'œil, ses places et ses rues sont loin de justifier, ainsi que l'assurent ces deux auteurs, le nom qu'elle porte. En effet, que peuvent avoir de si délicieux l'aspect monotone d'une vaste plaine de champs sans arbres, des rues sans boutiques, sans alignement et sans largeur, des places sans noblesse et sans régularité ?

Une seule rue, celle du Cours, est large, longue et tirée au cordeau ; mais ouverte à travers les jardins qui avoisinent les remparts, et presque entièrement bordée de murs de clôture, elle ressemble moins à une rue qu'à un chemin.

Une seule place, celle de *Napoléon*, ci-devant *du Palais public*, mérite l'attention des voyageurs, non par elle-même, mais par les deux monumens qui l'embellissent. Ce sont deux statues équestres en bronze, représentant, l'une cet *Alexandre Farnese*, Duc de Parme, qui servit en France pour la ligue contre Henri IV, et mérita un rang distingué parmi les grands capitaines du seizième siècle; l'autre, *Ranuccio Farnese*, son fils, qui se distingua par ses vertus pacifiques, autant que le père par les vertus guerrières. Ces deux statues sont de Mochi, élève de Jean de Bologne. Selon M. de Lalande, l'élève réussissait mieux que le maître pour les animaux; effectivement les deux chevaux sont d'une grande beauté. On aime à les comparer, et l'effet ordinaire de ce parallèle est de faire préférer celui d'Alexandre Farnese. Cette place irrégulièrement carrée, et peu grande, offre deux bâtimens remarquables, l'un moderne, c'est un hôtel particulier consacré aujourd'hui à la sous-préfecture, l'autre gothique, c'est le palais public occupé jadis par le gouvernement, aujourd'hui par la municipalité.

Deux autres places, plus grandes et moins régulières, offrent encore chacune un édifice remarquable, l'un moderne et l'autre gothique. Le premier est le palais Ducal, d'une grandeur considérable, quoiqu'il n'y en ait qu'un tiers de fait, et d'un mérite fort médiocre, quoique construit par Vignola, et vanté dans tous les auteurs, notamment dans l'Itinéraire d'Italie, par conséquent dans celui de France. Le second est la cathédrale, dont la construction n'est remarquable que par sa lourdeur et son mauvais goût. Les fresques peintes à la voûte par *le Guerchino* sont d'une vigueur outrée, qui leur ôte cette légèreté aérienne, recherchée dans les peintures des voûtes et des plafonds. Au fond du chœur est un tableau très dégradé d'Augustin Carrache, entre deux bons tableaux modernes (l'un de Landi, l'autre de Camoccini), qui sont l'ornement de cette église, comme l'étaient ceux du Carrache qu'ils ont remplacés.

La jolie église de Saint-Augustin construite par Vignola fait plus d'honneur à ce grand architecte que le palais Ducal. Elle était abandonnée, lors de mon dernier passage, et consacrée à un arsenal de construction. On voit dans la sacristie de cette église un superbe morceau de sculpture en bois. C'est un calvaire, avec tous ses accessoires, ouvrage prodigieux qu'on attribue à un chanoine de cette église. Dans celle de La Madona di Campagna l'on voit d'assez bonnes peintures du Pordenone.

Toute la ville est bâtie en brique, sans excepter les palais, qui sont très nombreux; on y en compte jusqu'à 100, dont 3 ou 4 seulement sont remarquables; le nombre des familles nobles est de 200, celui des équipages de 250, et celui des habitans de 27 à 28,000. C'est, avec moins d'habitans, beaucoup plus de palais, de nobles et d'équipages qu'on n'en compte à Parme, capitale de l'état, dont Plaisance n'était que la seconde ville. Celle-ci, malgré tous ses palais, qui ne sont la plupart que de vieux hôtels tristes et sombres, n'est pas plus belle que Parme, ni peut-être autant. Plaisance d'ailleurs est, comme Parme, une ville fortifiée, sans être une place forte. Ses remparts lui servent de promenade. On a planté d'arbres la partie voisine de la rue du Cours. Cette rue sert elle-même de promenade à l'époque du carnaval; on y voit alors un incroyable concours de voitures.

Le coup d'œil étendu qu'offrent les remparts, est attristé par l'uniformité de la plaine, sur laquelle ils dominent. Couverte d'abondantes moissons et dépouillée d'arbres, ainsi que nous l'avons déjà remarqué, elle ne présente, dans un rayon d'une lieue, qu'une riche nudité.

L'absence des arbres autour de Plaisance provient de ce qu'ils ont été abattus par les armées, qui, à plusieurs reprises, ont campé tantôt sous ses murs, tantôt dans ses murs même.

IIe. ROUTE DE PARIS A FLORENCE.

C'est avant cet abattis que la ville de Plaisance justifiait le nom qu'elle porte; mais aujourd'hui, quoi qu'en disent les auteurs qui ne l'ont pas vue, il n'y a plus aucun rapport entre son nom et sa position. Il paraît aussi que la salubrité de l'air a pu contribuer au nom de *Placentia* que lui ont donné les anciens. Pline dit que dans le dénombrement de l'Italie on y trouva six vieillards de 110 ans, un de 120 et un de 140.

Elle possède, malgré son inactivité, quelques filatures de soie, qui ne suffisent point pour en faire une ville industrieuse ni commerçante. En parcourant ses rues désertes, on ne croit pas volontiers à ses 28,000 habitans, et l'on est tenté de donner raison à M. de Lalande, qui les réduit à 18,000. Cependant, puisqu'il s'accuse lui-même d'erreur dans la table de son ouvrage, et finit par adopter l'opinion générale qui fixait la population à 30,000 habitans, nous ne pouvons nous refuser à suivre son exemple, en admettant la même population, réduite de deux ou trois mille âmes, depuis le voyage de ce savant, d'après les résultats de toutes nos informations. Cette ville est le siége d'une sous-préfecture et d'un évêché.

Elle a donné le jour au Pape Grégoire X,

auteur du réglement qui oblige les cardinaux, après la mort du Pape, à rester enfermés dans un conclave, jusqu'à ce que l'élection soit faite, et à ce fameux Alberoni qui, né d'un père jardinier, devait devenir un jour le Mazarin de l'Espagne. Ce futur ministre qui avait cru sa fortune faite, en obtenant une place de clerc-sonneur à la cathédrale de Plaisance, devint successivement intendant de la maison de l'évêque, chanoine de son église, et l'homme de confiance de M. de Vendôme. Parvenu ensuite à la pourpre romaine, et au ministère d'Espagne, il finit par être chassé de l'état qu'il gouvernait, menacé par la cour de Rome d'être rayé du sacré collége, et réduit à terminer obscurément sa carrière à Plaisance, en occupant ses vieux loisirs à construire un séminaire, qui fut foudroyé sous ses yeux, dans la campagne de 1746, étant devenu le point d'attaque et de défense des trois armées. Il faut cependant qu'il n'ait pas été si maltraité qu'on l'a dit et écrit, ou qu'il ait été bien réparé depuis ; car il offre aujourd'hui une façade en très bon état, près de la porte de Parme, sur le bord et le côté droit de la route. — *Parcouru depuis Paris*. 267½

IIe. ROUTE DE PARIS A FLORENCE. 111 lieues.

§ 78. *De Plaisance à Fiorenzola.* 7

Route toujours plate jusqu'à Parme, et même jusqu'à Bologne. La plaine plus riche que belle, en partant de Plaisance, où elle produit 9 à 10 pour 1, devient plus belle que riche, à mesure qu'on avance. La fertilité cependant, après avoir décliné graduellement, se ranime aux approches de Parme, dont le territoire rend environ six fois la semence. Mais il est plus cultivé en prairies qu'en labours, ce qui, joint aux haies vives et aux arbres dont il est entrecoupé, le rend aussi agréable que celui de Plaisance l'est peu.

La route longe sans cesse les Apennins, à trois ou quatre lieues de distance sur la droite, comme celles de Châlons à Lyon ou de Strasbourg à Bâle longent, la première les montagnes du Charolais et Beaujolais, l'autre celle des Vosges.

A moitié chemin de Plaisance à Fiorenzola, on traverse, sur un pont de pierre, le torrent de la *Nura*, dans un bourg qui en a pris le nom de *Ponte-Nura*, et en arrivant à Fiorenzola, on passe la *Larda*, à travers un lit presque toujours à sec en été, sur un étroit pont de pierre en hiver.

Fiorenzola est une petite ville d'environ 3000 habitans, avec bureau de poste, et tribunal de première instance. On trouve une médiocre auberge à la poste avant d'entrer, et une autre en sortant. Cette dernière présente la singularité d'occuper si bien l'emplacement de la porte de la ville, en faisant face en même temps à la grande rue et à la route, par une double porte cochère, ouverte dans l'alignement de l'une et de l'autre, que les personnes qui ne connaissent pas le détour à faire, pour aller chercher à droite une autre sortie, la cherchent naturellement sous les arceaux de cette auberge, dont le propriétaire, comme on pense bien, n'aime à se voir visiter ainsi que par ceux qui font halte : et pour les y décider, ou les obliger à passer ailleurs, il a soin de tenir le passage obstrué par des voitures. Cette circonstance, minutieuse en elle-même, ne trouve ici sa place que pour signaler un abus, né sans doute d'une usurpation que la ville a pu tolérer, mais dont les voyageurs ont droit de se plaindre.

A 15 milles Sud de Fiorenzola, les curieux vont visiter les ruines de l'ancienne *Velleia* exhumée de son tombeau, après un sommeil de 14 à 15 siècles, par les soins des souverains de Parme. Tous les temps ne sont pas convenables pour cette excursion, à cause de la nature du chemin, dont une partie se fait dans un terrain très fangeux, et l'autre dans le lit d'un torrent qui n'est praticable qu'autant qu'il n'y a point d'eau. Il importe donc qu'il n'ait pas plu depuis quelque temps; et quand on a le bonheur de rencontrer un de ces jours choisis, comme celui qui m'est échu en partage, c'est une des plus agréables parties à faire, et sous plus d'un rapport, comme on va le voir.

Au bout de 5 milles, parcourus dans la plaine de Fiorenzola, on arrive au pied d'une colline sur laquelle s'élèvent le bourg et le château, à moitié ruiné, de *Castell' Arquato*. L'effet pittoresque de cette colline, de ce bourg et de ce château, les coteaux boisés qui s'étendent à gauche, l'échappée de vue qu'offre la vallée ouverte en face: voilà pour l'amateur de tableaux de perspective.

Au dessus et à 3 milles O. de Castell' Arquato, un particulier de Fiorenzola (le conseiller Joseph Cortesi) a trouvé un squelette de baleine presque entier qui paraît le balénataire à museau pointu de Lacépède, un autre incomplet d'un éléphant d'Asie, une tête et presque tout le corps d'un rhinocéros, un dauphin entier d'une espèce particulière, et divers autres fossiles dans un état de pétrification imparfaite. L'auteur de ces intéressantes fouilles en a enrichi le muséum de Milan : voilà pour l'amateur d'histoire naturelle.

Encore 2 milles parcourus dans un chemin difficile, et souvent invisible, à travers les cailloux qui forment le lit ordinairement à sec de la Larda, et l'on arrive au village du Lugagnano, où l'on éprouve l'étonnement et le plaisir de trouver au Lion d'or une auberge bien pourvue : voilà pour l'amateur des commodités de la vie.

Un guide qu'on prend dans ce village vous conduit au bout de 7 milles, près d'un terrain enflammé, qui n'est pas la moindre curiosité de ce voyage. Le feu n'a que quelques pieds d'étendue, et la flamme en est pâle. Nous y avons allumé un morceau de bois, ensuite notre guide a éteint le feu avec son chapeau, en nous assurant qu'il allait se rallumer. Nous avons attendu un moment, il est resté éteint : voilà encore pour les amateurs d'histoire naturelle.

Ceux qui ont fait des recherches sur ce phénomène l'attribuent à l'huile de pétrole, dont est imprégné ce terrain. Volta prétend que ce n'est qu'un air inflammable. On n'a plus que quelques pas à faire pour être à *Velleia* où l'amateur d'antiquités va trouver aussi ses jouissances.

Un accident extraordinaire de la nature, l'éboulement d'une montagne, dans le troisième ou le quatrième siècle de l'ère chrétienne, ensevelit, et conserva, en quelque manière, pour les siècles à venir, cette ville antique, comme le Vésuve nous a conservé Herculanum sous sa lave, Pompeia sous sa pluie de cendre. Ainsi que cette dernière ville, Velleia m'a offert beaucoup de constructions en pierre brute, constructions extrêmement rares dans les ruines qu'on voit en plein air, où les édifices solides résistent seuls à la lime du temps. On n'en a point trouvé de ces derniers à Velleia : les fouilles n'ont pas été poussées assez loin, pour pouvoir assurer qu'il n'y en a pas : jusqu'ici elles n'ont fait découvrir que de très faibles vestiges d'un petit amphithéâtre.

Ce qu'on a découvert de plus intéressant est une espèce de petite place pavée en jolies dales, d'un grès blanc si uni que je l'ai pris pour du marbre. Elle forme un carré long : chaque côté est orné d'un péristyle dont les colonnes en brique n'ont conservé que leurs bases et un ou deux pieds de fût. Des chapiteaux de marbre blanc et de divers ordres d'achitecture ont été trouvés çà et là, et placés sur les tronçons des colonnes auxquelles on a cru qu'ils appartenaient. Une belle inscription en lettres de bronze, qui traverse ce pavé dans sa longueur, nous apprend qu'un *Lucius Lucilius* le fit faire à ses dépens. La conservation étonnante de l'inscription et du pavé fait juger que cet embellissement venait d'être terminé, lors de la catastrophe qui engloutit la ville.

Sur un des côtés de la place on voit une grande salle pavée de même, dont la destination est fort incertaine, et sur le côté opposé, une suite de petites chambres carrées. A l'un des autres côtés, en face d'un escalier par lequel on descendait à cette place, est une chambre pavée en mosaïque. Je ne sais pourquoi on n'a voulu voir, dans ce pavé uni, que celui d'une place, au lieu de celui d'un temple : dans le péristyle qui l'entoure, on eût pu reconnaître les colonnes des bas-côtés, et dans les petites chambres, les chapelles. Cette forme n'est point celle des temples païens sans doute ; mais le christianisme commençait à s'établir, à l'époque du désastre de Velleia, et cette église nouvellement construite, fut peut-être la première que ce peuple consacra au vrai Dieu. On voit çà et là des débris de statues, de piédestaux, de corniches, etc. Divers ustensiles de fer et de bronze, des morceaux de verre, des tessons de vases et autres fragmens sont rassemblés dans une mauvaise salle de bois bâtie pour cette destination. Plusieurs statues tirées de Velleia embellissent le musée de Parme. On a trouvé aussi dans les fouilles, avec beaucoup de médailles des empereurs qui ont succédé à Constantin (médailles dont les divers millésimes ne remontent pas au delà de l'an 337), une certaine quantité de bronzes, entre autres la table Trajane, expliquée par Muratori, où sont marqués les principaux lieux du pays des Velleiates. On y reconnaît des villages qui n'ont presque pas changé de nom. « Cette table qui se rapporte, » dit Lalande, à un établissement de l'Empe- » reur Trajan, est le monument de bronze le » plus entier et le plus considérable qui existe ». Cet auteur n'ajoute pas que, d'après l'inscription de la table, l'établissement dont il y est question, était la fondation de deux écoles, l'une de 500 garçons, et l'autre de 50 filles. Les lieux nommés étaient ceux qui devaient fournir aux frais de l'établissement. Ce morceau est trop précieux pour ne pas devoir enrichir le muséum de Paris, ainsi que divers autres ouvrages de bronze trouvés dans les mêmes fouilles.

Les Velleiates formaient une république, de

laquelle dépendaient 30 villes ou bourgs. Lors des premières fouilles commencées en 1760, les journaux du temps parlèrent beaucoup de cette découverte. Ils l'ont oubliée depuis : et reparler aujourd'hui de Velleia, c'est, pour ainsi dire, l'exhumer de nouveau.—*Parcouru depuis Paris*. 274½

§ 79. *De Fiorenzola à Borgo-San-Donino*. 3½
§ 80. *De Borgo-San-Donino à Castel-Guelfo*. 3½
§ 81. *De Castel-Guelfo à Parme*. 3½

Peu avant Borgo, on traverse une route de Gênes à Crémone, qui n'est faite que dans l'état de Parme, savoir : d'un côté jusqu'à Bardi, petite ville dans les montagnes, de l'autre jusqu'au Pô, en passant par Bussetto, autre petite ville intéressante par son commerce.

Le torrent du *Stirone*, que l'on passe en arrivant à Borgo, est presque toujours à sec, ou du moins guéable. Cette ville, de la grandeur et de la population de Fiorenzola, renferme, comme cette dernière, 3000 habitans, non compris le dépôt de mendicité qui s'y forme, et qui doit contenir 2460 individus. Elle renferme un palais Ducal peu remarquable, une assez belle place, un évêché, une petite cathédrale gothique et une sous-préfecture.

Castel-Guelfo est une maison isolée et une auberge.

A un mille au delà, on traverse le Taro sur un très beau pont de bois. On en passait naguères les deux bras à gué, par les temps secs; l'un à gué, l'autre dans un bac, par les temps ordinaires; tous les deux dans un bac, par les temps pluvieux, et pour peu qu'il grossît, on était obligé d'aller passer 6 ou 7 milles plus bas, au bac du *Grugno*, où la rivière se trouve plus encaissée, et à celui de *Martorano*, 4 milles plus bas encore, lorsque celui du Grugno était intercepté.

Les énormes et vieilles piles qu'on voit renversées près du pont actuel, lui attestent sans cesse le danger qu'il court. D'autres piles, plus anciennes et moins ruinées, que l'on voit rangées à gauche et le long de la route, un quart de lieue avant d'arriver au lit actuel du torrent, attestent aux voyageurs le changement de son lit. J'ai cru reconnaître dans ces débris informes la maçonnerie Romaine, et cette opinion s'accorde avec la tradition du pays, d'après laquelle ce fut sur ce pont qu'Annibal fit passer son armée. Il ne faut donc pas remonter au delà des Romains, pour trouver un changement de direction aussi considérable Que l'on calcule les révolutions de cette nature qui ont dû s'opérer, depuis que le monde existe, et l'on aura peut-être trouvé la cause de ces immenses stratifications de cailloux que nous offrent un grand nombre de plaines, notamment celle de la Crau près d'Arles.

A voir la campagne, aussi bien cultivée dans cette partie qu'ailleurs, on ne se douterait pas que c'est l'ancien lit du Taro. Il n'y a que le cultivateur qui s'en aperçoive aux cailloux qui arrêtent sa bêche ou ralentissent sa charrue.

La ville de Parme est à peu de chose près de la même grandeur que celle de Plaisance, environ trois milles de tour. Sa population est un peu plus considérable, puisqu'elle passe de quelque chose 30,000 âmes, nombre auquel n'arrive pas tout-à-fait la population de Plaisance. Il est difficile de dire laquelle de ces deux villes est la plus belle; ni l'une, ni l'autre ne méritant d'être citées sous ce rapport.

La position de Parme est plus agréable, en ce que la plaine offre beaucoup plus de fraîcheur et de verdure; mais elle est moins avantageuse, en ce que la Parme qui la traverse, loin d'être une rivière navigable, comme le Pô, n'est qu'un torrent incommode, qui la menace quelquefois en hiver, et reste à sec tous les étés, ne conservant que l'eau suffisante pour les canaux souterrains qui traversent la ville, et en font mouvoir les moulins. Ce torrent la coupe en deux parties inégales : je n'ai pu découvrir si elle lui a donné ou si elle lui doit elle-même son nom. Ce qu'il y a de certain c'est que cette ville est mentionnée sous le nom de *Parma* dans divers auteurs anciens, et qu'elle fut faite colonie Romaine, 185 ans avant l'ère vulgaire. Le nom latin de Parma qui signifie *bouclier* a été regardé, par quelques auteurs, comme l'étymologie de son nom ; mais ils n'en ont fourni d'autres preuves que leurs conjectures.

Elle est entourée de fossés et de murs dont les revêtemens se détruisent, mais les terrasses forment d'agréables promenades. Elle a aussi une belle citadelle, et n'est cependant capable d'aucune résistance. Les rues sont larges et propres pour la plupart ; celle par laquelle nous arrivons, conduit d'une porte à l'autre, en traversant la grande place : elle est très belle au delà de cette place ; mais cette rue, comme les autres, et les places, comme les rues, sont dénuées d'ornemens. Le petit monument en marbre que l'on voit sur la place dont nous venons de parler, fut érigé pour célébrer l'alliance du Duc Dom Ferdinand avec l'Empereur Joseph II.

Les maisons offrent en général une architecture médiocre, et leur hauteur ne passe guères deux étages. Je n'ai pu concevoir ce que c'était que le Palais Ducal. On donne ce nom à une masse confuse d'édifices de construction différente, répandus autour d'une vaste place, et le long des diverses rues qui y aboutissent. La partie la plus considérable et la plus imposante, qu'on nomme la *Pilotta*, ressemble moins à un palais qu'à un couvent, comme le dernier Duc qui en fit achever la construction ressemblait plus à un moine qu'à un souverain.

Elle est consacrée à divers établissemens qui sont: le grand théâtre, la bibliothèque, l'académie des arts, le muséum de sculpture et celui de peinture.

On n'y trouve plus cette fameuse galerie qui, formée par les *Farnèse*, contenait plus de 400 tableaux de prix. Cette riche collection fut transportée à Naples, aussi bien que les cabinets d'histoire naturelle et d'antiques, par l'Infant Dom Carlos, lorsqu'il alla prendre possession de ce royaume.

Il y était encore resté quelques beaux tableaux que les Français ont enlevés : tels que la Vierge du Saint-Jérôme, par le Corrège, et l'adoration des mages par le Parmesan. On voit cependant au muséum trois originaux du Schidone, aussi précieux par leur exécution et leur étonnante fraîcheur, après plus de deux siècles, que par la rareté des ouvrages de cet artiste. On voit, dans la même galerie, une petite réunion de statues antiques, dont les fouilles de Velleia ont fait les principaux frais : la table Trajane y était aussi. Les conservateurs me dirent qu'elle avait été transportée au Muséum de Paris, et les conservateurs de ce dernier n'ont pas su de quoi je voulais parler.

En face de la porte du musée est une bibliothèque riche de plus de 60,000 volumes et de plus de 200 manuscrits précieux. Sur le même vestibule en face de l'escalier est le fameux théâtre de Parme. « C'est, dit M. de Lalande, une des » plus belles choses dont les Farnèses ont en- » richi leur patrie ». Effectivement il n'y en a pas un pareil en Italie, pour la grandeur, la forme et la distribution. Ce bâtiment a 300 pieds de long, 96 de large, dans œuvre, et 60 de hauteur. Le théâtre seul en a 124 de profondeur et 36 d'ouverture, ce qui contribue tellement à faire sortir la voix, que l'on entend très bien du fond de la salle tout ce qui se dit, à voix ordinaire, au fond du théâtre : j'en ai fait l'épreuve.

Autour d'un parterre demi-ovale, règnent un fer à cheval et une balustrade que couronnent des génies portant des torches, pour éclairer la salle ; sur ce fer à cheval s'élève un amphithéâtre de 14 gradins, à la manière des théâtres antiques. Le pourtour est orné de colonnes et de statues, dont deux équestres occupant les deux extrémités près de l'avant-scène, et représentant Alexandre et Ranuce Farnèse, servent de couronnement à deux grandes arcades qui forment les entrées latérales. C'est ainsi qu'étaient placées les deux statues équestres des frères *Balbus* au théâtre d'*Herculanum*. Les entre-colonnemens sont occupés par deux rangs de loges, sans compter le paradis.

« C'est le seul théâtre, dit M. de Lalande, d'après M. Cochin, qui soit vraiment orné d'architecture, et la pensée en est fort belle ». Par un faux calcul il réduit à 4000 le nombre des spectateurs que peut contenir la salle, et qu'une opinion exagérée porte à 12 ou 15000; personne ne le sait au juste : pour m'en faire une idée moi-même, j'ai mesuré un gradin du milieu, et j'y ai trouvé 150 places à 15 ou 16 pouces par personne, ce qui fait 2100 pour 14 gradins. Le double rang de loges et le paradis que j'ai arpentés, non sans quelque danger, sur des planches déjetées ou vermoulues, en devraient contenir à peu près autant, et le parterre autant que les loges et les gradins. Ce qui fait environ 7 à 8000 personnes en tout.

Si ce beau théâtre, imité des anciens, eût

été leur ouvrage, il serait au moins en pierre, s'il n'était en marbre, et les ornemens, les statues surtout, seraient en marbre ou en bronze. Celui-ci exécuté par les modernes est en bois; et ce bois pourri, tombant en poussière de toute part, ne présente point l'aspect imposant des ruines antiques, mais le spectacle attristant de la destruction, dans tout ce qu'il a de hideux. Une pareille imitation, à mon retour de Rome et de Naples, m'a paru une singerie de l'antique, une véritable charge, et m'a fait l'effet d'une mauvaise copie en plâtre du *Laocoon* ou de l'*Apollon du Belvédère*. Construit depuis un siècle environ, il est encore plus ruiné par le repos qu'il ne l'est par les années. Sa trop grande étendue n'a permis d'en faire usage qu'en certaines occasions extraordinaires : la dernière a été lorsque Dom Carlos prit possession de ses états en 1733.

Attenant à ce théâtre, on en voit avec plaisir un petit, très joli, que l'on nomme *il theatrino*. Les spectacles journaliers se donnent dans une autre salle, dont l'étendue est proportionnée à celle de la ville.

Les édifices qui méritent le plus l'attention des étrangers à Parme sont les églises; la plus belle est la Steccata, bâtie dans un goût moderne, quoiqu'au commencement du seizième siècle ; le plan en est très gracieux. C'est une croix grecque dont les quatre extrémités sont arrondies, et dont le milieu s'élève en dôme. Parmi les peintures qui la décorent, on admire surtout un Moïse du Parmesan.

La cathédrale, bâtie dans un goût gothique, ne manque pas de noblesse ; mais ce qui la fait citer est sa coupole, peinte par le Corrège : elle représente l'Assomption de la Vierge, à ce qu'on m'a dit ; car je n'ai pu venir à bout, et je défie les plus habiles, d'en démêler le sujet, que dérobent à-la-fois l'obscurité de cette coupole, la dégradation de la peinture, et la petitesse des figures. Après la coupole, on peut voir encore les autres peintures de la cathédrale, qui sont de Michel-Ange de Sienne, de Jérôme Mazzola et d'Orazzio Samucchini.

La coupole de Saint-Jean l'évangéliste est peinte aussi par le Corrège, et encore plus obscure, mais moins difficile à bien voir, quand on rencontre l'heure favorable, parce que les figures en sont grandes. Il affecta, dit-on, de les faire ainsi, pour répondre à une critique de sa coupole de la cathédrale, que l'on avait appelée *un guazzetto di rane* (une fricassée de grenouilles) : critique qu'il avait peut-être méritée, au lieu que la coupole de Saint-Jean suffirait seule pour justifier la place éminente qu'il occupe parmi les peintres. Il a donné au colossal des figures cette proportion, cette harmonie qui forme le véritable grandiose. On y trouve le moelleux de son pinceau, le charme de son coloris, le génie de sa composition, on y retrouve enfin le Corrège, que l'on cherche long-temps, et j'oserai dire vainement, à la coupole de la cathédrale. Au dessus d'une porte de cette église qui communique au cloître, est un Saint-Jean peint à fresque par le même maître. Sur la gauche, en entrant par la grande porte, sont des arcades attribuées au Parmesan, et formant l'ouverture des deux premières chapelles. On fait remarquer dans la seconde la beauté du cheval de saint Georges.

Dans le réfectoire du couvent est une perspective de Jérôme Mazzola, représentant une tribune, des fenêtres et des colonnes, avec tant de vérité, que les oiseaux, m'a-t-on assuré, qui entrent par les croisées, veulent se reposer sur les corniches.

Dans la petite église de la Scala, attenante à la porte Saint-Michel, est une Vierge du Corrège peinte à fresque au dessus de l'autel, et dans le couvent de Saint-Paul une voûte peinte par le même. C'est de toutes les fresques du Corrège la mieux conservée, la plus favorablement éclairée, et selon quelques-uns la meilleure.

Nous avons suivi le Corrège partout où il a laissé de ses productions. Le rival de Raphaël, qui a pu se comparer par ce mot fameux, *anch'io son pittore*, et presque s'égaler par ses ouvrages à ce grand maître, méritait notre principale attention.

Plusieurs autres églises sont dignes de la curiosité des étrangers, soit par leur construction, soit par les peintures qu'elles renferment. On peut compter dans ce nombre le baptistaire de la cathédrale, bâtiment octogone qui s'élève près de la grande porte de cette église, en forme de tour, ornée de 4 rangs de galeries que soutiennent autant de colonnades.

Celle de Sainte-Marie du quartier est remarquable par les peintures de sa coupole, celle de l'Annonciade par sa forme, celle de Saint-Joseph par sa jolie façade construite sur les dessins de Brianti.

Le vaste palais *del Giardino*, aggrandi par M. Petitot architecte, était, quoique renfermé dans les murs de la ville, une espèce de maison de plaisance des Ducs Farnèse. Augustin Carrache l'avait enrichi de fresques dont le pieux Duc Ferdinand a fait effacer la plus belle partie à cause de leurs nudités. On ne montre plus qu'une chambre qu'on dit peinte par cet artiste; et si cela est vrai, c'est le véritable mérite de cette peinture, qui m'a paru n'en pas avoir d'autre. Le nom de ce Palais lui vient du beau jardin attenant, qui fut planté sur les dessins du même architecte. C'est un jardin public et l'une des plus belles promenades de l'Italie, en son genre, comme le *Stradone* l'est dans un genre différent. Cette dernière promenade, entre la ville et la citadelle, est composée de trois allées parallèles; celle du milieu, beaucoup plus large que les autres, sert pour les voitures. A l'une des extrémités on voit un assez joli jardin de botanique.

L'édifice de l'ancienne université, dans l'intérieur de la ville, possède un cabinet d'histoire naturelle, et un très petit cabinet d'anatomie, dans le goût de ceux de Florence et de Bologne. Tout ce que cette ville renferme de beau et de bon est dû au fameux ministre du Tillot (marquis de Fellino); plusieurs filatures de soie et une verrerie sont tout ce qui reste de ses créations industrielles.

Il a favorisé, mais non créé la célèbre imprimerie de Bodoni, savant typographe, qui a reculé les limites de son art en Italie, où elles

Tome III.

n'avaient pas été portées, avant lui, aussi loin que dans d'autres parties de l'Europe.

Si Bodoni est le Didot de l'Italie, M. du Tillot en a été le Colbert. Les Parmesans ne prononcent encore son nom qu'avec respect, et ceux qui l'ont vu, qu'avec reconnaissance. Né Français, il porta les arts de sa patrie dans celle qu'il adoptait, et dont il aspirait à devenir le père. Avec les arts, il y introduisit les artistes et les artisans de sa nation, et avec ces nouveaux habitans, les mœurs et les usages de ses compatriotes. La France n'avait pas de meilleurs amis en Italie que les Parmesans, et l'Italie, de ville plus Française que Parme.

Au surplus les arts dont elle a dû l'introduction ou le perfectionnement à son ministre étranger, ne sont pas les beaux arts, qu'elle cultiva toujours avec distinction, mais bien les arts mécaniques, qui sont encore au berceau dans la patrie des Michel-Ange et des Raphaël.

Le premier de tous, celui de faire le pain, est peut-être aussi le moins perfectionné. Nous en avons déjà fait l'observation en entrant en Italie, par la vallée de Suse, où un pain lourd et pâteux est venu fatiguer nos palais, par une mastication difficile, et nos estomacs par une digestion laborieuse. Le pain léger et savoureux

IIᵉ. ROUTE DE PARIS A FLORENCE.

a été introduit en Italie par nos boulangers, et il y porte le nom de pain Français. Je n'ai pas vu de ville ultramontaine où il fût plus commun qu'à Parme ; peu de boulangers en font ailleurs, parce que peu d'Italiens leur en demandent ; tous ou presque tous en font ici, parce que tous les habitans l'ont adopté. Les autres arts mécaniques s'y sont également améliorés, et ils en avaient le même besoin. Il semble que les Italiens ont négligé ces lieux communs de la civilisation, pour se livrer avec plus d'ardeur et d'abandon aux beaux arts, dont ils ont reculé la borne moderne, tandis qu'ils n'ont pas même atteints celle des arts mécaniques les plus vulgaires.—*Parcouru depuis Paris.* 285

§ 82. *De Parme à Saint-Hilaire*................. 3½
§ 83. *De Saint-Hilaire à Reggio*................. 3

Même plaine dont la beauté semble croître, avec la fertilité, à mesure qu'on avance. Ce sont des prairies délicieuses, toutes bordées de haies vives, toutes parsemées de vigoureux arbres qu'enlacent des ceps d'une végétation non moins vigoureuse. L'épais ombrage qu'ils répandent et de nombreux canaux d'irrigation entretiennent partout, avec la verdure et la fraîcheur, un printemps presque éternel. On trouve à chaque pas ou de jolis hameaux entourés de touffes d'arbres, ou des maisons de laboureurs, qui ressemblent, par leur propreté et par les bosquets qui les entourent, à des maisons de campagne. L'imagination aurait peine à se figurer un pays plus riant que celui que traverse cette route, surtout après la *Lenza*, torrent qu'on passe en arrivant au village de Saint-Hilaire, sur un pont aussi long qu'étroit. Il séparait autrefois le Duché de Parme de celui de Modène, il sépare aujourd'hui l'Empire Français du royaume d'Italie. Les douaniers des états respectifs attendent le voyageur aux deux bouts du pont ; il est attendu aussi par les percepteurs du péage qui est fixé à 50 cent. par roue.

On traverse, sur un autre pont, la petite rivière du Crostolo, qui a donné son nom au département italien dans lequel nous sommes entrés un quart d'heure avant d'arriver à Reggio, jolie ville épiscopale, entourée de remparts, peuplée de 15,000 habitans, bien percée et assez bien bâtie, sans aucun édifice remarquable. C'était la seconde du Modénois, et aujourd'hui la première du département du Crostolo. Il s'y tient chaque année, pendant le mois de mai, une foire fameuse. Cette ville possède une belle salle de comédie, et un joli cabinet d'histoire naturelle, qu'elle a

II.º ROUTE DE PARIS A FLORENCE. 133 lieues.

hérité du célèbre Spallanzani. On montre, au coin d'une rue, un bas-relief représentant un soldat légionnaire qu'on a pris pour une figure de Brennus. On regrette de n'y pas trouver la statue de l'Arioste dont cette ville a été le berceau. — *Parcouru depuis Paris* . . . . $291\frac{1}{2}$

§ 84. *De Reggio à Rubiera.* 3
§ 85. *De Rubiera à Modène.* 3

Nous sommes toujours dans la même plaine, couverte de champs toujours fertiles et de prés toujours verds. Parmi les arbres dont ces champs et ces prés sont à-la-fois bordés et parsemés, dominent le mûrier, l'orme et l'érable, ces derniers toujours mariés avec la vigne. Des haies vives d'une forte végétation et d'une culture soignée bordent la route qu'ombragent les arbres dont elles sont garnies, et qu'embellissent les treillages suspendus en festons à leurs branches.

A mi-chemin on passe du département du Crostolo dans celui du Panaro, et l'on laisse à une lieue sur la gauche la petite ville de Correggio, qui ne mérite d'être citée que pour avoir été le berceau du célèbre peintre Allegri, connu dans les arts sous le nom du Corrège.

Rubiera est un village muré. Les voyageurs sont obligés de s'en faire ouvrir les portes, quand ils arrivent de nuit, comme dans une ville de guerre. Au sortir de ce village, on traverse, sur un superbe pont, le torrent de la Secchia, moyennant un péage qui est de 1 franc 25 centimes pour les voitures à deux roues. Un mille avant d'arriver à Modène, on laisse à gauche la route de cette ville à Mantoue.

Modène (*Mutina*), entourée de jolis remparts, et défendue par une citadelle, s'élève d'une manière plus gracieuse que menaçante, au milieu d'un tapis de prairies fraîches et arrosées; situation délicieuse, si la fraîcheur n'était due à l'humidité naturelle du terrain, qui, par cette raison, est sujet à être fréquemment inondé. On y trouve partout des sources abondantes, dont les eaux se réunissant à quelque distance de la ville, forment un canal (*Naviglio*) communiquant au Panaro, qui se décharge dans le Pô. Le sol plus consacré à la culture du foin qu'à celle des grains produit peu de blé.

Cette ville, grande comme Reggio, est plus peuplée d'un quart, renfermant environ 20,000 habitans. Elle est bien percée, bien bâtie, et ses rues sont bordées de beaux portiques; la grande rue surtout, *Strada maestra*, mérite d'être citée.

Le palais Ducal est le plus bel édifice de

Modène ; il est situé sur une grande place, dans la partie la plus belle de la ville : l'architecture en est à-la-fois élégante et noble, surtout celle de l'escalier ; malheureusement tout l'édifice est inhabité et à peu près abandonné ; ainsi la longue description qu'a donnée M. de Lalande de sa beauté intérieure et de toutes ses peintures ne nous apprend plus que ce qu'il a été. La galerie était dépouillée long-temps avant la révolution Française. Le prince Auguste de Saxe y avait déjà fait ses principales acquisitions.

Les autres palais et les églises n'ont rien d'intéressant. La cathédrale n'a de remarquable que la tour qu'on appelle *Guirlandina*, l'une des plus élevées d'Italie. Elle est isolée, construite en marbre, de forme carrée, et terminée en pointe comme un clocher. Dans la partie inférieure, on montre la *secchia rapita*, vieux seau de bois devenu célèbre par le poëme dont il a fourni le sujet, non au Tasse comme le disent quelques géographes, mais au Tassoni, natif de cette ville. C'est le trophée d'une victoire remportée par les habitans de Modène sur ceux de Bologne.

Les voyageurs trouvent à Modène toutes les ressources des grandes villes, entre autres des bains publics, et l'une des meilleures auberges de l'Italie : ils y trouvent aussi une société agréable.

Cette ville, inconnue dans les annales du commerce, ne l'est point dans celles de l'histoire : elle a donné asile à Brutus après la mort de César, et a soutenu un siége sous son commandement contre Marc-Antoine. Ruinée au temps de Constantin, et rétablie par cet Empereur, elle fut encore détruite par les Goths, et long-temps disputée entre les Exarques et les Lombards, jusqu'à l'arrivée de Charlemagne qui la reprit sur ces derniers. Elle a éprouvé depuis, diverses autres révolutions, tant avant qu'après le choix qu'elle fit en 1288 d'un souverain, dans la personne d'Obizon II, marquis d'Est, dont les descendans ont conservé, non sans quelques troubles, cette possession jusqu'à nos jours.

Déjà illustrée à Ferrare, par la protection qu'elle accordait aux lettres et aux arts, la maison d'Est les fit aussi fleurir à Modène. Ce fut le Duc François II qui fonda ou rétablit l'université, et forma la bibliothèque, ainsi que la collection de médailles, d'antiques, de statues, etc., dont parle M. de Lalande : il fonda aussi l'académie des *Dissonanti*.

La ville de Modène a produit beaucoup de per-

IIe. ROUTE DE PARIS A FLORENCE. 137 lieues.

sonnages illustres dans les sciences, les lettres et les arts. Dans les sciences, on distingue le fécond et savant Muratori; dans les lettres, le poète Tassoni, dont nous avons déjà parlé, au sujet de la *secchia rapita*; dans les arts, le fameux architecte Vignola, ainsi nommé parce qu'il était natif de Vignola, village du Modénois, à 4 lieues S. E. de la capitale.

Cet ancien chef-lieu d'un petit état, est aujourd'hui celui du petit département du Panaro, dans le royaume d'Italie.

Ne quittons pas Modène sans y remarquer le singulier costume des femmes; elles ont le corps couvert et la tête enveloppée d'une ample capote noire, de soie ou de voile, qui les fait ressembler toutes à de vieilles femmes en deuil, ou à des masques en domino.

Outre la route que nous parcourons, cette ville en a une autre qui se dirige sur Florence par Pistoia. — *Parcouru depuis Paris*. . . . . 297$\frac{1}{2}$

§ 86. *De Modène à Castel-Franco*. 3
§ 87. *De Castel-Franco à Anzola*. 3
§ 88. *D'Anzola à Bologne*. 3

Même nature de route toujours roulante et agréable; même plaine toujours fraîche et riante. Vers les deux tiers de la première distance, on traverse, sur un très beau pont de trois arcades, en payant 25 sous de Milan, le Panaro, qui donne son nom au département. Un moment avant d'y arriver, on tourne à gauche, laissant en face une route ancienne qu'on retrouve peu après, et qui allait en ligne directe traverser le Panaro dans un bac, et dans un endroit où le pont n'a pas pu être construit.

En arrivant à Castel-Franco on laisse à gauche le fort Urbain bâti par le pape Urbain VIII, près du champ de bataille où les consuls Fulvius et Pansa furent défaits par Marc-Antoine. Ce fort était de ce côté la première place de l'Etat ecclésiastique. Il fut pris par les Russes sur les Français qui s'y étaient retranchés, lors de leurs revers dans les dernières guerres d'Italie.

Castel-Franco est un village et Anzola un hameau : entre deux, on trouve la Samoggia, ancienne maison de poste brûlée par les brigands, quelques jours avant mon passage en 1809, et abandonnée par cette raison (*). On traverse le Reno sur un pont très beau, mais très étroit, 2 milles avant Bologne. Le péage est de 22 sous de Milan.

La ville de Bologne, plus grande que belle, est dans la même classe que Florence quant à

(*) Il paraît qu'elle a été rétablie depuis, ce relais ayant remplacé ceux de Castel-Franco et d'Anzola, d'après le livre de poste de 1813.

l'étendue et à la population, quoiqu'elle lui soit un peu inférieure sous l'un et l'autre rapport, n'ayant que 5 milles de tour et 60,000 habitans. Nous verrons que la circonférence de Florence est de 6 milles, et sa population de près de 80,000 âmes.

Des portiques bien moins beaux que ceux de Modène bordent la plupart des rues de Bologne, et les attristent par une sorte de ressemblance avec les arcades des cloîtres. Cet effet n'a lieu que dans les rues qui n'ont pas de boutiques, et c'est le plus grand nombre; plusieurs sont d'une belle largeur et la plupart droites, ou du moins peu tortueuses; mais elles n'offrent point de ces palais imposans qui fixent à Gênes, à Florence et à Rome les regards des voyageurs. Bologne en renferme cependant un certain nombre, et quelques-uns ne sont pas sans beauté.

Le palais Vieux, ancien et grand bâtiment de brique où logeait le cardinal légat, et où le sénat tenait ses assemblées, est situé sur la place Napoléon, la plus grande de Bologne (*Piazza Maggiore*). M. de Lalande en décrit avec détail l'intérieur; personne ne l'indique à Bologne comme un objet de curiosité. On n'a pas même pu répondre à mes questions à cet égard, quoique faites à diverses personnes : ce qui m'a prouvé ou que les peintures qui ont obtenu l'attention de M. de Lalande n'ont pas fixé de même celle des habitans, ou qu'elles ont peu de réputation, ou bien qu'elles ont disparu.

L'église de Sainte-Pétrone, située sur la même place, est un bâtiment gothique et peu remarquable, dont la façade n'a pas été finie. Il renferme la fameuse méridienne de Cassini, dont la longueur de 206 pieds fait la six cent millième partie du méridien, comme on le voit marqué sur un pilastre dans l'intérieur de l'église. Elle sert depuis un solstice jusqu'à l'autre, tandis que celle de Florence et autres ne servent, ainsi que nous l'apprend M. de Lalande, qu'au solstice d'été.

Ce qui décore le mieux cette place est la fontaine de Neptune par Jean de Bologne. M. de Lalande la regarde avec raison comme une des plus belles de l'Italie. Toutes les figures sont de bronze. La statue de Neptune est superbe. Ce Dieu est représenté debout, un pied sur un dauphin, tenant d'une main son trident, étendant l'autre, dans l'attitude, dit M. de Lalande, où Virgile exprime si bien sa fierté : *Quos ego.* C'est le seul monument de sculpture qui mérite les regards des étrangers à Bologne.

La cathédrale est un bel édifice d'ordre corinthien : il offre une nef vaste et d'une heureuse proportion, au fond de laquelle on voit derrière le maître-autel une fresque, dernier et médiocre ouvrage de Louis Carrache.

L'église de Sainte-Catherine de Bologne, rue Saint-Mamante, n'est remarquable que par sa dorure. Les autres ne le sont que par les peintures dont on les a enrichies. Les plus beaux tableaux ont été portés à Paris, notamment la Sainte-Cécile de Raphaël qui décorait l'église de Saint-Jean, rue *Saint-Etienne in monte*.

Les deux tours d'*Asinelli* et de *Garisendi* sont citées, l'une pour sa hauteur prodigieuse, l'autre pour sa prodigieuse inclinaison ; la première, construite en 1110 par Gérard Asinelli, avait dans l'origine 476 pieds ; elle fut abaissée d'un tiers en 1416, parce qu'elle menaçait ruine, ayant été ébranlée par des tremblemens de terre. On juge à l'effet qu'elle produit sur la vue, celui qu'elle devait faire lorsqu'elle avait toute sa hauteur.

Celle de Garisendi, construite à côté en 1112, est penchée de 8 pieds sur 130 de hauteur, sans qu'on puisse dire positivement si cette inclinaison est accidentelle ou faite à dessein. Quoiqu'elle penche moins que la tour de Pise, elle frappe davantage à cause de l'angle qu'elle fait avec sa voisine.

Dans le bâtiment de l'Institut ou de l'Académie des sciences, sont réunis, 1°. le cabinet d'histoire naturelle aussi riche que bien coordonné; 2°. celui d'anatomie non moins bien tenu, où l'on voit le portrait de Madame Laura Bassi, célèbre professeur du siècle dernier; 3°. celui d'accouchement; 4°. celui de physique où j'ai remarqué entre autres objets curieux un énorme bloc d'aimant; 5°. celui des antiques, où l'on voit une table Isiaque, deux grandes momies d'Egypte et deux petites; 6°. la bibliothèque publique riche de 140,000 volumes, et d'un grand nombre de manuscrits sur parchemin.

Dans la même maison, aujourd'hui consacrée à l'université, est un observatoire, et dans celle de l'académie des arts, qui est peu éloignée de celle-là, une petite galerie de peinture, et une plus considérable de sculpture avec un jardin de botanique.

Il y a une autre galerie dans la maison de Sampriri, rue du Cours. Plusieurs autres palais ont encore quelques beaux tableaux : il en reste peu dans les édifices publics et les églises, parce qu'ils ont été transportés en France. Cependant on trouve encore quelques originaux. Eh! quelle est la grande ville d'Italie où, après la plus ample moisson en ce genre, on ne trouverait pas encore à glaner.

Les terrasses des remparts de Bologne étaient la seule promenade de cette ville; elle vient de s'en donner une nouvelle, nommée la *Montagnole*. Tout près de cette promenade est une file de trente moulins a eau, et un mauvais établissement de bains publics.

La rue du Cours était naguères la promenade du beau monde, qui commence à préférer celle dont on vient de parler. Cette rue est en certains endroits presque obscurcie par les énormes et nombreuses enseignes d'auberges qui, suspendues à de longs bras de fer, se croisent en tout sens. Avec une si grande quantité d'auberges à choisir, on a bien de la peine à en trouver une bonne; la plus agréable pour les Français est celle de la ville de Paris. Bologne possède de nombreux théâtres, dont deux remarquables, l'un par sa grandeur et sa dorure, l'autre par sa fraîcheur et son élégance.

Un canal de navigation, entretenu par des eaux peu abondantes, au moyen de huit à neuf écluses, procure à cette ville une communication avantageuse avec le Pô, et favorise son commerce, qui consiste en trois objets principaux : la fabrication des crêpes, celle des étoffes de soie et celle des saucissons, cervelats et autres salaisons, objet d'une moindre importance que les autres, mais non moins intéressant pour une certaine classe de voyageurs, et non moins renommé dans l'Europe que les deux premiers ; le chanvre de Bologne est très estimé : on en envoie jusqu'en Hollande. Les filatures de soie à mécaniques sont considérables dans cette ville ; la principale occupe 500 personnes.

C'est encore une ressource qui n'est pas indifférente pour les Bolonais, que leur Madone de Saint-Luc, par le grand nombre de pélerins qu'elle attire dans leur ville, nombre toutefois bien diminué depuis quelques temps. C'est une image de la Vierge qu'on dit peinte par Saint-Luc. On lui a construit, sur un monticule voisin, une belle église qui rappelle un peu la Superga de Turin : mais elle n'est belle que par son architecture, n'étant enrichie ni de sculpture, ni de marbre ni d'autres ornemens. Un immense portique de 640 arcades et d'une lieue de long, conduit les pélerins sous un abri continuel depuis la porte de la ville jusqu'à celle de l'église. De distance en distance sont des oratoires où l'on s'agenouille un instant, et à chacun desquels est posté un pauvre aveugle qui se met à entonner des cantiques aussitôt qu'il entend approcher quelqu'un.

Si ce portique était aligné d'un bout à l'autre, il serait une des magnificences de l'Italie, et un monument unique en Europe : il le serait encore, s'il était aligné du moins pendant le premier mille, depuis la ville jusqu'au pied de la colline, et que les 2 milles qui suivent n'eussent que deux ou trois tournans, ce qui eut été facile en prolongeant les développemens. Ce sont les fidèles de la ville qui ont fait les frais de cette construction; chacun s'est empressé d'y contribuer, au moins pour une arcade. Ceux qui étaient riches en construisaient plusieurs; ceux qui ne l'étaient pas se cotisaient pour en construire une. On ne peut aller en voiture que jusqu'à mi-chemin, la montée devenant ensuite trop rapide.

Le prêtre qui montre la sainte image aux curieux, ne le fait qu'en surplis, et en récitant des prières à genoux. C'est une planche d'une grandeur moyenne où la Vierge est peinte en buste; sa tête est d'un beau noir, qui doit être sa couleur naturelle, car saint Luc, ayant connu l'original, ne peut manquer de l'avoir peinte d'après nature. Rien ne nous apprend, à la vérité, que saint Luc fut peintre; mais cette image le prouve sans réplique, sans prouver au demeurant qu'il fut bon peintre.

Les points de vue dont on jouit dans ce pélerinage, dédommagent de la fatigue d'une longue ascension, les amateurs qui ne s'en délassent pas en faisant station à tous les oratoires. Les curieux peuvent, avant de descendre, se faire conduire à l'écluse du Casalecchio, à un demi-mille de l'église.

Saint-Michel *in Bosco*, est une autre église également hors de la ville, et située sur un coteau non moins agréable; elle n'est belle par elle-même, que de cette situation; mais elle tient à un très beau couvent, dont les peintures, fameuses autrefois, sont actuellement ruinées. On voit au delà, et à un demi-mille de la porte Saint-Mamante, de faibles restes de bains antiques qu'on a nommés, je ne sais pourquoi, *bains de Marius*.

Bologne a été la patrie de huit papes et de plus de cent cardinaux, d'après le Voyage de M. de Lalande, de trente seulement, d'après la Géographie de Mentelle et Malte-Brun: on distingue dans le nombre le célèbre Benoît XIV. Elle a vu naître aussi un grand nombre d'autres hommes illustres, tels que l'astronome Cassini, l'astronome et poète Manfredi, les peintres le Guide, le Dominiquin, l'Albane et les trois Carrache.

L'université de cette ville est la plus ancienne de l'Italie : son académie des sciences est connue dans l'Europe sous le nom d'*institut de Bologne* : son académie des arts a été le grand atelier où se sont formés les peintres qui ont illustré l'école Bolonaise. Les arts, les lettres et surtout les sciences, ont toujours été en honneur à Bologne, comme l'indique la légende de ses anciennes monnaies, *Bononia docet*, avec le mot *libertas*, qui a rapport aux immunités dont elle jouissait sous le gouvernement des papes, et dont la principale était de ne pas payer d'impôts, suivant les conditions auxquelles elle s'était donnée. Par cette cession volontaire, elle conserva un ambassadeur à la cour de Rome et une sorte de forme républicaine.

Avant d'appartenir définitivement aux papes, cette ville éprouva bien des révolutions, dans lesquelles elle changea souvent de maîtres, et se constitua plusieurs fois en république.

Nous avons vu que le commerce y est florissant; l'agriculture ne l'est pas moins : c'est la seule ville où j'aie trouvé un jardin, consacré aux expériences agricoles. Nous avons vu aussi qu'on y élève beaucoup de vers à soie, et que le sol produit une très belle qualité de chanvre : les productions les plus ordinaires sont le vin et le blé ; ce dernier rend au cultivateur de 15 à 18 pour un, dans un rayon de trois milles autour de la ville. Au delà de cette distance la fécondité décroît progressivement, jusqu'à ce qu'elle se fixe au produit moyen de 9 à 10 pour un.

Bologne, située dans la même plaine que Parme, Modène et Reggio, est beaucoup plus rapprochée des jolis coteaux qui précèdent la chaîne des Apennins. Ces coteaux commencent à un mille de distance tout au plus, et présentent un délicieux amphithéâtre de verdure, dont les derniers gradins sont formés par la chaîne centrale, qui couronne noblement l'horizon à quelques lieues de distance. — *Parcouru depuis Paris*. 306½

§ 89. *De Bologne à Pianoro*. 4½
§ 90. *De Pianoro à Loiano*. 4½

Route toujours unie, mais un peu montante dans la première distance, très inégale et très montueuse dans la seconde. Les deux maisons de campagne qu'on remarque sur la droite et à peu de distance l'une de l'autre, au sortir de Bologne, appartiennent aux deux familles distinguées d'Ercolani et d'Aldovrandi.

Vers le tiers de la première distance, on traverse sur un beau pont, moyennant un péage, le torrent de la Savena, dont on va remonter la vallée pour pénétrer dans les Apennins. La plaine de Bologne semble se fondre insensiblement avec cette vallée, sans qu'on puisse dire précisément où finit l'une, et où l'autre commence. On peut seulement remarquer que c'est dans cette partie de la route que cessent les vastes et belles plaines de la Lombardie, où nous sommes entrés en quittant celles du Piémont, et que commencent les Apennins, dont nous allons traverser la chaîne jusqu'à Florence.

Pianoro est un village situé au pied des montées nombreuses et rapides qui conduisent à Loiano, autre village plus considérable, où l'on trouve une médiocre auberge. Les montagnes qu'on parcourt dans cette seconde distance sont marneuses et couvertes de châtaigniers. Plusieurs points de la route offrent une vue immense, sur l'immense plaine qui règne depuis Bologne jusqu'à l'Adriatique, mais non sur l'Adriatique même, encore moins sur les Alpes d'Ivrée, comme le dit l'Itinéraire

Français ; l'éloignement ne permet pas de distinguer la mer, et la seule inspection de la carte démontre l'impossibilité de porter la vue jusqu'aux Alpes Pennines.— *Parcouru depuis Paris.* . . . . 315 ½

§ 91. *De Loiano à Filigare.* . . . . 3 ½

Même nature de montagnes : la route continue à les gravir par des rampes qui deviennent moins nombreuses et moins rapides, parce qu'on approche du plateau des Apennins. On traverse vers la fin de cette distance un hameau où est placée la douane du royaume d'Italie, et peu après un ruisseau frontière de ce royaume, sur un petit et joli pont de pierre, qui portait encore en 1810 les armes respectives des deux états, de l'Eglise et de la Toscane. —*Parcouru depuis Paris.* 319

§ 92. *De Filigare à Covigliaio.* . . . . 3 ½
§ 93. *De Covigliaio à Montecarelli.* 4
§ 94. *De Montecarelli à Cafaggiolo.* . . . . 3 ½

Filigare, Covigliaio, Montecarelli, sont trois maisons isolées, bâties exprès pour la poste, dans un pays où l'on ne rencontre que rarement des habitations, et où les habitations ne sont que des chaumières. La première et la seconde offrent aux voyageurs un gîte en cas de nécessité. Entre les deux, vers les trois quarts de la distance, on traverse le village de Pietra-Mala, où est placée la douane Française. Le relais y était aussi autrefois.

A un mille de ce hameau, les curieux se font conduire à ce qu'on appelle *le volcan de Pietra-Mala*, terrain enflammé, comme celui que nous avons vu près de l'ancienne Velleia, et produit sans doute de même par l'huile de pétrole. Ce genre de phénomène n'est point rare, quoique bien étonnant; mais il ne se montre nulle part d'une manière aussi frappante qu'à Pietra-Mala. A Velleia, nous apercevions à peine la flamme, en la considérant de très près, quoique nous en vissions les effets dans la nature enfumée du terrain, ainsi que dans la prompte combustion des morceaux de bois qu'on y jetait. A Pietra-Mala, cette flamme s'élève à plusieurs pieds de terre, claire et brillante comme un feu de fagots, et se distingue de très loin, notamment du grand chemin, surtout pendant la nuit. On assure qu'elle devient plus vive quand le temps est pluvieux ou disposé à l'orage.

Ce foyer occupe un espace de 4 à 5 pieds de

diamètre. Le sol est froid, même à quelques pouces de la flamme, qu'on voit sortir, en tourbillonnant, de dessous un tas de pierres, sans apercevoir ce qui peut l'alimenter, sans que la terre présente ni crevasses, ni gerçures, sans que ces pierres même, quoique de nature calcaire, tendent à la calcination ni à la décomposition, ce qui annonce un feu bien peu ardent. Nous pensons néanmoins, avec M. de Lalande, qu'il pourrait être utilisé, pour quelque manufacture où l'on aurait besoin d'un fourneau perpétuel.

Plus près de Pietra-Mala, il y a deux autres feux de la même nature, mais bien moins considérables, et une fontaine bouillante, quoique froide, qu'on nomme l'*acqua buia*.

Pour peu qu'on ait observé les volcans éteints ou allumés, il est facile de juger que le feu de *Pietra-Mala* est un phénomène d'une autre nature, qui ne tient nullement à celle des volcans; quoi qu'en disent l'Italien Targioni, l'Allemand Forber et le Français Duclos. Cette conjecture de quelques savans, copiée par l'ignorance, tire son fondement de la nature extraordinaire d'un rocher qui a fixé leur attention au delà de Covigliaio, et qu'ils ont pris pour une lave : il s'élève à droite et à peu de distance

IIᵉ. ROUTE DE PARIS A FLORENCE.

de la route, qu'on voit bordée de ses éboulemens. Des blocs énormes sont répandus des deux côtés, d'une manière très pittoresque. Le désordre de ces entassemens, joint à la couleur demi-noire, demi-rougeâtre d'un roc qui tombe en ruine, est bien propre à faire songer aux grandes convulsions de la nature. La couleur du roc surtout paraît indiquer l'action du feu. Malgré ces apparences, quand on vient de voir les volcans éteints de Radicofani, de Bolsena et de toute la campagne de Rome, les volcans à demi-éteints de la Solfatara et d'Ischia, les volcans brûlans du Vésuve et de l'Etna, il n'est pas possible de reconnaître de véritables vestiges de volcanisation dans cette partie des Apennins, qui, si j'en excepte ce roc difficile à définir, m'ont paru n'offrir ici, comme dans les autres passages de la même chaîne, que la pierre calcaire, le grès et l'argile.

La maison de Covigliaio, élevée d'environ 900 à 1000 mètres au dessus du niveau de la mer, est située vers le centre et à la plus grande hauteur du trajet des Apennins, qui règne dans une longueur de 25 lieues, depuis Pianoro où commence la première montée, jusqu'à Florence où finit la dernière descente. Il est difficile de bien déterminer la largeur du plateau même, parce qu'il forme un peu le dos d'âne ; mais on pourrait la calculer à 7 ou 8 lieues environ. Il commence entre Loiano et Filigare, il finit entre Covigliaio et Montecarelli.

Le sommet qui s'élève derrière la maison de Covigliaio ne paraît pas avoir plus de 100 à 150 mètres au dessus de cette maison. Le plus haut de tous, celui du mont Giogo, qu'on laisse à quelque distance sur la gauche, après avoir passé ce relais, doit avoir encore 100 à 150 mètres de plus que celle-là, ce qui fait en totalité pour cette principale cime 12 à 1300 mètres au dessus de la Méditerranée.

Si l'on se rappelle la hauteur du plateau et des points culminans du Mont-Cenis, on verra qu'elle excède de plus du double celle du plateau et des points culminans de cette partie des Apennins. La température suit à peu près cette proportion ; les neiges se conservent 4 mois à Covigliaio, au lieu de 8 qu'elles durent sur le Mont-Cenis ; et pendant ces quatre mois, elles offrent au moins les mêmes difficultés. Les brumes et les tourmentes y règnent au même degré, mais ces dernières sont moins dangereuses. J'ai passé six fois l'Apennin entre Bologne et Florence, j'y ai trouvé toujours un temps brumeux, et la tourmente une seule fois. J'ai passé le Mont-

IIe. ROUTE DE PARIS A FLORENCE.

Cenis environ quinze fois, plus souvent avec le soleil qu'avec la brume; mais j'y ai éprouvé plusieurs tourmentes, dont une m'a obligé à différer mon passage d'une demi-journée : d'où il paraît résulter que si les tourmentes sont plus communes au Mont-Cenis, les brumes le sont plus à Covigliaio.

La route de poste passait autrefois à Firenzola, bourg ou petite ville qu'on voit à une lieue vers l'Est dans la profonde vallée et sur la rive gauche du *Santerno*, en allant de Covigliaio à Montecarelli, maison de poste où l'on arrive par de longues descentes. Elle est à mi-côte des Apennins, et l'on s'y aperçoit d'une amélioration sensible dans le sol comme dans le climat : c'est là que reparaît la culture de la vigne. Cette maison n'est point une auberge, mais le titulaire de la poste en tient une, à quelques milles plus loin, dans la maison des *Maschéré*, agréablement située sur une colline, d'où l'on jouit d'un assez belle vue. C'était, lors de mon dernier passage en 1810, l'auberge la plus sortable de la route, depuis Bologne jusqu'à Florence.

Un peu plus loin, on longe à droite une agréable maison de campagne appartenant à la famille Gerini de Florence. A peu de distance au delà, la route tournant à gauche en laisse une en face qui conduit également à Florence, en passant par la petite ville de Barberino. Sur cette direction (plus courte d'un mille que celle que nous suivons) sont établies les étapes ; et l'on pourrait fort bien y transporter un jour les postes. On traverse la *Sième* avant d'arriver au relais de Cafaggiolo, placé dans les écuries d'une maison, ou plutôt d'une ferme Impériale, qu'on voit s'élever à droite, en forme de château gothique flanqué de donjons, au milieu d'une vaste prairie. Ce site extrêmement agreste, fixe agréablement la vue pendant qu'on arrive et qu'on relaie. — *Parcouru depuis Paris*. 330

§ 95. *De Cafaggiolo à Fonte-Buona*. . . . . 3 ¹⁄₃
§ 96. *De Fonte-Buona à Florence*. . . . . 3 ¹⁄₃

Au bout de trois quarts de lieue on laisse à gauche un embranchement qui mène au fort Saint-Martin. Le pays, toujours frais et pittoresque, reprend un ton sauvage dans le vallon boisé de la Gorza, torrent dont on remonte la rive gauche, et qui offre, vers le milieu de la distance, une assez belle chute d'eau, formée par une forte digue construite en pierre de taille. On la croirait destinée à retenir les eaux pour l'irrigation des prairies; mais on ne voit ni prairies, ni terres susceptibles d'être arrosées, toute la largeur de vallon étant occupée par celle du torrent et de la route. Curieux de connaître les motifs de cette dispendieuse entreprise, j'ai appris par mes informations que c'était pour ôter au torrent sa violence en lui ôtant sa pente, et pour l'empêcher par ce moyen de ronger le pied des collines qui le bordent. Je ne connaissais pas cette manière de dompter les torrens; mais elle m'a paru bien imaginée.

On rencontre le hameau de *Vaglia* avant celui de Fonte-Buona, d'où une montée courte et rapide mène au sommet du rameau des Apennins, qui domine la plaine et la ville de Florence. Un peu avant ce sommet on laisse à gauche *Pratolino*, maison de plaisance des Grands-Ducs. Dans le parc, qui a plusieurs milles de tour, s'élève une statue colossale de 60 pieds de haut, figure allégorique de l'Apennin. On admire aussi dans ce parc de superbes jets d'eau, dont le plus curieux figure des évolutions militaires.

Le voyageur, aussitôt qu'il a gagné le revers opposé de la montagne, est frappé de la magnificence de l'horizon, qui se déploie tout à coup à ses regards : c'est la plaine de Florence. Il la voit commencer en face, presque à ses pieds, et s'étendre à droite jusqu'à la mer. A gauche elle se termine par une espèce de golfe, autour duquel les Apennins se recourbent en fer à cheval, pour l'embrasser de leurs croupes demi-nues, qui forment un vilain cadre pour un si beau tableau. C'est presque dans le fond de cette espèce de golfe qu'est située la ville, au milieu des arbres, des treillages et de la verdure la plus variée, mais non la plus vigoureuse. Elle est nuancée par l'olivier, dont le verd pâle et gris domine sur les coteaux, où leur maigreur atteste celle du sol.

Le peu de vigueur tant de cet arbre que de toute la végétation en général, fait juger que ces collines étaient destinées par la nature à une éternelle nudité, si l'art ne s'en était puissamment emparé, au point qu'on descend à Florence au milieu des vignes, des jardins et des maisons de plaisance. Une demi-lieue avant d'arriver, on voit à gauche et à mi-côte le village de *Fiesole*, qui a succédé à l'antique ville de ce nom. Les Florentins la détruisirent en 1010, pour en employer les débris à l'agrandissement de leur capitale. Par respect pour son ancienneté, on lui a conservé son évêché jusqu'à ce jour.

IIe. ROUTE DE PARIS A FLORENCE. 159 lieues.

Des fouilles exécutées peu avant mon premier passage en 1809, par un amateur Suédois, qui me les a montrées lui-même, lui ont fait découvrir un amphithéâtre, dont l'enceinte n'était pas encore totalement déblayée, mais il se proposait de continuer les travaux. — *Parcouru depuis Paris jusqu'à Florence*. 337

FIN DE LA 2e. ROUTE DE PARIS A FLORENCE.

DESCRIPTION

DE

LA VILLE DE FLORENCE.

Les voyageurs qui suivent la route de Bologne, arrivent à Florence par la porte San-Gallo, dont l'architecture est aussi lourde qu'est élégante celle d'un arc de triomphe jeté en avant de cette porte, comme pour les accueillir d'une manière à-la-fois noble et gracieuse. Il fut érigé en l'honneur de l'Empereur François Ier., lorsque, le 30 janvier 1739, il fit, avec son épouse Marie Thérèse, son entrée dans cette ville. C'est le seul arc moderne que j'aie vu construit parfaitement à la manière des anciens. Les artistes le goûtent peu, le trouvant chargé d'ornemens et de statues médiocres. Elles sont placées à une hauteur qui ne permet guères d'en distinguer les traits; et quant aux défauts de détails, ils échappent au commun des amateurs qui ne peuvent ni s'empêcher d'en voir l'ensemble avec plaisir, ni se persuader qu'un

VILLE DE FLORENCE.

monument qui leur plaît, ne soit pas un beau monument.

Tout voyageur qui arrive pour la première fois en Toscane, et qui n'a vu que les pavés ordinaires des villes septentrionales de l'Europe, éprouve un étonnement qui approche de l'admiration, à la vue de ceux de Florence. C'est une des magnificences de cette ville, et même celle qui frappe le plus, quoique ce soit celle dont on parle le moins. Ces larges dalles plates et unies, comme les pavés de nos églises, offrent une surface de plusieurs pieds, dans tous les sens, avec les angles irréguliers des pavés antiques.

Nous craignons en France d'aller à cheval sur les pavés plats les plus ordinaires; sur ceux de Florence, le danger paraît encore plus réel, et les parcourir au grand trot semble une folie : c'est cependant ainsi, quelquefois même au galop, que les postillons conduisent dans les rues de Florence; et le voyageur inquiet, s'applaudit d'arriver sain et sauf à son auberge.

La large rue par laquelle on arrive, offre plusieurs beaux palais, au nombre desquels on doit compter et même distinguer l'hôpital de Boniface. Celle qui forme l'avenue de la porte de Prato, est infiniment plus large et plus belle; si elle était moins longue, on la prendrait pour une place. Plusieurs autres rues sont encore très larges, et la plupart droites.

La beauté des pavés de Florence, et l'architecture à-la-fois noble et rustique des palais, donnent à cette ville une physionomie particulière qui la caractérise. Ce n'est pas la beauté moderne du dix-septième et du dix-huitième siècle, ni le luxe gothique du douzième et du treizième, mais bien l'architecture noble et sévère de l'intervalle qui a séparé ces deux époques ou plutôt les a réunies, et qui a été lui-même l'époque de la renaissance du goût. Florence est une ville du quatorzième et du quinzième siècle.

L'Arno la sépare en deux parties inégales. Il est bordé de très beaux quais, et traversé par quatre ponts; celui de la Trinité est un chef-d'œuvre d'élégance. Si les quais sont continués sur le même plan, ils le disputeront aux plus beaux de l'Europe.

Nous avons déjà assigné à Florence son rang parmi les villes d'Italie dans la description de celle de Bologne que nous lui avons comparée, en observant toutefois que Florence est de quelque chose plus grande et plus peuplée. La cir-

VILLE DE FLORENCE.

conférence de cette dernière est d'environ 6 milles, et sa population de 70 à 80,000 habitans. Elle est incomparablement plus belle, et sous ce rapport elle ne le cède qu'à Gênes et à Rome. Ses palais ont même, dans leur style sévère, quelque chose de plus noble que ceux de Gênes et de plus agréable que la plupart de ceux de Rome. Ils doivent ce dernier avantage à la belle qualité de la pierre dont ils sont bâtis.

Il faut cependant, pour goûter l'architecture de Florence, commencer par accoutumer ses yeux à ce genre sérieux et lourd qui fait ressembler les palais à des forts, parce qu'on y a tout sacrifié à la solidité, ce qui s'explique par les temps de troubles et de guerres civiles où ils furent construits. Ils ont de grandes croisées, mais elles sont si écartées et les étages si élevés que les appartemens manquent de jour. Il y a des pièces où, pour pouvoir lire, en plein midi, il faut se placer dans l'embrasure de la fenêtre. Les appartemens ne sont pas plus commodes qu'éclairés, et la distribution intérieure est généralement mauvaise, ayant été sacrifiée à l'apparence extérieure, comme celle-ci à la solidité. Cette distribution est quelquefois si confuse que les appartemens sont des labyrinthes où l'on se perd.

Le palais même du Grand-Duc (*palazzo Pitti*), le plus beau de tous, n'est pas à l'abri de cette confusion intérieure, quoique l'extérieur présente dans son genre, à-la-fois noble et austère, une belle ordonnance et une parfaite correspondance symétrique. C'est à peu de chose près l'architecture Toscane du palais du Luxembourg que Marie de Médicis fit construire à Paris à l'imitation du palais Pitti. Sa longue façade de 90 toises, en bossages vermiculés et à grandes croisées cintrées, occupe tout un des grands côtés de la place sur laquelle il est situé : cette façade est de Brunellesco. La cour du palais est d'une meilleure architecture (par l'Ammanati), mais n'est pas assez grande : les trois ordres Grecs s'y élèvent l'un sur l'autre. On voit au fond un Hercule Grec attribué à Lisippe; et une grotte dont l'intérieur renferme un bassin et des jets d'eau.

Dans son ensemble ce palais ne peut être comparé au Luxembourg que pour le genre d'architecture; mais il ne lui ressemble pas plus pour la forme qu'il ne l'égale pour la beauté, et c'est une chose digne de remarque que le plus beau palais de Florence est inférieur à celui qui n'occupe tout au plus que le troisième rang à Paris. L'intérieur magnifiquement décoré est plein de statues et de bustes, ainsi que de tableaux de prix qu'on n'a pas toujours la facilité de voir. Ce palais a conservé le nom de Luc Pitti, riche Florentin qui le fit bâtir vers l'an 1460. Ses descendans furent obligés de le vendre et le Grand-Duc Côme Ier. en fit l'acquisition.

Les jardins qui accompagnent ce palais et qu'on appelle Boboli (sans que les auteurs nous disent l'étymologie de ce nom) sont plus faciles à voir que son intérieur. Néanmoins pendant les divers séjours que j'ai faits à Florence, en l'an 1809 et 1810, on n'y entrait que le dimanche, jour auquel ils servaient de promenade publique. Ils s'élèvent en amphithéâtre, derrière le palais, sur le penchant de la colline, au pied de laquelle il est situé, et le dominent, par cette position, comme ils sont dominés eux-mêmes par les terrasses d'une citadelle située au sommet. Ils renferment avec un grand nombre de berceaux et d'allées couvertes, plusieurs fontaines et pièces d'eau, dont la plus curieuse est à l'extrémité de la grande allée. On y admire une île remplie d'orangers, au milieu de laquelle s'élève un bassin rond en granit, qui a plus de 20 pieds de diamètre, avec une statue colossale de Neptune, au pied de laquelle le Gange, le Nil et l'Euphrate versent leurs eaux.

ce bel ouvrage est de Jean de Bologne. La plus grande partie des autres statues qui décorent en très grand nombre ces jardins, sont médiocres. On voit à côté celui de botanique, où l'on n'entre que par le bâtiment du muséum dont il est une dépendance.

Ce muséum offre une collection d'histoire naturelle aussi riche que sagement ordonnée. Il renferme le célèbre cabinet d'anatomie formé par Fontana. Les figures et les diverses parties, tant extérieures qu'intérieures, du corps humain, y sont imitées en cire, avec une effrayante vérité. Dans le cabinet des minéraux on voit une topase qui pèse 17 livres et un bloc d'aimant qui en pèse environ 6000, poids de Florence. On y voit aussi la figure gigantesque d'un Patagon, qui n'est pas l'objet dont on est le moins frappé. Dans la même maison est une jolie bibliothèque de 13,000 volumes et un observatoire.

Après avoir vu dans ce quartier, qui est celui de la rive gauche de l'Arno, le palais Pitti et les jardins de Boboli, le muséum et le jardin de botanique, on peut encore y visiter l'église du Saint-Esprit, l'une des plus belles de Florence, par son architecture (de Brunellesco), par ses superbes colonnes Ioniques en *pietra serena*, par son autel, partie composé, partie incrusté de pierres précieuses, enfin par ses statues et ses tableaux.

Avant de franchir l'Arno, il ne faut pas manquer de voir, dans un carrefour près du pont vieux, l'Hercule assommant le Centaure, très beau groupe de Jean de Bologne.

Dans le quartier de la rive droite, la plus considérable des deux parties dont se compose cette ville, nous allons voir les principaux objets de curiosité qu'elle renferme, en commençant par la fameuse galerie de Médicis.

« C'est, dit M. de Lalande, la collection la
» plus célèbre et la plus riche qu'il y ait au
» monde, de statues antiques, de médailles, de
» bronzes, de tableaux précieux, sans parler
» d'autres curiosités de la nature et de l'art ».
Cette collection n'est plus, depuis la conquête de l'Italie par les Français, la première du monde dans aucun des genres qui la composent, quoique par respect pour sa célébrité, elle n'ait pas subi comme les autres le droit de la guerre. En fait d'antiques, le muséum du Vatican et celui du Louvre l'emportent de beaucoup, et quant aux tableaux, la galerie que renferme ce dernier édifice, n'a rien de comparable au monde, depuis qu'elle s'est enrichie des principaux chefs-d'œuvre de l'Italie.

Mais si la galerie de Florence n'est point la

première dans aucun genre particulier, elle l'est par son ensemble; et pour chaque genre particulier, elle est au moins la seconde. Quoiqu'il en soit, elle a suffi, et peut suffire encore aujourd'hui pour faire entreprendre le voyage de Florence aux amateurs. Elle doit son nom à son fondateur le cardinal Léopold de Médicis, qui la fit commencer vers le milieu du dix-septième siècle, et plusieurs Grands-Ducs ont continué à l'enrichir après lui.

Ce n'est pas, comme on pourrait le croire, une seule galerie; mais bien deux galeries parallèles, séparées par une espèce de cour ou de rue, qui a 475 pieds de long sur 78 de large, et réunies à un bout par une aile, qui règne sur le quai de l'Arno. Cette aile forme une troisième galerie, ouverte par le bas de trois grands portiques, semblables à ceux qui supportent également les deux autres galeries, dans toute leur longueur. Elles sont d'ordre dorique et de l'architecture de Vasari. Les arcades servent de promenade au beau monde, les dimanches et fêtes à une heure après midi.

La célèbre galerie, ou si l'on veut les galeries, occupent tout le second étage; le premier étant consacré aux archives. On y monte par un assez bel escalier. Elles sont entièrement garnies de tableaux de l'école de Florence. La suite des Empereurs Romains et de leur famille y est des plus complètes, et les plafonds sont peints en arabesque, par les élèves de Raphaël. Les morceaux les plus précieux sont distribués dans vingt chambres appelées *Gabinetti*. La description de ce muséum, serait une entreprise de longue haleine qui dépasserait à-la-fois et les bornes de cet ouvrage et les forces de l'auteur, et même celles du commun des lecteurs, que la continuité des détails accable et n'instruit point. Chacun trouvera ceux qu'il pourra désirer, soit dans la description de *Lanzi*, soit dans celle de *Pelli*, soit tout simplement dans les explications des indicateurs payés par le Gouvernement pour montrer les cabinets. Il leur est rigoureusement défendu de mettre les curieux à contribution, ce qui fait, par parenthèse, que l'on n'en est pas mieux servi.

Les tableaux et les statues de la galerie doivent nécessairement occuper les premiers regards des curieux, et les occupent assez, si l'on ne veut rien négliger, pour que la vue se trouve fatiguée avant qu'on soit arrivé aux cabinets. Je ne sais pourquoi de tant de beaux tableaux, celui qui est resté le plus profondément gravé dans ma mémoire, est une Judith coupant la tête d'Holopherne. Il est d'une si épouvantable vérité, qu'on frissonne d'horreur en le contemplant : tout en frissonnant on aime à le contempler encore..... On ne peut s'en arracher, et l'impression qu'il fait ne s'efface point. On dit ce tableau d'une femme (*la signora Lomi*). Quel homme que cette femme-là ! Il fallait qu'elle fût elle-même une Judith !

L'une des vingt chambres est consacrée aux antiquités Etrusques, une autre au groupe antique et célèbre de la famille de Niobé, ouvrage de Scopas ou de Praxitèle, s'il faut en croire Pline, et si toutefois ce n'est pas une copie, comme plusieurs le prétendent, d'après les défauts que l'art y découvre.

Deux autres chambres sont consacrées aux portraits de tous les grands peintres, faits par eux-mêmes. Un Français y voit avec plaisir les Van-Loo et madame Lebrun ; mais il doit gémir en voyant la chambre consacrée aux peintures de l'école Française remplie d'ouvrages médiocres, comme si l'on avait voulu, par ce mauvais choix et par les chefs-d'œuvre qu'offrent les autres écoles, donner de celle-là une idée désavantageuse (*).

(*) On m'a assuré, depuis mon passage, que plusieurs propositions d'échange avec le Musée de Paris, avaient été faites sans succès.

Enfin, les chambres qu'on montre les dernières, comme étant les premières, sous le rapport de l'intérêt, sont celles où se trouvent entre autres excellens tableaux de Raphaël, près du portrait de sa maîtresse (la Fornarina), à qui les arts reprocheront éternellement la mort prématurée de cet artiste inimitable, son Saint-Jean dans le désert, dont la perfection est telle qu'on doute si c'est de la peinture ou si c'est la nature même qu'on voit, et entr'autres beaux morceaux de sculpture antique, l'Hermaphrodite, le Rémouleur, le Faune, et les deux Lutteurs.

La Vénus de Médicis occupait une place dans le même lieu ; c'était un chef-d'œuvre trop précieux pour ne pas devoir, se trouvant à la disposition du vainqueur, aller enrichir le premier muséum du monde. C'est là seule perte qu'ait éprouvé cette galerie, qui en est aujourd'hui dédommagée par une superbe Vénus de *Canova*. En nous bornant aux chefs-d'œuvre, nous sommes loin de les avoir nommés tous. D'autres l'ont fait pour nous, mais ils ont fait des *in-folio*.

On est étonné d'apprendre que cette galerie a une communication intérieure avec le palais Pitti, quand on songe combien elle en est éloignée. C'est une suite de corridors qu'on a fait passer, comme on a pu, tantôt au dedans, tantôt au dessus des maisons, en franchissant, sur des arceaux, les rues transversales et l'Arno sur le pont dit *ponte vecchio*.

Elle a une communication plus facile avec l'habitation des Grands-Ducs (*palazzo-vecchio*) qui n'en est séparé que par une rue. M. de Brosses désigne assez bien ce vieux palais, en disant que ce n'est qu'une vieille bastille, surmontée d'un grand vilain donjon.

C'est un bâtiment carré, tout construit en saillie sur un des angles de la place du Grand-Duc, qu'il dépare par sa masse gothique et sévère, comme par son bizarre emplacement hors des lois de la symétrie. Une tour très haute et très effilée, au sommet de laquelle un cadran d'horloge montre l'heure aux passans la nuit comme le jour, au moyen d'une lumière éclairant le chiffre indicateur, s'élance à une hauteur prodigieuse du milieu de l'édifice; et comme il ressemble lui-même à un donjon, ce sont exactement deux tours l'une sur l'autre.

L'intérieur de ce palais, aussi matériel que le dehors, et aussi obscur que matériel, est soutenu par les plus lourdes colonnes que j'aie jamais vues, comme la cour qu'elles entourent offre l'aspect de la plus sombre cour de prison qu'on puisse imaginer. Ce palais, ou plutôt ce château fort, renferme une vaste salle de 162 pieds de long sur 74 de large. Le plafond et les autres peintures dont il est orné sont de Vasari. La meilleure des statues qui décorent la même pièce est une victoire de la vertu sur le vice par Michel-Ange.

Dans d'autres salles sont diverses peintures, parmi lesquelles on remarque la conversation de Rubens. L'étage supérieur contient le garde-meuble, qu'on appelle indifféremment *garda-roba* ou *tesoro* : c'est véritablement un trésor, par les richesses qu'il renferme.

La place, dont ce vieux palais occupe un angle, n'a aucune façade régulière, aucune avenue convenable, et ne communique avec le reste de la ville que par de mauvaises rues, si l'on en excepte celle qui sépare les deux galeries et qui n'aboutit même qu'à un des angles. C'est cependant la place la plus remarquable de Florence, à cause des monumens nombreux qu'elles renferme dont les principaux sont :

1°. Une fontaine composée d'un grand bassin en marbre, de forme octogone, au milieu duquel est un Neptune de même matière, haut de dix-huit pieds, debout dans une conque tirée par quatre chevaux marins. Les bords du bassin sont garnis de belles figures de bronze, qui représentent des nymphes et des tritons, par Jean de Bologne. Il y en avait douze : la plus belle a été enlevée nuitamment par un amateur qui sut si bien cacher les traces de son vol, qu'il n'a jamais été découvert.

2°. Une statue équestre du Grand-Duc Côme Ier., par le même artiste. Elle est bien composée ; mais le cheval est lourd et sans mouvement, le cavalier sans âme, le tout sans vigueur et d'un froid glacial. Elle a fait donner à la place le nom *di piazza del Grand-Duca*.

3°. Deux statues placées devant l'entrée du château, l'une de Michel-Ange, l'autre de Bandinelli.

Rien de tout cela n'est au centre. Défigurée par la saillie que fait le château à un de ses angles, cette place n'a pas, pour ainsi dire, de vrai centre. Un des côtés est embelli d'un petit portique qui n'en occupe que la moitié, et les arcades de ce portique par des groupes et des statues de bronze, entre lesquels on remarque l'enlèvement d'une Sabine, en marbre, par Jean de Bologne, et la statue de David triomphant de Goliath, par le Donatello. Cette petite galerie, qu'on nomme la

Loggia, est un des principaux ornemens de la place du Grand-Duc, d'où nous allons passer à celle de Sainte-Croix, qui en est la plus voisine.

La forme de cette dernière est un grand parallélogramme, dont l'église de Sainte-Croix occupe un des petits côtés par son frontispice, qui l'embellirait s'il était achevé, au lieu qu'il la dépare par sa façade brute en briques noirâtres. Les autres côtés de la même place sont garnis de maisons assez agréables. Quant à l'église, son intérieur tient plus que ne promet son extérieur. Le vaisseau, bâti sur la fin du treizième siècle, en est vaste et majestueux. Entr'autres bons tableaux, je recommande à la curiosité des amateurs, celui qui est à côté et à gauche de la grande porte, et entr'autres belles chapelles celle de Nicolini, dont tous les mausolées, toutes les statues, tous les ornemens sont en marbre de Carrare. Mais ce qui constitue le principal ornement de cette église, est la réunion des tombeaux de divers grands hommes : c'est une espèce de Panthéon. Le monument de Michel-Ange mérite les premiers regards : son buste, suivant le président de Brosses, est fait par lui-même. Les trois statues représentant la Peinture, l'Architecture et la Sculpture, sont de trois de ses élèves. Les trois tombeaux du père de l'astronomie, Galilée, de celui de la plus infernale des politiques, Machiavel, et du Corneille Italien, Alfieri (ce dernier par Canova), sont les plus remarquables après celui de Michel-Ange.

Continuant à parcourir cette ville de proche en proche, nous passons à la place du Dôme, vaste espace sur lequel s'élèvent isolément trois édifices également dignes de notre attention. Le principal, dont les deux autres ne sont que des appendices, est la cathédrale ou *dôme,* qui a donné ce dernier nom à la place, et l'a pris elle-même du vaste dôme qui fait son plus bel ornement. Puisqu'il fixe les premiers regards, nous allons en donner la description avant celle de l'église à laquelle il appartient, dussions-nous encourir le reproche de faire passer la partie avant le tout. L'ordre le plus méthodique n'est pas toujours celui qui s'accorde le mieux avec l'ordre d'un itinéraire. Nous tâchons de les concilier l'un avec l'autre, autant que cela nous est possible, sans déranger notre marche, et sans nuire à l'intérêt de nos lecteurs.

Le dôme de la cathédrale de Florence est octogone. Son diamètre, suivant M. de Lalande, est de 140 pieds d'un angle à l'autre. Il fut construit par Brunellesco, le plus célèbre architecte du quinzième siècle, et l'un des principaux restaurateurs de l'architecture. Michel-Ange trouvait, dit-on, ce dôme si beau, qu'il ne croyait pas possible de faire mieux. On ajoute que, partant pour aller diriger l'exécution de celui de Saint-Pierre de Rome, il fit à celui de Florence ses adieux en ces termes : « Je vais » faire ton pareil, et non pas ton égal ». Ce propos pourrait bien, comme tant d'autres, lui avoir été prêté.

Le dôme de Saint-Pierre de Rome n'est pas plus le pareil, que l'égal de celui de la cathédrale de Florence ; mais il est si supérieur, et d'ailleurs si différent de style, que cela ne se compare point : il est couvert en tuiles plates, ce qui lui ôte beaucoup de sa majesté ; et comme il est bien moins haut que celui de Rome, il a l'air plus grand, ce qui persuade aux Florentins qu'il l'est réellement. L'intérieur de ce dôme est peint à fresque par Frédéric Zucchero, et la lanterne par Vasari. On voit derrière le maître-autel un groupe représentant un Christ mort, sur les genoux de sa mère, par Michel-Ange, qui le laissa, dit-on, imparfait, parce qu'il y avait des défauts dans le marbre.

En général, l'intérieur de l'église est nu et sans ornement. Il ne paraît pas aussi grand

Tome III.

qu'on s'y attend, d'après l'étendue extérieure de l'édifice. On compte, on admire dans d'autres églises le grand nombre de piliers qui en supportent la nef, dans cette cathédrale c'est la petite quantité qu'il faut en admirer : il n'y en a que quatre de chaque côté, ce qui produit des arcades immenses, et bien plus majestueuses que de nombreux piliers.

M. de Lalande vante la méridienne de cette église. Sans lui, les voyageurs, à moins qu'ils ne soient comme lui astronomes, ne se douteraient peut-être pas qu'il y en eût une, quoiqu'elle soit célèbre parmi cette classe de savans, pour l'élévation de son gnomon, égal à la somme de ceux de Saint-Paul de Londres, de Saint-Sulpice de Paris et de Sainte-Pétrone de Bologne. Cette méridienne, cachée sous un plancher, dans une obscure chapelle, ne sert que pendant quelques jours de l'année, au solstice d'été : je l'ai cherchée long-temps en vain, et ne l'aurais jamais découverte sans le secours d'un indicateur.

C'est dans l'extérieur de cette église, que consiste sa beauté. Elle ressemble, dit Dupaty, à une montagne de marbre. Elle offre, en effet, une masse imposante de marbres de diverses couleurs, qui, distribués par compartimens

VILLE DE FLORENCE.

rouges, blancs et noirs, lui donnent l'air non d'une montagne de marbre, mais d'un immense mausolée. C'est le plus beau revêtement d'église qu'il soit possible de voir. Ainsi que Sainte-Croix, cette cathédrale n'a pas encore de frontispice : on en a seulement peint un à fresque sur le mur, en attendant mieux. M. de Lalande remarque avec raison que cet édifice, commencé en 1296, sur les dessins d'Arnolphe, disciple de Cimmabué, n'est pas dans le goût gothique et barbare du treizième siècle, quoique fait avant le renouvellement des arts. C'est dans la cathédrale de Florence que s'est tenu en 1439 le concile fameux où se rendirent le Pape Eugène IV, l'Empereur Paléologue, et le patriarche de Constantinople, et où se fit la réunion des églises Grecque et Latine, réunion qui ne subsiste plus, mais qui amena pour lors la paix ecclésiastique.

Le second objet à voir sur la même place est le *campanile* ou le clocher isolé qui est à côté. C'est une superbe tour de 280 pieds de haut, de la forme la plus agréable, et entièrement incrustée de marbre poli, noir, rouge et blanc, comme l'église. Charles-Quint était si enchanté de ce clocher, qu'il disait que c'était le prostituer que de le laisser aux yeux du public, et qu'il méritait d'être dans un étui. C'est du haut de cette tour qu'il convient de voir Florence et ses environs. On y monte par un escalier de 406 marches.

Le troisième des édifices qui composent le groupe de la cathédrale, est un ancien temple de Mars que l'on a converti en baptistère. La forme en est octogone ; il est isolé et revêtu comme la cathédrale et le clocher de marbre poli, mais seulement noir et blanc. On y entre par trois portes de bronze, qui sont si belles que Michel-Ange disait qu'elles devraient servir de portes au paradis : elles sont de Laurent Ghiberti, et représentent divers sujets de l'ancien et du nouveau testament. L'intérieur, supporté par seize grosses colonnes de granit antique, est enrichi de sculptures et de vieilles peintures en mosaïque à fond d'or, par Tassi, très ancien peintre.

Près de la place de la cathédrale, est celle de Saint-Laurent, et sur un des côtés de cette place, l'église de ce nom où l'on admire, 1°. un autel tout incrusté de pierres dures, représentant divers sujets de la Bible ; 2°. les reliefs en bronze du jubé par le Donatello ; 3°. les statues du même artiste dans l'ancienne sacristie, dessinées par Brunellesco ; 4°. la sacristie nouvelle, dessinée par Michel-Ange, et les sept sta-

VILLE DE FLORENCE.

tues dont il a orné les mausolées qui s'y trouvent réunis; 5°. enfin la fameuse chapelle des Médicis, qui est la merveille de la Toscane, et l'une de celles de l'Italie, du moins pour la richesse. Elle fut commencée en 1604 par Ferdinand Ier. qui en donna lui-même les dessins : elle a été continuée depuis par ses successeurs, pendant plus d'un siècle et demi, sans être encore achevée. Le vaisseau en est octogone : il a 86 pieds de diamètre et 187 de hauteur. Incrustée, presque en entier, de pierres dures, telles que jaspe, agate, calcédoine, lapis, elle est ornée de magnifiques tombeaux en granit surmontés de statues colossales en bronze. Si elle était achevée, il serait impossible de concevoir un monument d'une plus grande magnificence. Il faut avouer cependant que l'effet qu'il produit sur la vue n'est pas en proportion avec les sommes énormes qu'il a coûté. Le président de Brosses trouve qu'avec le faste qu'on y a répandu, cette chapelle ne fait qu'un tout assez triste et nullement agréable : ce qui le confirme dans l'opinion que le bon goût sert plus que la magnificence.

C'est dans le cloître attenant qu'est la fameuse bibliothèque de Médicis, connue sous le nom de *Medico-Laurenziana*, et la plus célèbre de Florence, par ses manuscrits dans toutes les langues, au nombre de plus de 4000. On y trouve celui du digeste, connu sous le nom de *Pandecta Florentina*. Il est en parchemin, en gros caractères et très lisible.

Sur la place Saint-Laurent est un petit monument carré, dont une face offre un beau bas-relief de Bandinelli, représentant des victoires remportées par les Florentins sur les Siennois. C'est le piédestal sur lequel devait être placée la statue colossale de Jean de Médicis, qu'on voit dans la grande salle du *Palazzo-vecchio*.

Près de ce monument, est le palais Ricardi, le plus beau de Florence, après celui du Grand-Duc. Il fut bâti en 1430 par Côme l'ancien. La décoration extérieure est de Michel-Ange ; c'est assez dire qu'elle est d'un beau style.

Les murs du portique de la première cour sont revêtus d'inscriptions, de bas-reliefs et de statues antiques. Parmi ces inscriptions, il en est une de moderne. Elle porte les noms des grands princes qui ont logé dans ce palais, Louis XII, François Ier., Charles-Quint, Léon X. C'est là qu'habitaient les Médicis, lorsque, par leur sagesse et leur industrie, ils méritèrent de régner sur un peuple libre, et de fonder une dynastie de souverains.

Il renferme une belle galerie dont le principal ornement est le plafond, par Luc Jordan. La bibliothèque attenante mérite aussi d'être vue. Elle est composée de 40,000 volumes. M. l'abbé Fontani, l'un des plus savans littérateurs de Florence, en est le conservateur. Il m'a fait voir un manuscrit des Commentaires de César, du dixième siècle, qui rectifie une erreur du livre septième, où on lit que du pays des Taurini, César arriva en trois jours à Bibracte (Autun), rapidité de marche qui est physiquement impossible : dans ce manuscrit, on lit sept jours, ce qui rétablit la possibilité. Il m'a montré aussi un cachet d'Auguste, représentant un sphynx, qui est peut-être celui dont parle Suétone.

Du palais Ricardi, on peut se rendre à la place de l'Annonciade, qui m'a paru la plus jolie de Florence. Elle est carrée, entourée d'un portique d'ordre corynthien, et décorée de deux belles fontaines en bronze, entre lesquelles s'élève, au centre de la place, la statue équestre, également en bronze, du duc Ferdinand Ier., par Jean de Bologne. La figure du duc fait face à la cathédrale, à laquelle on arrive de cette place, par une rue tirée au cordeau.

L'église de l'Annonciade est remarquable par son architecture, ses ornemens et ses peintures de divers maîtres. La voûte est chargée de bas-reliefs dorés sur un fond blanc, et dans le milieu, on voit une Assomption par Daniel de Volterre, qui a peint aussi toute la coupole. Le maître-autel et la chapelle de l'Annonciation sont d'une extrême richesse.

C'est dans cette église qu'est enterré le fameux Jean de Bologne, sculpteur Français, né à Douai et mort à Florence. Son épitaphe est dans une chapelle, décorée d'après ses dessins et à ses frais, derrière le maître-autel. Bandinelli, l'un des restaurateurs de la sculpture, y a aussi son tombeau, au dessous d'un de ses plus beaux ouvrages. C'est une figure en marbre d'un Christ mort, soutenu par Dieu le père. Dans le cloître du couvent est une Vierge d'Andre del Sarto, qui est fameuse sous le nom de la *Madona del Sacco*, parce que Saint-Joseph y est appuyé sur un sac.

Une rue droite et très courte conduit de la place de l'Annonciade à celle de Saint-Marc, qui a pris de même le nom de l'église dont elle tire son principal ornement. Cette place est une des plus belles de Florence. L'église de Saint-Marc a un riche plafond, un maître-autel fort orné, une chapelle dessinée par Jean de Bologne, une assez belle tribune d'orgue, plusieurs beaux tableaux, notamment une Noce de Cana, et un tombeau de Pic de la Mirandole, remarquable seulement à cause de la célébrité de ce prince qui, à l'âge de 18 ans, savait 22 langues, et avait une telle passion pour les sciences, qu'afin de s'y livrer entièrement, il quitta sa principauté et se retira à Florence, où il mourut, en 1494, âgé de 36 ans. On voit, dans le couvent, la cellule et le portrait du fameux Savonarole, brûlé en 1498 pour avoir déclamé contre le Pape Alexandre VI.

Les écuries de Saint-Marc, situées près de cette église et sur la même place, ne sont pas indignes d'occuper nos regards. C'est un édifice vaste et bien bâti. Celui de la ménagerie est à côté, et contigu au théâtre des combats d'animaux. On y faisait battre des lions et des tigres, non contre des hommes, comme chez les anciens, mais entre eux. Nous terminerons notre course par la place de *Santa Maria novella*, à laquelle il ne manque, pour être belle, que d'être régulière. L'église offre un gothique noble et simple du treizième siècle. Elle renferme plusieurs beaux tableaux; et le couvent, une pharmacie renommée.

On se rend par une rue tirée au cordeau, de cette

place à la citadelle de l'Ouest, connue sous le nom de château *Saint-Jean-Baptiste*, qui n'a rien de remarquable ; nous avons vu celle de l'Est près du palais Pitti.

La ville est entourée de hautes murailles de peu de défense, dont les terrasses n'ont pas été aussi bien utilisées pour l'agrément que celles de Parme et de Bologne, que nous avons vues converties en agréables promenades. Florence n'en renferme pas une seule dans ses murs, pas une seule allée, pas un seul arbre, à l'exception du jardin Boboli, qui n'est pas, à proprement parler, public, comme il l'était du temps de Léopold, puisqu'il n'est ouvert aux promeneurs que les dimanches et fêtes.

Hors des murs, la promenade la plus à proximité, est une petite esplanade plantée de beaux arbres, qu'on a longée à gauche, peut-être sans y faire attention, en arrivant à la porte San-Gallo. Elle serait assez jolie pour une ville de 5 à 6000 habitans. Hors de la porte de Prato, il faut aller chercher à une certaine distance, sur la rive droite de l'Arno, la belle promenade des Cassines. C'est le bois de Boulogne de Florence, avec la différence qu'il est bien plus frais, offrant, avec une végétation plus vigoureuse, de plus beaux ombrages. Je n'ai vu nulle part le lierre acquérir autant de force : ailleurs c'est une plante qui rampe, ici c'est un arbre qui le dispute quelquefois en grosseur à celui avec lequel il est marié.

L'avenue du *Poggio Imperiale* forme encore une espèce de promenade extérieure. C'est une double allée de cyprès qui règne dans la longueur d'un mille, depuis la porte Romaine, jusqu'à cette maison royale, édifice peu apparent, dont on n'avait pas la facilité de voir l'intérieur, lors de mon séjour à Florence.

Les théâtres de cette ville n'ont rien d'extraordinaire. Les deux principaux sont celui de la Pergola et du Cocomero.

En décrivant les sept ou huit plus belles églises, nous sommes loin d'avoir nommé toutes celles qui mériteraient de l'être ; mais il faut se borner. Il en est une cependant qui me laisse des regrets, c'est la chapelle de Saint-Michel : belle de son architecture gothique, elle est décorée extérieurement de fort bonnes statues de Ghiberti et du Donatello.

Nous sommes encore plus loin d'avoir nommé tous les palais dignes de l'être, en ne mentionnant que ceux du Grand-Duc et le palais Ricardi. On en pourrait citer un grand nombre d'autres ; ceux de Strozzi et de Corsini méritent surtout les regards du voyageur. En se rendant de l'un à l'autre, on voit sur le carrefour de la Trinité une belle colonne de granit surmontée d'une statue représentant la Justice. Sur la même place la façade de l'église de la Trinité, offre un bas-relief que je n'ai vu mentionné dans aucune description, et que je ne crains pas d'indiquer ici comme un très bon morceau ; c'est un Christ mort, dans les bras du père éternel.

On rencontre, en parcourant la ville, divers jolis portiques, les uns adossés à quelqu'édifice dont ils font partie, et soutenus par un seul rang de colonnes, tels que ceux de la *Loggia*, de la place de l'*Annonciade*, et de *Santa-Maria novella*, les autres isolés, en forme de halle, et composés de plusieurs rangs de colonnes, tels que celui du marché neuf, où l'on admire, outre la beauté qui lui est propre, celle d'un sanglier de bronze, rendu avec tant de vérité qu'on dirait qu'il respire, et qu'il vomit l'eau qu'on voit couler de sa gueule entr'ouverte ; ce qui fait éprouver, au premier coup-d'œil, une répugnance involontaire pour cette eau, quoiqu'elle soit de la plus grande limpidité.

L'atelier impérial d'ouvrages en pierres dures doit être visité par les amateurs du beau. Il y a aussi de fameux ateliers de gravure, dont le plus digne d'être cité est celui de l'académie des beaux arts.

Actuellement, nous croyons pouvoir assurer nos lecteurs que nous avons fait passer sous leurs yeux à peu près tout ce que Florence offre de plus intéressant, et que tout ce dont nous n'avons pas fait mention pour ne pas les fatiguer de détails, n'offre qu'un intérêt secondaire. Nous avons omis un grand nombre de statues, puisqu'on en compte, d'après M. de Lalande, jusqu'à 160 dans les places, dans les rues et sur les façades des palais, mais nous avons fait connaître les principales.

La ville morale est plus difficile, en même temps qu'elle est plus courte à décrire : plus difficile, en ce que les étrangers ne pénètrent guères dans les sociétés particulières, et que les habitans se produisent peu, se réunissent encore moins; plus courte, en ce que ne les connaissant pas, un voyageur n'en peut pas dire grand chose.

Ce qu'on ne craint pas d'assurer, c'est que cette ville, patrie des sciences, des lettres et des arts, berceau de leur renaissance, ainsi que d'une foule de savans et d'artistes, se regarde avec raison comme l'Athènes de l'Italie. Les

Florentins se sont toujours distingués par leur urbanité, leur esprit, leurs connaissances, et leur amour pour la littérature. Ils m'ont paru avoir la même affabilité que les Romains; mais ils n'ont pas leur prévenance, ni leur accueil pour les étrangers, ce qui provient sans doute de l'égoïsme qu'on leur reproche.

La célèbre académie de la Crusca, établie en 1582, a été qualifiée de *Regina Moderatrice della lingua Italiana*, à cause du dictionnaire italien et latin qui porte son nom; et ce nom de la Crusca, elle l'a pris, en adoptant pour emblême le son (*la crusca* en Italien), et un blutoir, pour exprimer allégoriquement qu'elle s'attache à tamiser, pour ainsi dire, la langue et les écrits, en prenant le bon et rejetant le mauvais, comme le fait un blutoir, en séparant le son de la bonne farine.

Les meubles de la salle répondent à cet emblême; on y voit une chaire en forme de trémie, dont les degrés sont des meules de moulins. Le directeur est assis lui-même sur une meule. La table est un pétrin, et celui qui lit a la moitié du corps passé dans un blutoir. La réputation de cette académie a pu seule consacrer un nom et des attributs aussi bizarres; mais il faut convenir que l'allégorie prête un peu aux bons mots des plaisans. Le facétieux président de Brosses l'indique comme une autre espèce de ménagerie à voir, après celle des animaux étrangers entretenus par le Grand-Duc.

Florence est la patrie d'une foule de grands hommes. Améric Vespuce est un des plus fameux, puisqu'il a donné son nom à la quatrième partie du monde, sans être cependant un des plus illustres, puisque son mérite s'est borné à arborer le premier pavillon sur un continent déjà découvert par Christophe Colomb: Améric ne fut qu'un grand navigateur, Colomb fut un grand génie.

Dans la longue liste que donne M. de Lalande, des savans et hommes de lettres dont s'honore Florence, on voit beaucoup de noms obscurs, et beaucoup de vraiment célèbres, au nombre desquels figurent avec éclat, le Dante, Bocace, Machiavel, Pétrarque et Galilée. Florence réclame avec raison ces deux derniers comme nés de parens Florentins réfugiés, l'un à Arezzo, l'autre à Pise. On distingue encore dans cette liste les noms justement célèbres de Targioni Tozzetti, naturaliste distingué, du mathématicien Ferroni, de l'historien des Médicis Galuzzi, et autres. L'on regrette de n'y pas trouver celui de Buontalenti, des deux

Guichardin, et même des deux Acciajoli, l'un guerrier, qui fit la conquête d'Athènes et d'une partie de la Grèce, l'autre écrivain, à qui l'on doit les vies d'Annibal et de Scipion, ajoutées aux grands hommes de Plutarque.

De nos jours, plusieurs personnages illustres encore vivans se sont inscrits dans cette honorable liste, tels que le mathématicien Fossombroni, sénateur, le physicien Fabroni, maître des requêtes, le fabuliste Pignetti, l'anatomiste Massagni, et autres.

De tous les artistes nombreux et plus ou moins célèbres qu'a produits cette ville, Cimmabué est le premier en date. Elève des peintres Grecs, appelés par le sénat de Florence dans le douzième siècle, ses ouvrages sont du treizième; Giotto, son élève, a fleuri dans le siècle suivant. L'architecte Brunellesco, l'architecte, peintre et mathématicien Alberti, ont illustré la même ville à la fin du même siècle, sans parler de tous ceux qu'elle a produits dans les siècles suivans, tels qu'André del Sarto, Bandinelli, etc. La France lui doit Lulli. L'architecte décorateur Servandoni, auteur du frontispice de l'église de Saint-Sulpice à Paris, est encore un artiste Florentin qui a illustré notre siècle, en s'illustrant lui-même dans toute l'Europe, où il

a voyagé et laissé de ses ouvrages. Florence a donné six papes à l'église, dont trois Médicis. Léon X est au nombre de ces derniers. Cette famille des Médicis, qui a donné aussi deux Reines à la France, compte plusieurs grands hommes, et conserve des droits éternels à la reconnaissance de la Toscane, pour y avoir rappelé, avec les arts et les sciences, la civilisation, leur compagne inséparable. Le premier d'entre eux (Côme de Médicis) en est aussi le plus grand; et la postérité lui a décerné ce titre, qu'il réunit avec celui de *père de la patrie,* gravé sur son tombeau. Né en 1399, d'une riche famille de marchands, et marchand lui-même, il devint l'arbitre des affaires de la république : sans avoir le titre de chef, il l'était par son crédit, sa fortune et ses services. « C'était (dit Voltaire) une chose aussi admi-
» rable qu'éloignée de nos mœurs, de voir ce
» citoyen vendre d'une main les denrées du
» Levant, et soutenir de l'autre le fardeau de
» la république, entretenir des facteurs et rece-
» voir des ambassadeurs, résister au Pape, faire
» la guerre et la paix, être l'oracle des princes,
» cultiver les lettres, donner des spectacles au
» peuple, et accueillir les savans de la Grèce ».
Son petit-fils, Laurent, fut déclaré Prince de

Tome III.

la république. Il fut surnommé le *Magnifique* et le *père des Muses*, parce que ce fut lui principalement qui rassembla les artistes Grecs, errans et sans asile, depuis la prise de Constantinople.

Cette Maison illustre s'est éteinte en 1737 dans la personne de Jean Gaston de Médicis, septième Grand-Duc. Par le traité de Vienne, conclu deux ans avant sa mort, le Duc de Lorraine fut nommé son successeur. Léopold, son petit-fils, a fait oublier les Médicis par le bien dont il a comblé la Toscane, qui se souvient plus aujourd'hui de ce souverain que de ses prédécesseurs.

Le commerce, qui avait été la source de leur élévation et de celle de la république, dont il finit par amener la chute, en y introduisant le luxe, ennemi né de toutes les républiques, le commerce, dis-je, disparut avec elle. Ravivé depuis par Léopold, il s'est borné à des manufactures d'étoffes de soie, renommées par leur médiocrité, sous le nom de *taffetas de Florence*.

Il est à remarquer que les Médicis ne s'emparèrent pas du pouvoir par la violence et l'usurpation, mais par le crédit et la confiance.

La population de cette ville était, dans le temps de sa prospérité, deux ou trois fois plus forte qu'aujourd'hui.

VILLE DE FLORENCE.

Les sciences et la littérature continuent à fleurir dans cette ville. Les arts utiles y sont aussi imparfaits que les arts de luxe y sont poussés loin, quoique, sous ce dernier rapport, les Florentins actuels aient bien dégénéré de leurs ancêtres. Partout les Italiens donnent plus à l'éclat qu'aux commodités de la vie. Les ouvrages d'albâtre n'y acquièrent pas le fini qu'on admire à Livourne et à Carrare ; mais les ouvrages en pierres dures et en gravures y sont portés à un haut degré de perfection.

Quant à ceux qui ne sont relatifs qu'aux usages ou aux agrémens ordinaires de la vie, à Florence comme à Rome, et dans tout le reste de l'Italie, on les tire presque tous de l'étranger. Les bonnes qualités en toiles, cuirs, bas de soie et de coton, étoffes de laine, de coton et de soie, chapellerie, horlogerie, et surtout en bijouterie, y viennent de Lyon, Paris, Sedan, etc. La France est devenue à cet égard pour l'Italie, ce qu'était, disons-le à la louange de nos progrès, l'Angleterre pour la France, avant qu'un gouvernement améliorateur vînt réveiller cette dernière sur ses véritables intérêts, et rendre son industrie rivale de celle dont elle était la tributaire.

L'art de la cuisine, qui n'est pas un art dédaigné de tous les voyageurs, y est aussi moins raffiné qu'en France ; mais au moins on sait faire à Florence le pain et le vin, ce qui n'est pas un savoir commun en Italie.

Je n'ai trouvé qu'une bonne auberge dans cette ville (celle de Schneyder), mais c'est une des meilleures et des plus belles de l'Europe. Une particularité remarquable, c'est que toutes les auberges et les hôtels garnis sont sans enseignes, aussi bien que les maisons et les appartemens à louer, les magasins et établissemens de tout genre. On dirait que les aubergistes ne veulent point de voyageurs, les propriétaires de maisons point de locataires, les marchands point d'acheteurs.

Il n'y avait, en 1810, qu'un seul et mauvais établissement de bains publics, dans un coin ignoré des étrangers et peu connu des habitans. Le particulier qui le tenait a voulu me prouver qu'un écriteau ou une enseigne serait une dépense inutile. Ce trait m'a paru caractéristique. En voici un d'un autre genre qui ne l'est pas moins. Les soubassemens de presque toutes les maisons sans boutiques sont revêtus de croix peintes, pour empêcher les passans, par respect pour ce signe religieux, d'y satisfaire leurs besoins.

La description des diverses avenues de Florence fait connaître tout ce que les environs de cette ville renferment d'intéressant, à l'exception toutefois de la *Vallombrosa*, abbaye fameuse, qui, non seulement n'est à portée d'aucune route, mais se trouve même enfoncée dans la partie la plus haute, la plus sauvage et la plus boisée de l'*Apennin Etrurien*, à 6 lieues vers l'Est de Florence. Son nom qui signifie *vallée ombreuse* en fait, à mon avis, mieux connaître le site qu'aucune description. Les curieux vont visiter cette solitude en Toscane, comme la grande *Chartreuse* en France. Ils y trouvent à peu près, mais à un degré bien inférieur, le même genre de beauté sauvage et les mêmes sensations. Elle renfermait de beaux tableaux de divers grands maîtres de l'Italie, notamment d'André del Sarto, et plusieurs objets d'histoire naturelle, parmi lesquels on remarquait une grande quantité d'ossemens, et de dents fossiles d'éléphans trouvés dans le val d'Arno (*).

(*) J'apprends que tout cela n'existe plus, du moins en place, et que peut-être bientôt les superbes plantations qu'on admire dans l'enclos de ce monastère, auront cessé d'exister aussi.

Il y avait naguères dans l'hermitage placé au dessus du couvent un anachorète d'une espèce bien étrange. C'était un chef de brigands connu dans toute l'Italie et surtout en Lombardie où le nom de Francesco Fornacciaio est encore l'effroi des enfans.

« Cet homme, quoique très âgé (dit un voya-
» geur), était encore d'une force prodigieuse.
» Sa tête couverte de cheveux gris hérissés,
» son immense barbe, son œil extrêmement vif
» et qui brillait d'un sombre éclat sous d'épais
» sourcils, son nez aquilin, en un mot, l'en-
» semble de sa physionomie lui donnait plutôt
» la figure d'un satyre que d'un anachorète.
» Cette tête coiffée d'un capuchon était si ex-
» traordinaire, que mon habile compagnon de
» voyage voulut en faire une étude, qui en effet
» est devenue un chef-d'œuvre d'expression.
» Notre hermite posa avec complaisance, et nous
» raconta pendant cela, par humilité, l'histoire
» de ses crimes et de son repentir........ Il s'é-
» tait emparé d'un château dont il faisait son
» repaire. C'est là qu'il venait déposer le fruit
» de ses brigandages. La position de ce château,
» fortifié par la nature, lui assura long-temps
» l'impunité, et il fallut en faire le siège avec
» du canon et des troupes réglées, pour parve-

» nir à débusquer les brigands, dont on surprit
» un grand nombre. Fornacciaio s'échappa
» presque seul; mais sa tête fut mise à prix : il
» erra long-temps en proie à la crainte et aux
» remords. Enfin il se livra lui-même à la jus-
» tice et obtint de la clémence du Pape, en fa-
» veur de son repentir, l'absolution de ses
» crimes. Dès ce moment, il prit la résolution
» de se livrer à la vie hérémitique, il fit le pé-
» lerinage de Jérusalem, obtint des certificats
» des pères de la Terre-Sainte, et revint à Rome
» demander la permission de s'ensevelir dans
» les déserts de l'Apennin. Il se rendit en effet
» aux Camaldules, y habita pendant plusieurs
» années une grotte humide, s'astreignant aux
» exercices de la plus austère pénitence ; ce ne
» fut qu'avec peine qu'on le tira de cet endroit
» mal sain pour lui donner, pour dernière
» retraite, l'hermitage de Vallombrosa, la
» persévérance de son repentir faisant juger
» qu'il était désormais incapable de nuire.
» Nous lui demandâmes s'il n'était pas tenté
» de retourner dans le monde. Pour toute ré-
» ponse, il nous montra un roc escarpé, où
» est bâtie une petite chapelle sur le bord même
» du précipice, faisant allusion à un événement
» en mémoire duquel on a construit cette cha-

» pelle. On raconte qu'un frère convers ayant
» apostasié, quitta l'habit de la communauté
» et s'enfuit du couvent, guidé par l'esprit ma-
» lin. Il s'égara dans la montagne, et se préci-
» pita de ce rocher, qui en a pris le nom de
» *Sasso del diavolo* ». Cet article est tiré d'un voyage inédit, imprimé par extrait dans les Annales de M. Malte-Brun.

FIN DE LA DESCRIPTION DE FLORENCE.

COMMUNICATION

D'ALEXANDRIE A SAVONE,

PAR ACQUI.

26 lieues et demie.

lieues.

§ 1. *D'Alexandrie à Acqui.* 8

Plaine continuelle et peu intéressante le long de la rive gauche de la Bormida. Presque au milieu de la distance est le hameau de la Gamalière, et vers les deux tiers, le bourg de Cassina, où l'on placera sans doute un relais.

Acqui est une ville épiscopale de 2000 habitans, portée pour 6000, en comptant le territoire. Aussi pauvrement bâtie que pauvrement habitée, cette petite ville ne ressemble qu'à un misérable bourg ; elle n'a d'autre titre de recommandation que ses bains d'eaux thermales, qui en sont à un quart de lieue vers le Sud, et du même côté, un reste d'aqueduc Romain qui traverse la Bormida sur des arcades ruinées. Cette antiquité, les inscriptions, les mosaïques, les ustensiles, etc., trouvés en diverses occasions dans le territoire, prouvent que la ville d'Acqui a été plus considérable qu'elle ne l'est aujourd'hui. Elle a dû, sans doute, son importance à sa fontaine minérale. On sait combien les bains étaient en usage chez les Romains, et combien ils soignaient les établissemens de cette nature.

Ceux d'Acqui sont toujours fréquentés : l'eau en est légèrement sulfureuse, et s'emploie aussi intérieurement. On en vante surtout les boues, qui sont bonnes pour les douleurs rhumatismales et les blessures.

Cette ancienne capitale du Monferrat est aujourd'hui le siége d'une sous-préfecture du département de Montenotte.

§ 2. *D'Acqui à Spigno.* 6

On ne cesse de cotoyer la Bormida. Elle coule ici avec tant de lenteur, qu'elle ressemble moins à un torrent qu'à une rivière ; son bassin est si large qu'il ressemble plus à une plaine qu'à une vallée, et les Apennins d'où elle sort, si abaissés dans cette partie que ce sont plutôt des collines que des montagnes.

Spigno est un grand village situé sur un rocher dont le rapide talus, entre-mêlé de quelques veines de terre, est parsemé d'arbres qui font un effet aussi agréable que pittoresque.— *Parcouru depuis Alexandrie.* 14

Coa. D'ALEXANDRIE A SAVONE.   203 lieues.

§ 3. *De Spigno à Dego*................ 3 ½

Même plaine ou vallée qui monte insensiblement, à mesure qu'on approche de la chaîne centrale.

Dego est un village comme Spigno, situé de même sur un rocher, mais plus élevé, plus escarpé, plus pittoresque. La route en longe le pied.—*Parcouru depuis Alexandrie*....... 17 ½

§ 4. *De Dego à Carcare*............... 3
§ 5. *De Carcare à Savone*.............. 6

On traverse le village de Caire avant d'arriver à celui de Carcare, où la route qu'on suit s'embranche avec celle de Paris à Savone par Fénestrelles et Mondovi (*V. cette route.*).

FIN DE LA COMMUNICATION D'ALEXANDRIE A SAVONE.

COMMUNICATION
D'ALEXANDRIE A VALENCE.
4 lieues et demie.

§ 1. *D'Alexandrie à Valence.* 4½

CoLLINES et vignobles dans la première partie de cette distance, qui offre ensuite un vallon délicieux, par lequel on débouche dans la plaine de Valence. C'est une jolie petite ville située sur la rive droite du Pô, qu'on y traverse pour se rendre à Mortare, ville du royaume d'Italie (*).

(*) Cette communication est la dernière que nous ayons à décrire dans ce département, comme Valence en est de ce côté la dernière ville, et le Pô qui la baigne, la frontière.

Ce que nous avons eu occasion d'en dire, en en décrivant les diverses routes et les principales villes, laisse peu à désirer dans l'aperçu général que nous consacrons à chaque département. Celui-ci, divisé en trois sous-préfectures, Alexandrie, Casal et Asti, renferme une population de 320,000 habitans. Les recherches que j'ai faites sur l'étendue de son territoire ont été infructueuses, et les notions puisées dans les statisques, erronées. Nous n'avons rien à ajouter à l'idée que donnent nos descriptions partielles, et de la nature du sol et de son produit, et du physique et du moral des habitans.

FIN DE LA COMMUNICATION D'ALEXANDRIE
A VALENCE.

ROUTE

DE GÊNES A MILAN,

PAR TORTONE ET PAVIE.

5o lieues.

———————————

lieues.

Depuis Gênes jusqu'à Casteggio (*v*. 1re. et 2e. route de Paris à Florence).

7 *paragraphes*. 33½

§ 8. *De Casteggio à Pavie*. 5½

Nous avons dit, en parcourant la deuxième route de Paris à Florence, qu'on voit à Casteggio la plaine de Lombardie s'étendre à perte de vue en face et à gauche. C'est dans cette dernière direction que nous allons la parcourir, en longeant, au bout d'une lieue sur la droite, le joli village et le joli château de Casatisma, où sont établis les bureaux de la douane Française, et en franchissant deux lieues plus loin le Pô sur un pont volant.

Encore deux lieues, et l'on traverse le Tésin pour arriver à Pavie; ce n'est que 5 lieues en tout, mais elles comptent pour 5 et demie à cause des difficultés et de la longueur du passage du Pô. Autant ce trajet est long et difficile, autant est commode et facile celui du Tésin, rivière aussi considérable à Pavie que le Pô à Turin. On la passe sur un très beau pont attribué à Galéas Visconti : il est couvert comme celui du Tanaro à Alexandrie.

Pavie fut la résidence des Rois Lombards, depuis Alboin, qui s'y établit, après s'en être rendu maître en l'an 568, jusqu'à Didier, vaincu et fait prisonnier par Charlemagne en 744. C'est aujourd'hui une ville de 25,000 âmes. Mieux percée qu'elle n'est bâtie, elle renferme un assez bon nombre de palais, mais aucun qui soit digne de fixer les regards des voyageurs. Son beau pont est le monument qui frappe le plus les étrangers. Ses places et ses églises n'ont jamais fixé mon attention, quoique j'aie passé dans cette ville à trois différentes reprises.

La salle de spectacle m'a paru assez jolie, et ce n'est pas le spectacle qui m'a séduit; car je me souviens d'y avoir assisté à la plus plate rapsodie Italienne que j'aie jamais vue soit en deçà, soit au delà des Alpes, et ce n'est pas peu dire ; car en ce genre, les Italiens ne sont pas difficiles. Ils ont, comme on sait, de bonnes tragédies, de bonnes comédies, de bons opéra; et ils les relèguent dans leurs bibliothèques ou leurs librairies, pour ne livrer au public que les productions éphémères du mauvais goût, qui pullulent à l'infini dans cette terre classique, épuisée sans doute par les chefs-d'œuvre dramatiques des Goldoni, des Maffei, des Alfieri, des Metastase, comme on voit abonder les mauvaises plantes dans les bonnes terres laissées en friche après plusieurs années de récolte.

Cette ville savante devrait être moins tolérante, à cet égard, qu'une autre, ne fût-ce que pour prouver que les sciences et les lettres sont sœurs, comme le savoir et le goût sont frères.

L'université de Pavie est une des plus célèbres de l'Italie, et l'une des plus anciennes du monde, ayant été fondée par Charlemagne en 791. Elle a compté parmi ses professeurs, des érudits du premier mérite, au nombre desquels nous distinguerons le célèbre physicien Volta, et le non moins célèbre naturaliste Spallanzani, qui ont l'un et l'autre fleuri de nos jours. Le dernier a dirigé le cabinet d'histoire naturelle de cette université. C'est un des plus beaux de l'Italie (*).

(*) Il me fut montré par une personne que je pris, à ses formes provenantes, à son instruction, à sa manière de s'exprimer, pour le directeur ou le conservateur. Son empressement extrême ajoutait encore à ma considération, ainsi qu'à ma reconnaissance, que

Tous ou presque tous les géographes et voyageurs indiquent comme chose à voir dans cette ville une statue équestre en bronze, que les uns disent représenter *Marc-Aurèle*, les autres *Antonin le pieux*, les autres *Lucius Verus*. J'avoue avec franchise que je ne l'ai pas vue, ou du moins pas assez remarquée pour en prendre note; ce qui me ferait supposer qu'elle n'est point remarquable, si les auteurs qui en parlent n'en convenaient eux-mêmes.

Cette ville a éprouvé un grand nombre de revers, depuis l'an 476 où elle fut ruinée par Odoacre, Roi des Hérules, jusqu'en 1525 où elle fut livrée au pillage par Lautrec, qui crut ven-

je ne croyais pouvoir lui témoigner que par mes remercimens. Quelle fut ma surprise, lorsqu'arrivé dans mon auberge je reçus la réclamation de l'obligeant *Cicerone*, qui me fit dire qu'il n'obligeait pas *gratis!* Honteux pour lui, je lui envoyai le double de ce que j'eusse donné à un garçon ordinaire. Il refuse d'abord, disant que ce n'était pas assez pour un homme comme lui. Indigné d'un pareil procédé, je refusai moi-même d'augmenter un salaire que j'avais déjà doublé, et il prit son parti en acceptant.

J'aurais voulu taire cette anecdote un peu scandaleuse; mais le lecteur aime à tout savoir, et j'aime à tout lui dire.

ger par cette barbarie l'affront de son maître, François I, battu et fait prisonnier à la bataille de Pavie, quelques années auparavant. Cette bataille fut donnée dans la plaine qui sépare la ville du village de Binasco, où nous allons relayer.

§ 9. *De Pavie à Binasco*. 6
§ 10. *De Binasco à Milan*. 5

Avant d'arriver à Binasco, le voyageur laisse à droite et à un mille de la route, la fameuse chartreuse de Pavie, fondée par Galéas Visconti, premier Duc de Milan, dont on voit le tombeau dans l'église. Si j'entreprenais de la décrire, ce ne serait que d'après les auteurs, et l'on sait déjà que cette manière n'est pas la mienne. La longue et froide description qu'en donne M. de Lalande, est sans doute la plus exacte; mais elle ne m'a pas assez amusé pour espérer qu'elle pût amuser davantage mes lecteurs. D'après cela, je n'ai pas cru devoir la transcrire ici. J'aurais en vain voulu l'abréger : des détails aussi secs et aussi uniformes se dérobent à l'analyse. Les voyageurs qui ne les redouteront pas, doivent les chercher dans l'ouvrage même, qui peut servir au moins d'indicateur, pour tous les objets à voir dans ce monastère, si toutefois les choses n'ont pas changé depuis (*).

Binasco est un bourg situé dans la même plaine que Pavie et Milan. Les riches et agricoles habitans de ce bourg et de son territoire se livrent à la fabrication des fromages : ils les vendent à Lodi, qui en est l'entrepôt, et qui les expédie dans le reste de l'Italie et dans toute l'Europe, sous le nom de *fromage de parmesan*.

Les superbes prairies de cette partie du Milanais, sont laissées en pâturages, après la première récolte, et rafraîchies par de nombreux canaux d'irrigation, qui fournissent en outre l'eau nécessaire aux nombreuses rivières de cette contrée. On sait que le riz, apporté du Levant en Grèce et en Italie, est devenu un objet considérable de culture dans le Milanais. On sait aussi que cette plante exotique aime tant l'hu-

---

(*) Si je n'ai pas vu moi-même cette chartreuse célèbre, le lecteur doit bien penser que ce n'est pas ma faute. J'ai entrepris cette excursion de Binasco, où j'étais stationné lors du couronnement de l'Empereur à Milan. La chaleur excessive qu'il faisait ce jour-là, et la fatigue d'une course, plus longue que je ne m'y attendais, me décidèrent à rétrograder, comptant sur quelque autre occasion, qui ne s'est plus présentée.

midité, qu'elle croît dans l'eau même. De là, ces grandes étendues d'eau stagnantes qui tiennent le terrain dans un tel état d'inondation perpétuelle, que les cultivateurs sont obligés de s'y mettre dans l'eau jusqu'à mi-jambe. De là, cet air fiévreux qu'on respire, ces corps maladifs qu'on rencontre, et ces teints jaunes qu'on remarque, sur toutes ou presque toutes les avenues qui conduisent à Milan, dont la bonne police a su éloigner à une certaine distance de ses murs par des réglemens sévères, une culture aussi dangereuse.

La plaine, et surtout les bords de la route sont parsemés d'habitations jusqu'au faubourg par lequel on arrive à Milan. (*Pour la description de cette ville, v.* 1re. *route de Paris à Milan*).

FIN DE LA ROUTE DE GÊNES A MILAN.

COMMUNICATION

DE MILAN A PLAISANCE,

PAR LODI.

22 lieues.

Lieues.

§ 1. De Milan à Marignano. 6
§ 2. De Marignano à Lodi. 4
§ 3. De Lodi à Casal-Pusterlengo. 6
§ 4. De Casal-Pusterlengo à Plaisance. 6

Plaine aussi belle que riche. C'est une des plus fertiles parties du Milanais. Une terre grasse, des champs, des vergers, et des prés également abondans, des canaux d'arrosage bien distribués, bien entretenus, dont les eaux limpides courent de toute part répandre la fraîcheur et la fécondité, des haies vives, des treillages vigoureux, des arbres de toute espèce, point de terre inculte, point de jachères; tel est le tableau que nous avons sous les yeux. Il faut y ajouter une route superbe, et de nombreux villages, qui, par leur étendue, la largeur de leurs rues, l'élégance, la fraîcheur de leurs maisons, la grandeur de leurs places ou champs de foire, semblent se mettre en harmonie avec la campagne qui les entoure et en attester la richesse.

Celui de Marignano, où est le premier relais, ressemble à une ville par le grand nombre de boutiques, de cafés et d'auberges qu'on y remarque, et à un village par la disposition de ses maisons basses et peu rapprochées les unes des autres, ainsi que par ses rues qui se perdent dans la campagne. Ennobli par la célébrité que lui a donnée la victoire de François I sur les Suisses, il porte en géographie le titre de ville. Marignano est cependant considéré dans la contrée comme un village, *un paëse*. En France, on lui assignerait un rang intermédiaire ; ce ne serait ni une ville, ni un village, mais un bourg. Au sortir de Marignano, on passe le Lambro, qui sépare le département d'Olona de celui du haut Pô, où nous entrons.

Si Marignano est devenu à jamais célèbre par la victoire de François I, Lodi ne l'est pas moins par celle que le général Bonaparte y remporta le 21 floréal de l'an 4 (1795) sur les Autrichiens. C'est l'affaire du Pont de Lodi, l'une des plus glorieuses qui aient signalé les premières campagnes de cet invincible capitaine. Ce pont, défendu par 10,000 hommes et une artillerie formidable, fut en un instant forcé, les batteries enlevées, l'armée ennemie entièrement culbutée. Cet événement, bien digne d'une mention honorable dans tout ouvrage sorti de la plume d'un Français, a été oublié dans l'Itinéraire de la France, parce qu'il n'en est point parlé dans celui de l'Italie, et que l'un est constamment la fidèle copie de l'autre.

Ce pont, construit en bois sur l'Adda, rivière aussi considérable qu'impétueuse, subsistait encore, lors de mon dernier passage en 1810.

Fondée par Pompée, détruite par les Milanais, rebâtie par les bienfaits de Barberousse, Lodi est une assez jolie ville de moyenne grandeur. Elle est peuplée de 12000 habitans, et pleine d'activité commerciale, qui consiste surtout dans l'expédition des fromages qui se fabriquent aux environs : ce sont ceux qu'on vend en France sous le nom de *parmesans*, parce que Parme en était autrefois le principal entrepôt (*). On fabrique aussi dans cette ville une excellente qualité de fromage beaucoup

---

(*) Je lis quelque part que la dénomination de ce fromage vient de ce qu'une princesse de Parme fut la première qui en fit manger à Paris. Je ne puis décider entre ces deux étymologies.

plus délicat, mais peu susceptible de transport par sa nature. C'est le *stracchino*, dont la principale consommation se fait à Milan.

La ville est jolie, les campagnes le sont encore plus ; leur fertilité excède la proportion de 12 pour un.

Casal-Pusterlengo est un village qui, comme celui de Marignano, ressemble à une ville par sa population et son activité. Le peu de géographes qui lui font l'honneur de le nommer, le classent parmi les bourgs, et c'est le rang qui lui convient. C'est là qu'on abandonne la superbe route de Milan à Crémone, pour en prendre une moins somptueuse, mais non moins roulante. On traverse le Pô, à un quart de lieue de Plaisance, dans un de ces grands bacs doubles que nous avons déjà eu occasion d'observer et d'admirer en Piémont.

J'ai remarqué dans la plaine que nous venons de parcourir, les charrues conduites par des chevaux, contre l'usage général de l'Italie, qui est de labourer avec des bœufs. (*V*. pour la description de *Plaisance*, la 2e. route de Paris à Florence).

FIN DE LA COMMUNICATION DE MILAN
A PLAISANCE.

COMMUNICATION

DE PARME A LA SPEZIA,

PAR PONTREMOLI.

38 lieues et demie.

lieues.

§ 1. *De Parme à Fornovo.* 7
§ 2. *De Fornovo à Terenzo.* . . . . 3 ½
§ 3. *De Terenzo à Bercetto.* 7
§ 4. *De Bercetto à Pontremoli.* 7

Cette route de communication semble mériter à peine une place dans notre ouvrage, puisque n'étant roulante que jusqu'au bourg de Fornovo, où est établi le premier relais, elle n'est praticable au delà qu'à franc-étrier, n'est montée que de quelques bidets, et fréquentée que de très peu de personnes; mais la construction en est arrêtée, même commencée; et l'importance qu'acquiert le port de la Spezia ne peut manquer d'en donner à la route, qui, sans cette circonstance, ne saurait subsister en ligne de poste.

On parcourt la première distance dans la jolie plaine de Parme, la seconde dans le fond d'une triste gorge et le lit d'un torrent, la troisième sur les plaines inclinées du revers septentrional des Apennins, la quatrième sur l'un et l'autre revers, séparés entre eux par un col d'un trajet assez facile et par fois assez agréable. Ce trajet, au lieu de la nudité qu'offre ailleurs la croupe, ordinairement aride des Apennins, m'a offert au contraire la verdure et l'ombrage, la fraîcheur des gazons, et celle des bosquets, une suite de sites agrestes, enfin de véritables paysages.

La vue est partout bornée, avant le col; mais au delà elle s'étend jusqu'aux montagnes de Carrare, dont les crêtes hautes, escarpées et arides ne montrent qu'un roc blanc aussi triste à la vue, qu'il est précieux aux arts, puisque ce roc blanc leur fournit le plus beau marbre statuaire qui existe.

On descend par des pentes, tantôt douces, tantôt rapides, en côtoyant le flanc d'une montagne boisée qui verse ses eaux de droite à gauche, et plongeant ses regards dans cette dernière direction sur une vallée très verdoyante et d'un aspect tout-à-fait romantique. Cette partie de la chaîne centrale, soit avant, soit après le col, m'a paru joindre, à l'agrément de l'ombrage et de la fraîcheur, la fertilité du terroir.

De gras pâturages et d'abondantes prairies indiquent aux cultivateurs l'éducation des bestiaux, les ressources du laitage, et les deux productions industrielles dont il fournit la matière première, le fromage et le beurre. Mais cette industrie est inconnue dans toute l'étendue des Apennins; et ce ne sont point les observations que j'ai faites, ni les conseils que je me rappelle avoir donnés, en passant, à quelques cultivateurs, qui pourront leur faire adopter, ni même essayer cette utile amélioration. Là, comme partout, le peuple obéit aveuglément à l'empire de l'usage : là comme ailleurs, la routine tient lieu d'expérience.

Ce pays cependant (l'ancien Etat de Parme) fabrique beaucoup de fromage ; mais il est remarquable que c'est dans la plaine, tandis qu'ailleurs, en Suisse, par exemple, c'est précisément tout le contraire : les Helvétiens préfèrent avec raison cultiver les plaines, et livrer les montagnes à la nature, pour les utiliser d'une manière moins dispendieuse et plus sûre, en les couvrant de troupeaux et de chalets. S'il est quelques peuples industrieux qui, comme les Hollandais, ont leurs pâturages dans les plaines, c'est qu'ils n'ont pas de montagnes, ou qu'ils n'ont que des plaines marécageuses.

Les villages sont assez fréquens sur la route que nous parcourons, mais pas assez importans pour mériter d'être nommés, lorsqu'ils ne sont pas lieux de relais.

Nous avons vu que Fornovo est un bourg; il est agréablement situé dans la plaine, au pied d'une colline qui forme le premier échelon des Apennins, et sur la rive droite du Taro. Il a donné son nom, défiguré en France par celui de *Fornoue*, à la bataille que gagna le 6 juillet 1495, le Roi Charles VIII à la tête de 9000 Français contre 35,000 Italiens, qui voulaient lui disputer le passage, lors de sa retraite de Naples.

Terenzo est un hameau, Bercetto un village, où l'on entre du département du Taro dans celui des Apennins, et Pontremoli une petite ville de 2000 habitans, chef-lieu d'une des sous-préfectures du même département, et à proprement parler, de toute cette partie des Apennins.

Elle est peu visitée des voyageurs. Cependant sa situation sur les bords de la Macra, au fond d'un vallon boisé, aussi étroit que profond, aussi sauvage que pittoresque, n'est pas indigne de leur curiosité. Je ne connais en France que la ville de Tulle dont le site ressemble à celui de

SUD-EST DE L'EMPIRE FRANÇAIS.

Pontremoli. Cette dernière, bien moins considérable, n'est même qu'une espèce de bourg; mais elle est bâtie avec bien plus de goût. On s'étonne d'y trouver sur deux cents maisons tout au plus, environ neuf ou dix palais, dont trois ou quatre sont très beaux, et un remarquable par les peintures dont il est enrichi (*). — *Parcouru depuis Parme*. 24½

(*) Le département du Taro, que nous avons quitté avant le village de Bercetto, est composé de l'ancien État de Parme, qui comprenait les trois duchés de Parme, de Plaisance et de Guastalla. Il a été divisé en trois arrondissemens, Parme, Plaisance et Borgo-San-Donino. Nous l'avons parcouru dans sa longueur, qui est de 25 à 26 lieues. Sa largeur, de 18 à 20, s'étend depuis le Pô qui le sépare du royaume d'Italie, jusqu'aux Apennins, dans lesquels il pénètre assez avant pour en occuper une lisière de 7 à 8 lieues de trajet, ce qui réduit à 12 ou 13 lieues la largeur de la plaine, formant environ les deux tiers de l'étendue totale de ce département, et plus des trois quarts de sa population, évaluée à 300,000 âmes par les uns, à 500,000 par les autres et à 376,500 dans l'Almanach. Je n'ai rien à ajouter à ce que j'ai dit sur la nature et les produits du sol, au nombre desquels il ne faudra pas compter les olives, quoiqu'on les y cultive beaucoup, s'il fallait en croire le Dictionnaire de Boiste et les auteurs où il a pris cette bévue. Je ne pense pas

§ 5. *De Pontremoli à Terrarossa*. 7
§ 6. *De Terrarossa à la Spezia*. 7

On suit la vallée de la Macra, et l'on entre bientôt dans la région des oliviers, dont les premières plantations bravent un climat incertain aux portes même de Pontremoli. On voit cet arbre acquérir de la force à mesure qu'on avance. Il forme avec le chataignier la principale parure des campagnes. Terrarossa est un village, après lequel on trouve, à peu de distance, le bourg de Gula, et presque à mi-chemin sur l'embranchement de Sarzane, le hameau de la Bettola, où la route de la Spezia, tournant à droite, traverse la Macra, pour aller traverser encore 2 lieues plus loin la Varra que nous avons vue à Borghetto (*). — *Parcouru depuis Parme jusqu'à la Spezia*. . . . . $38\frac{1}{2}$

(*V.* pour la description de la Spezia, la première route de Paris à Florence.)

---

qu'il existe un seul olivier dans tout le département.

Les mœurs de ce pays sont en général douces, mais bien plus dans la plaine que dans la montagne. Les hommes surtout, dans cette dernière partie, sont de haute taille, et l'Espagne en tirait de très beaux soldats.

(*) Le département des Apennins que nous quittons, a été formé de la partie orientale de l'ancienne répu-

Nota. On voit, sur la carte et le livre de poste, une communication de Fornovo à Borgo-Taro, qui n'existe pas.

On en voit une autre de Tortone à Serravalle, qui n'existe pas davantage. Borgo-Taro et Serravalle sont deux bourgs assez considérables, situés l'un sur le Taro dans le département des Apennins, l'autre sur la Scrivia, dans celui de Gênes; mais tous deux sans relais comme sans importance.

---

blique de Gênes, et de quelques portions des états de Parme et de Toscane. Il renferme quatre arrondissemens, Chiavari, la Spezia, Sarzane et Pontremoli. Une étendue de 25 lieues de côte, resserrée entre la mer et le pied des Apennins, et très cultivée, principalement en oliviers, en est la plus belle portion : tout le reste est dans les Apennins, sur une longueur à peu près semblable et une largeur qui varie entre 15 et 20 lieues; c'est-à-dire que tout le reste est un pays stérile et pauvre. Les montagnes sont pourtant loin d'être dépouillées ici, comme dans presque tout le reste des Apennins; mais les bois dont elles sont couvertes, surtout dans l'arrondissement de Pontremoli, avaient peu de débouchés lors de mon passage. Ils en auront bientôt par la construction de la route qui leur ouvrira les chantiers du port de la Spezia. La population de ce département est de 238,600 individus.

FIN DE LA COMMUNICATION DE PARME
A LA SPEZIA.

ROUTE

DE GÊNES A LIVOURNE,

PAR LUCQUES ET PISE.

64 lieues et demie.

---

	lieues.
Depuis Gênes jusqu'à Lucques (v. 1re. route de Paris à Florence).	
11 paragraphes.................................	52 ½
§ 12. *De Lucques à Pise.*...................	6
§ 13. *De Pise à Livourne.*..................	6

On traverse les deux belles plaines de Lucques et de Pise, réunies par un défilé pittoresque qui est la partie la plus intéressante de cette route : on y rencontre à chaque pas d'agréables maisons champêtres, rarement de véritables maisons de plaisance. Les collines, à droite et à gauche, sont tapissées de verdure, aussi bien que la vallée, rafraîchie à-la-fois par les arbres qui l'ombragent, et par le canal du Serchio qui la borde. On voit à gauche, sur une hauteur, la carcasse du château de Monte-Carlo, qui se rendit fameux dans les guerres de la Toscane.

En sortant du défilé, on sort du territoire de

Lucques (*). On passe, peu de temps après, aux bains de Pise, dits de *Saint-Julien*, si l'on suit la grande route; mais les postillons ne manquent jamais de l'abandonner, quand on les laisse aller sans leur rien dire, pour suivre une fausse route qui abrège d'une demie lieue. Ces bains sont à 4 ou 5 milles de Pise, et quoique moins chauds que ceux de Lucques, ainsi qu'on l'a dit, ils n'en sont pas moins salutaires. Ils sont même plus fréquentés, peut-être parce qu'ils sont plus actifs. (*Pour Pise et le reste de la route, v. celle de Livourne à Florence*).

(*) Nous avons en grande partie fait connaître ce pays, en décrivant la ville de Lucques. Son étendue territoriale est de 10 lieues de long sur 8 de large, et sa population de 120,000 âmes, ce qui fait 1500 par lieue carrée.

Cette république aristocratique a été convertie de nos jours en démocratique, lors de la première conquête des Français, et ensuite en principauté, réunie avec celle de Piombino : elle portait le titre de *Sérénissime République de Lucques*; son gonfalonier ou président du sénat, en qui résidait la puissance législative, était qualifié de *Prince de la République*; son souverain actuel est prince de Lucques et de Piombino. Les mœurs des Lucquois sont vantées dans la plupart des auteurs, et m'ont paru mériter de l'être.

FIN DU TOME TROISIÈME.

DESCRIPTION

ROUTIÈRE ET GÉOGRAPHIQUE

DE L'EMPIRE FRANÇAIS.

DE L'IMPRIMERIE DE LEFEBVRE, RUE DE LILLE, N°. 11.

DESCRIPTION

ROUTIÈRE ET GÉOGRAPHIQUE

DE L'EMPIRE FRANÇAIS

DIVISÉ EN QUATRE RÉGIONS.

I*ère*. PARTIE. = RÉGION DU SUD.

SECTION I*ère*. = SUD-EST.

Par R. V.***, INSPECTEUR des postes-relais,
Associé correspondant des académies de Dijon et de Turin,
Membre de celle des Arcades de Rome.

TOME QUATRIÈME.

A PARIS,

chez POTEY, libraire, rue du bac, n°. 46.

1813.

DÉPART
DES COURRIERS DE FLORENCE A ROME.

SUR LA 1ʳᵉ. ROUTE,
par Sienne.

DÉPART DE FLORENCE.	DÉPART DE ROME.
Mardi, jeudi et samedi, à 6 heures du soir.	Mardi, jeudi et dimanche, à 1 heure après midi.

SUR LA 2ᵉ. ROUTE,
par Spoletto.

DÉPART DE FLORENCE.	DÉPART DE ROME.
Lundi, mercredi, vendredi et dimanche, à 6 heures du soir.	Lundi, mercredi, vendredi et samedi, à 1 heure après midi.

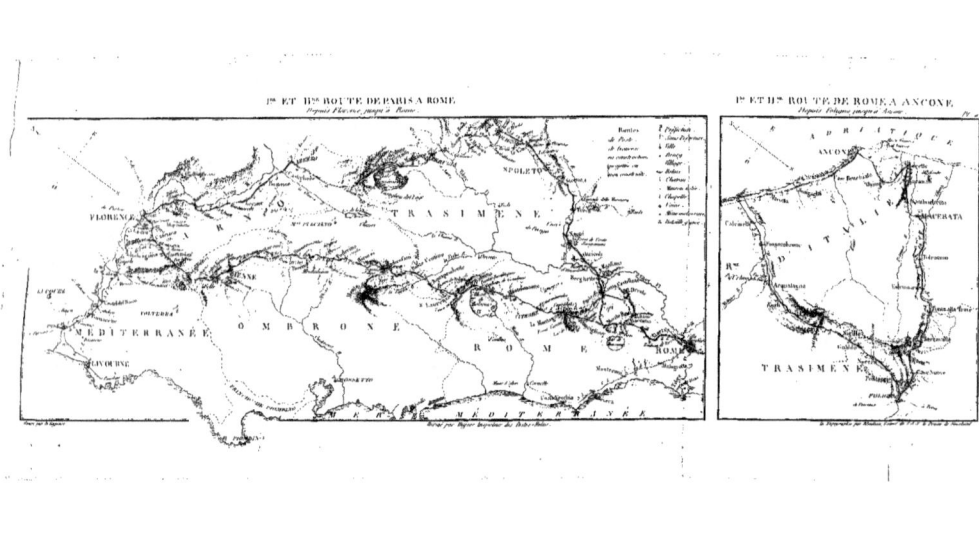

DESCRIPTION

ROUTIÈRE ET GÉOGRAPHIQUE

DE L'EMPIRE FRANÇAIS.

Ire. ROUTE DE PARIS A ROME,

Par Lyon, Turin, Florence et Sienne.

418 lieues et demie.

lieues.

Depuis Paris jusqu'à Florence (*v.* Ire. *route par Gênes*).
92 *paragraphes*. . . . . 338 $\frac{1}{2}$
(2e. *route par Bologne*. . . 337 *l.*)

§ 93. *De Florence à S. Casciano*. . . . . 3 $\frac{1}{2}$

ON laisse à gauche, en sortant, la belle avenue du *Poggio imperiale*. C'est à l'endroit où elle commence que le Dante et Pétrarque venaient, comme autrefois les poètes grecs, réciter leurs vers au peuple. On a marqué cette place par leurs statues, auxquelles ont été jointes celles de Virgile et d'Homère.

Tome IV.

Au bout d'un mille on trouve le village, et un demi-mille plus loin la chartreuse de Galluzo, dont la route longe l'enclos. Ce couvent est situé d'une manière très pittoresque sur une éminence dont il occupe toute la surface. Satisfaits de la beauté du site, les curieux qui s'y transportent ne le sont pas moins des tableaux dont l'église est enrichie, notamment d'un Saint-Jean dans le désert par Venturi. Ils verront encore de beaux tableaux dans la salle du chapitre et autres parties du couvent. Il a été habité pendant plusieurs mois par le pape Pie VI, et pendant une nuit par son successeur Pie VII, lorsqu'ils ont été conduits en France, le premier en 1798, le second en 1809.

Cette distance présente une continuité de collines très bien cultivées, couvertes d'oliviers et de treillages. On en gravit la plus grande partie par des rampes pavées et rapides, entremêlées de quelques descentes non moins difficiles. La route est généralement étroite, au point qu'en certains endroits les voitures ne se croisent qu'avec peine. Elle longe, vers le milieu, le sauvage vallon de Monteboni, que le lit pierreux de la Greva couvre presque en entier. On passe ce torrent sur un large et très haut pont de pierre d'une seule arche. Vers

Iʳᵉ. ROUTE DE PARIS A ROME.

l'Est, à 3 milles environ de distance, s'élève, sur une colline, une grande tour qui fixe les regards; on apprend que c'est le clocher de l'Imprunetta, très belle église consacrée à une Vierge miraculeuse, et fréquemment visitée par les fidèles, quelquefois par les curieux.

S. Casciano est un bourg dont la population de 1800 habitans paraît très industrieuse. On y fabrique draperies communes, fleurs artificielles, chapeaux, souliers, etc. Sa situation élevée lui procure un air pur et une vue agréable sur les belles collines qui l'entourent.

Le produit moyen des terres y est de 5 à 6 pour 1. Le vin en est estimé à Florence. — *Parcouru depuis Paris*. 342

§ 94. *De S. Casciano aux Tavernelles*. . . . . 3 ½
§ 95. *Des Tavernelles à Poggibonsi*. . . . . 3 ½

Même genre de pays : descente rapide au départ; elle conduit dans le vallon assez large de la Pesa, qui est à moitié couvert par le lit du torrent : l'autre moitié est tapissée d'arbres et de treillages. Après avoir suivi quelques instans ce vallon, on traverse le torrent sur un pont de pierre très étroit, à l'entrée duquel on laisse à gauche une ancienne route de Sienne, plus courte de 6 milles que la route actuelle, mais plus montueuse et plus difficile pour les voitures. On s'élève ensuite sur les hauteurs, où est situé, en bon air et en belle vue, le village des Tavernelles, et l'on continue de monter pendant un mille jusqu'à celui de Barberino, pour descendre ensuite, peu rapidement mais sans discontinuer, jusqu'à Poggibonsi, premier relais du département de l'Ombrone, où l'on est entré une lieue auparavant.

Les environs des Tavernelles renferment des dendrites ou pierres herborisées. Ceux de Poggibonsi sont de vrais paysages, surtout vers l'Ouest, où la vue se promène sur des coteaux raffraîchis par des bocages, et séparés entre eux par des intervalles qui forment des échappées de vue délicieuses.

La petite ville épiscopale de *Colle*, située sur une hauteur, et toute hérissée de hautes tours quarrées, marque distinctive des anciennes familles, couronne agréablement la perspective. Le bourg de Poggibonsi, dominé par une vieille forteresse que le sénateur Venturi a convertie en domaine, doit une certaine activité commerciale à sa position sur l'embranchement de la route de Livourne. Il a des marchés considérables, une assez bonne auberge, une boëte aux lettres, 1400 habitans dont plusieurs riches et de jolies femmes, qui ne m'ont pas paru moins remarquables par leur tournure que par leurs traits et leur physionomie. — *Parcouru depuis Paris*.................... 349

96. *De Poggibonsi à Castiglioncello*.......... $3\frac{1}{2}$
97. *De Castiglioncello à Sienne*............ 4

Le pays toujours légèrement montueux, et plus boisé que jamais, perd beaucoup de sa beauté, sans cesser d'être frais et varié. Aux trois quarts de la première distance, on traverse le hameau de Staggia entouré de murailles : c'est une ancienne forteresse. On en voit une autre à gauche, *Monte regione*, qui est la troisième, compris celle de Poggibonsi. C'était les anciens boulevards des deux peuples, lorsque Sienne était le chef-lieu d'une république indépendante qui avait à défendre sa liberté contre les Florentins.

Castiglioncello est une maison seule, située dans un pays frais et mal sain. On cherche vainement les causes de cette insalubrité. La route monte ensuite presque continuellement jusqu'à Sienne, en traversant au milieu de la distance, le bois de Valdimersa, passage jadis dangereux, aujourd'hui très sûr, grâces à l'établissement d'une brigade de gendarmerie dans l'auberge isolée qu'on trouve peu avant ce bois. Le pays est moins couvert et mieux cultivé aux approches de Sienne.

Cette ville, située sur une éminence, se présente bien et d'assez loin aux voyageurs qui viennent de Rome; mais elle n'est visible pour ceux qui viennent de Florence qu'au moment où ils y arrivent. L'entrée en est marquée par une avenue plantée de beaux arbres; cet abord étonne en Italie, où les promenades ombragées sont si rares; et l'on commence à penser que Sienne a su en apprécier les avantages : on ne se trompe point; outre la double allée que forme cette avenue, les Siennois ont encore une vaste esplanade nommée la *Lise*, au bout de laquelle sont des allées en berceau conduisant à la citadelle, dont les remparts en terrasse, également plantés d'arbres, forment aussi de jolies promenades; ce sont les plus aérées, et par cette raison les plus agréables pour les amateurs du bon air et des beaux points de vue. Au dessous on voit une autre promenade consacrée aux joueurs de ballon.

Près de la Lise est un manège à l'usage de l'académie d'équitation. A l'une des extrémités de cette dernière promenade, on marche sur un pavé de cailloux ronds, qu'on dit être les premiers boulets tirés contre la citadelle.

La première chose à voir dans l'intérieur de la ville, est une magnifique cathédrale toute construite en marbre noir et blanc, et l'un des meilleurs morceaux d'architecture gothique qui existent en Italie, quoiqu'elle ne soit pas achevée. Les pavés sont ornés de dessins en gravures et en mosaïques, d'une telle beauté qu'on les couvre d'un plancher pour en prévenir la dégradation. Quelques-uns présentent des nudités qui étonnent les regards des curieux, et obligent les curieuses à baisser les leurs. On montre, dans cette église, la chapelle Ghigi qui est d'un joli dessin, dans cette chapelle, un autel incrusté de lapis lasuli, et orné de colonnes de marbre vert antique, deux statues du Bernin et deux tableaux de Charles Maratte, dont l'un est une copie en mosaïque, l'original ayant été porté à Paris; mais cette copie, exécutée par les mosaïstes de Saint-Pierre de Rome, vaut peut-être l'original. On remarque dans la même église plusieurs autres belles statues, les bustes des papes sur une double corniche qui règne des deux côtés de la grande nef, le bénitier, bel ouvrage grec, la chaire en marbre d'Afrique, dont les reliefs, notamment ceux de l'escalier, sont admirables, etc.

Une salle attenante à l'église est la dernière chose qu'on fait voir aux étrangers pour soutenir le *crescendo* de l'intérêt. On la nomme la *Bibliothèque*, parce qu'elle renferme une collection de superbes missels dont les vignettes sont des chefs-d'œuvre en ce genre. Mais ce que l'on y offre surtout à l'admiration, est une suite de fresques attibuées à Raphaël, et ce nom suffit pour leur donner de la célébrité; mais après les avoir bien examinées, on ne retrouve pas la touche du grand maître, cette touche savante, qui, même dans sa première et imparfaite manière, annonçait le régénérateur de la peinture. Un seul tableau, sur un grand nombre, se distingue par cette correction de dessin, cette pureté d'expression qui caractérisent le pinceau du prince des peintres. Après avoir parcouru rapidement les autres tableaux, qu'on dit être de ses élèves, on revient toujours à celui où l'on croit distinguer le maître : c'est le dernier à droite. Il ne faut pas quitter cette salle sans arrêter ses regards sur un groupe antique des trois Grâces, exécuté en marbre blanc. Ce groupe, dont la réputation est au dessus de de son véritable mérite, a été copié par le Titien.

La façade de cette église est très riche de

sculpture gothique et digne d'un examen attentif. Elle a des parties neuves, refaites après le tremblement de terre de 1798, qui détruisit plusieurs bâtimens à Sienne. Après cette église, on peut voir, dans celle de l'hôpital, qui est en face, une grande et assez belle fresque, et dans celle de Saint-Dominique un tableau du Pérugien. Les autres églises, même celle de Sainte-Catherine de Sienne, n'offrent que des beautés du second ordre. On cite quelques palais qui ne sont guère à citer. Quelques tours carrées, élancées avec hardiesse dans les airs, comme pour annoncer au loin l'ancienneté des familles, se font remarquer par leur prodigieuse élévation, proportionnée à l'orgueil qui les éleva.

L'hôtel de ville, assez bel édifice gothique, renferme des peintures anciennes, qui ne sont intéressantes que pour l'artiste ou l'amateur de profession. Il renferme aussi une assez belle salle de spectacle. La grande place dont cet hôtel forme une façade est curieuse par sa construction en forme de coquille, qui permet de la remplir d'eau à volonté.

Ce qu'a de plus beau cette ville, n'est pas sa cathédrale, sa place, ses promenades, sa position aérée, c'est le beau sang et le beau sexe qu'elle offre à chaque pas aux regards du voyageur. Sous ce rapport, c'est une des plus intéressantes villes de l'Italie, ainsi que pour la société, qu'embellit toujours nécessairement la présence du beau sexe. « Les Siennois, dit l'Itinéraire d'Italie, sont affables, spirituels, d'un caractère franc et gai ».

On parle dans cette ville le langage le plus pur de l'Italie : placée entre Florence et Rome, elle réunit ce qui constitue le bon italien, *lingua Toscana, in bocca Romana*. Elle a toujours cultivé les sciences et les lettres, et a produit même quelques personnages illustres, dont les plus connus sont le sectaire Socin, et l'éloquente Catherine de Sienne. Cette ville compte, dit M. de Lalande, jusqu'à sept papes, et notamment les deux qui ont le plus contribué à la grandeur et à la puissance temporelle du Saint-Siége, Grégoire VII et Alexandre III.

Elle prétend à une bien haute antiquité, puisqu'elle veut avoir été le berceau de Rémus et Romulus; ce qu'elle prouve seulement par ses armes, qui sont une louve allaitant deux enfans. La figure en marbre ou en bronze de cette nourrice, et de ses deux nourrissons, se reproduit en divers quartiers de la ville. Toutefois, en remontant à des temps moins anciens, on voit qu'elle était connue sous les empereurs Romains : Auguste y établit une colonie, et Pline en parle sous le nom de *Colonia senensis.*

En remontant moins haut encore, on la voit briller au moyen âge par sa population, son commerce et son amour pour la liberté. Elle forma une république indépendante qui se soutint contre celle de Florence et de Pise, et se signala par des victoires. Mais enfin ses divisions intestines favorisant les puissances étrangères, les Français et les Espagnols s'en emparèrent successivement, et Philippe II, roi d'Espagne, la céda, ainsi que son territoire, à Côme Ier. duc de Florence. Sa grande population et son grand commerce ont disparu avec le gouvernement républicain. En 1726 elle comptait, dit-on, près de 150,000 âmes; il n'y en a pas plus de 15,000 aujourd'hui. Elle est devenue, depuis la réunion de la Toscane à l'Empire Français, le chef-lieu du département de l'Ombrone. Les voyageurs y trouvent d'assez bonnes auberges et des bains publics, chose rare en Italie.

Les environs de Sienne sont moins fertiles que

bien cultivés. On y récolte un vin d'ordinaire de bonne qualité. Le produit moyen des terres à blé y est de 4 à 5 pour 1. La nature du sol est argilo-calcaire ; c'est celle qu'offrent presque partout les Apennins. Les collines que traverse la route sont une ramification détachée de cette grande chaîne. — *Parcouru depuis Paris*. . . . 356

§ 98. *De Sienne à Montarone*. 4
§ 99. *De Montarone à Buon-Convento*. 3

Le pays est encore, pendant quelque temps, parsemé de vignes et d'oliviers ; mais en s'éloignant de Sienne on voit des collines marneuses et stériles s'étendre à droite et à gauche de la route, tristes avant-coureurs de la nudité générale qui va bientôt envelopper l'horizon.

Montarone est un hameau et Buon-Convento un village qui ne jouissent d'un air salubre ni l'un ni l'autre : on en juge à la pâleur de tous les habitans. En entrant dans le dernier, on traverse sur un pont la petite rivière de l'Ombrone, qui a donné son nom au département. Le village qu'on a rencontré une lieue auparavant, est celui de Ponte-d'Urbia. — *Parcouru depuis Paris*. 364

Ire. ROUTE DE PARIS A ROME. 13 lieues.

§ 100. *De Buon-Convento à Torrinieri.* 3½
§ 101. *De Torrinieri à la Poderina.* 3½
§ 102. *De la Poderina à Ricorsi.* 3½
§ 103. *De Ricorsi à Radicofani.* 3½

Rampes fréquentes dont quelques-unes très rapides, collines toujours marneuses, et sillonnées par des ravins qui en rendent encore l'aspect plus hideux; elles deviennent de plus en plus affreuses, à mesure qu'on avance. On les trouve néanmoins agréablement et assez richement cultivées à S. Quirico, bourg situé sur une hauteur et en bon air, entre les deux relais de Torrinieri et Poderina, qui sont placés, le premier dans un hameau, le second dans une maison isolée, et aussi mal sains l'un que l'autre. Le territoire de S. Quirico, marneux comme tous les environs, n'est riche qu'à force de culture. Il est couvert de tous les genres de récolte, et surtout de superbes oliviers : c'est un chef-d'œuvre d'industrie agricole. Ce bourg renferme 1000 habitans, un bureau de poste et une auberge passable.

C'est le point de cette route le plus voisin de Monte-Pulciano, petite ville épiscopale, fameuse pour les bons vins de son territoire. Le vin de Monte-Pulciano est recherché des gourmets à Rome, comme celui de Bourgogne à Paris. Siége d'une sous-préfecture, cette ville est située à 4 lieues vers l'Est. Une route étroite, mais praticable, y conduit, en passant par Pienza, autre petite ville épiscopale, qui n'était autrefois qu'un bourg appelé *Corignano*; mais le pape Pie II, originaire de ce lieu, en fit une ville épiscopale à laquelle il donna son nom, dont on a fait *Pienza*.

Si le voyageur est mieux abreuvé dans cette partie que dans le reste de la route, il le doit au voisinage de Monte-Pulciano, ainsi que de Montalcino, autre ville épiscopale qu'on voit à droite sur une colline à une lieue et demie de distance, et dont le territoire produit aussi de fort bons vins.

Entre S. Quirico et Poderina, près de ce dernier relais, on passe sur le pont hardi et dangereux de l'Orcia, à droite et à peu de distance duquel sont des bains d'eau sulfureuse et ferrugineuse, dits *Bagni Avignoni*. On trouve l'auberge isolée et assez fréquentée de la Scala, entre Poderina et Ricorsi, autre maison seule où l'air est très mal sain.

C'est un problème difficile à résoudre que cette insalubrité de l'air, dont on n'aperçoit aucune cause. Si Poderina et Ricorsi sont situés dans des terrains peu cultivés et dépouillés d'arbres, Castiglioncello, Montarone, Buon-Convento, Torrinieri, sont environnés d'arbres et de culture; les uns et les autres se trouvent dans des pays de collines. En France, ce sont les plaines marécageuses qui corrompent l'air, et attaquent la constitution physique de l'homme. Il n'en est pas de même dans cette partie de l'Italie. Interrogez les habitans sur l'air pestilentiel qu'ils respirent, vous les entendrez tous en accuser des ruisseaux qu'on aperçoit à peine, et qui sèchent en été. Il est vrai que c'est dans les lieux bas où coulent ces ruisseaux que les habitations se sont établies de préférence; mais ces ruisseaux n'offrent ni eaux stagnantes ni marécages; mais ces lieux bas ne sont ni enfoncés, ni resserrés, ni étouffés par les hauteurs environnantes; ils sont au contraire peu dominés, et l'air y circule librement; ainsi le problème reste toujours à résoudre.

A une lieue S. de Ricorsi, sur le haut d'une montagne, sont les bains de S. Philippo, qui paraissent avoir été connus des Romains. L'eau en est chaude et sulfureuse; moins chaude que celle des *Bagni Avignoni*, mais plus sulfureuse. On en voit la fumée et on en sent l'odeur de la route. Cette eau laisse des dépôts qui, prenant l'empreinte de tous les objets où ils se fixent, produisent des gravures, au moyen des moules qu'y placent les curieux. Un meunier a su tirer un autre parti de leur vertu pétrifiante : son moulin menaçait ruine ; il l'a inondé par des écluses, et les eaux, en l'entourant, l'ont tellement cimenté et consolidé par l'incrustation qu'elles ont déposée sur les murs, qu'actuellement ce moulin, construit en quelque manière d'une seule pièce, ressemble à un roc excavé par la nature, ou pour mieux dire à une grotte.

Les collines se caractérisent en montagnes à Ricorsi, et offrent l'aspect le plus déplorable. On gravit, depuis ce relais jusqu'à Radicofani, une rampe presque continuelle. Les pierres calcinées qui bordent la route, ou qui roulent sous les pieds du voyageur, l'avertissent qu'il foule une terre brûlée. Le rocher noirâtre et assez pittoresque qui couronne la montagne de Radicofani est une lave du volcan qui a couvert de ses éruptions toute cette contrée. Hérissé des ruines d'un vieux château entièrement construit de la même lave, ce roc offre une plate-forme qui domine une grande étendue de pays : il a environ 600 mètres au dessus du niveau de la Méditerranée.

La scorie poreuse et le basalte, en blocs non en prismes, sont les productions volcaniques de cette montagne. La pouzzolane ne s'y trouve point; et c'est par erreur que quelques personnes, du nombre desquelles est le docteur Targioni, ont cru la reconnaître dans des scories réduites en poudre, dont la couleur rougeâtre et même la nature, approchent de la couleur et de la nature de la brique.

Rien au surplus ne prouve mieux, à mon avis, la volcanisation que cette ressemblance : les laves ont dû prendre des caractères divers dans les divers volcans, suivant la nature du sol qui les a produites par son incandescence ; celui de Radicofani est argileux : l'argile soumise à l'action du feu, rougit, durcit et produit la brique ; elle a donc dû rougir, durcir et produire une espèce de brique à Radicofani, quand elle a été embrasée dans les fournaises du volcan. Quelques voyageurs ont mieux aimé voir dans cette terre grise, fine et compacte, au lieu de la glaise ou de la marne qui forme le fond de la montagne, les cendres du volcan. Mais la même terre règne depuis Sienne, et les laves ne commencent incontestablement qu'à Radicofani.

Au pied du roc, qui couronne cette montagne et qui est couronné lui-même par les

Tome IV. 2

ruines d'un ancien château, est le village de ce nom, et au pied de ce village, une grande et belle maison, bâtie pour la douane, pour la poste et pour l'auberge; elle réunit en effet ces trois établissemens. La route ne s'élève sur la montagne que jusqu'à cette maison, qui est encore dans une position assez haute pour dominer toute les sommités voisines, à l'exception cependant de celles qui bornent l'horizon vers l'Ouest, parmi lesquelles la montagne de Santa-Fiore semble s'élever à plus de 1000 mètres au dessus du niveau de la Méditerranée. Du côté de l'Est, on voit à une grande distance, quand le temps est clair, les montagnes presque toujours neigeuses de la Marche, qui sont la partie la plus élevée des Apennins. — *Parcouru depuis Paris*. 378

§ 104. *De Radicofani à Ponte-Centino*. 4½

Une descente longue et très rapide sur le revers de la montagne infertile et dépouillée de Radicofani, conduit au fougueux torrent de Rigo, que l'on traverse quatre fois, à moins que l'on ne soit entraîné avant le dernier trajet, ce qui est malheureusement arrivé à plus d'un voyageur. Ce torrent est à sec en été. On traverse ensuite, près de Ponte-Centino, celui de la Velta, qui forme la limite du département de l'Ombrone et sépare la Toscane de l'état Romain. On ne tardera pas à construire sans doute les ponts qu'exigent ces divers passages (*).

Les premiers pas qu'on fait sur les terres de l'état Romain pourraient en donner une idée favorable. Les montagnes, entièrement nues en deçà de la frontière, sont toutes verdoyantes

---

(*) Le coup d'œil général que nous nous proposons de donner à la Toscane, lorsque nous en aurons parcouru les trois départemens, réduit à peu de chose la notice que, d'après notre usage, nous devons à celui dont nous venons de franchir la frontière.

Nous l'avons traversé dans sa longueur d'environ 30 lieues, sa largeur n'est guères moindre. Une partie de cette étendue est située dans des collines peu fertiles, de la nature de celles que nous parcourons depuis Sienne, une autre partie dans les plaines fécondes mais insalubres qui bordent la mer, et qui sont connues sous le nom de *Maremme*. On juge par là que ce n'est pas dans le département de l'Ombrone qu'il faut chercher la belle Italie. Il renferme 189,000 habitans, distribués dans les arrondissemens de Sienne, de Monte-Pulciano et de Grossetto. Ce dernier chef-lieu, le seul dont nous n'ayons pas parlé, est une petite ville épiscopale qui, située près de la mer à 20 lieues Sud de Sienne, n'a rien d'assez remarquable pour mériter que nous y arrêtions l'attention de nos voyageurs.

au delà : cette verdure est celle des forêts; mais ces forêts sont belles, et d'une vigueur majestueuse. C'est ce changement subit que la plume fascétieuse du président de Brosses exprime ainsi : « Nous quittons le Grand-Duc et ses » vilains Apennins. Je ne connais pas de gentil-» homme plus mal partagé en Apennins que » le Grand-Duc ».

Ponte-Centino est un hameau composé de deux ou trois maisons, situées à peu de distance au delà du torrent. C'est encore un lieu très malsain, sans qu'on en puisse donner la raison; car ce torrent, sujet à des crues violentes, qui en rendent le passage difficile, même dangereux, ne paraît pas produire de marécage. Les teints n'y sont pas moins fiévreux, et les couleurs fraîches moins rares. On a perdu de vue le beau sexe en s'éloignant de Sienne ; on ne le trouve plus jusqu'à Rome. — *Parcouru depuis Paris*............................... 382.

§ 105. *De Ponte-Centino à Acquapendente*..... 2.

On parcourt cette distance, partie dans la plaine de Ponte-Centino, terminée par le torrent de la Paglia, qu'on traverse sur un beau pont de pierre, et qui prend sa source à la montagne de Santa-Fiore ; partie dans la montée assez

Iʳᵉ ROUTE DE PARIS A ROME.   21 lieues.

douce qui conduit à Acquapendente, petite ville toute construite en lave, au bord d'un de ces plateaux boisés que nous avons en perspective depuis notre départ de Radicofani. Elle a un évêché et une population de 2000 habitans. Aussi mal percée que mal bâtie, elle offre un fort triste séjour, qui n'est supportable que par une position assez pittoresque. Elle tire son nom d'*acqua pendente* (eau pendante), d'une cascade qui produit un bon effet dans la saison des pluies, mais qui n'existe pas en été.

D'où vient que cette ville est encore dans un air malsain, puisqu'elle est très aérée, dominant de beaucoup le vallon de la Paglia, sur lequel elle jouit même d'une belle perspective? Ici toutes les conjectures abandonnent l'observateur, et toutes les observations sont en défaut. Quoi qu'il en soit, c'est à cette insalubrité, encore plus qu'au désastreux tremblement de terre dont cette ville a été affligée dans le siècle dernier, qu'il faut attribuer sa dépopulation. — *Parcouru depuis Paris*. 385

§ 106. *D'Acquapendente à Saint-Laurent*. . . . . $2\frac{1}{2}$
§ 107. *De Saint-Laurent à Bolsena*. 3

Nous ne quittons plus les pays boisés ni le sol volcanique. Ce sol est ici une espèce de tuf ou de brèche, dont la nature se montre à découvert dans les talus de la route. On y remarque diverses grottes, creusées peut-être pour extraire la pouzzolane. C'est de là qu'est venu le nom de *Saint-Laurent-aux-Grottes*, donné au village où nous arrivons, toujours en montant depuis Acquapendente. C'était autrefois le lieu le plus malsain de toute cette contrée; il en est aujourd'hui le plus sain, en même temps que le plus beau village de toute l'Italie. Cette métamorphose provient de ce qu'il était bâti jadis au pied de la colline dont il occupe actuellement le sommet : elle est due à la bienfaisance du pape Pie VI, qui opéra cette translation pour soustraire les habitans à la mortalité qui les dévorait. Le nouveau village qu'il a fait bâtir n'est pas moins beau par sa construction que par son site. Il consiste dans une grande place de forme exagone, à laquelle aboutissent, en ligne droite, toutes les rues, qui ne sont, à proprement parler, que des bouts de rues. C'est le commencement d'une ville, et même d'une jolie ville. Cette place a réellement plus l'air d'un quartier de ville moderne que d'un simple village.

On la traverse diamétralement, en se livrant avec plaisir à la surprise que cause une aussi belle place dans un lieu aussi peu considérable ; mais une vue plus surprenante attend le voyageur au bout de ce court trajet : là se découvre tout-à-coup un nouveau point de vue, un des plus beaux qui jamais aient frappé mes regards : c'est le lac de Bolsena, entouré de tous côtés d'un superbe amphithéâtre de collines boisées, dont les forêts se réfléchissent sur son onde bleuâtre, et embelli vers une de ses extrémités par deux îles pittoresques qu'on reconnaît, malgré l'éloignement, à leur forme extraordinaire, à leur hauteur escarpée, pour des éjections volcaniques.

Ce lac a quelque chose de romantique et de solitaire, qui reporte naturellement l'imagination du voyageur vers les tableaux les plus magiques en ce genre qu'ait pu lui offrir la peinture ou la poésie. Celui qui, ayant beaucoup vu, a sa mémoire meublée d'objets de comparaison, qui a parcouru les volcans allumés ou éteints, étudié leur nature, observé leurs effets, n'a pas de peine à juger que ce lac est un ancien cratère. Je n'en avais pas encore vu de semblables en Italie, quoiqu'il y en ait beaucoup ; mais j'avais vu dans l'Auvergne le lac de Pavin, reconnu de tous les naturalistes, comme une bouche de volcan, et je n'ai pas craint d'assigner la même origine à celui de

Bolsena. Cette conjecture a été confirmée par les documens que j'ai eu le bonheur de trouver sur les lieux même dans l'érudition profonde et communicative de M. l'abbé Cozzaluzi.

Ce lac abonde en poissons, surtout en excellentes anguilles, ainsi qu'en oiseaux aquatiques, dont on le voit même quelquefois à moitié couvert. On a projetté de creuser et maîtriser par des écluses la petite rivière de Marta, qui en verse les eaux dans la Méditerranée, à quelques lieues de distance. Ce projet de canal, reproduit aujourd'hui par M. Cozzaluzi, pourrait bien avoir son exécution sous le gouvernement Français, qui a remplacé celui du pape, dans les états Romains.

On trouve les restes du vieux Saint-Laurent au pied de la descente rapide et assez longue qui mène dans le joli bassin de Bolsena, bourg de 1800 habitans, bâti presque au bord du lac qui porte son nom, et presque sur les ruines de l'ancienne *Volsinium*, l'une des douze principales villes de l'Etrurie.

Ces ruines ne sont pas sans intérêt, quoique peu célébrées par les voyageurs, qui la plupart passent à côté sans les soupçonner, ou du moins sans se douter qu'elles méritent leurs regards. M. de Lalande n'en parle pas, l'auteur de l'Itinéraire d'Italie et autres se contentent de les nommer.

Des restes d'un temple de la déesse Narsia, sous les murs de Bolsena, et d'un amphithéâtre à un quart-d'heure de distance, diverses constructions d'un caractère particulier, diverses mozaïques qui sont enterrées, mais que les curieux font découvrir, au moyen de quelques coups de pioche et de quelques pièces d'argent, des fûts de granit, des chapiteaux de marbre, répandus au milieu des champs et des vignes, enfin un sol presque entièrement composé de décombres, et couvert néanmoins d'arbres et de treillages, qui semblent, par leur vigoureuse végétation, au milieu des monumens détruits, attester la prééminence de l'empire de la nature sur celui des arts, tel est le spectacle qu'offre aujourd'hui l'une des plus florissantes villes du royaume de Porsenna. Des fouilles fréquentes, faites en divers temps, y ont exhumé grand nombre d'objets précieux, dont les plus beaux ont été transportés à Rome et dans la Villa Albani. Il paraît que sous les Romains cette ville subit d'autres enlèvemens plus considérables, puisque Pline nous apprend qu'il en fut tiré et transporté à Rome deux mille statues (*Liv.* 24, *chap*...... *Hist.*

Nat.). Plusieurs façades des maisons de Bolsena renferment des pierres ornées de bas-reliefs étrusques. On remarque notamment, comme un très beau reste de cette architecture, celle qui est enchâssée dans un mur au dessus de la fontaine publique. Mais ce qu'il y a de meilleur à voir en ce genre, est le frontispice de l'église paroissiale, qui, reconstruite au temps du cardinal de Médicis, a été presque entièrement recouverte d'ornemens étrusques. On y admire six pilastres dont deux sont de tuf volcanique et quatre de marbre, tous couverts de trophées en bas-reliefs. Vis-à-vis est un sarcophage Romain chargé de hauts-reliefs de granit, et dans l'intérieur de l'église quatre jolies colonnes de brocatelle oriental. C'est dans cette église qu'est arrivé le miracle auquel la Fête-Dieu doit son origine, et les arts un des beaux tableaux à fresque peints par Raphaël au Vatican. Celle des Cordeliers renferme deux beaux tableaux du Trevisan.

L'une des îles que nous avons remarquées dans le lac, celle qu'on nomme *Martana*, est célèbre dans l'Italie pour avoir été le lieu d'exil et le tombeau de la reine des Goths, Amalasonthe.

A 3 lieues N. E. de Bolsena, s'élève, sur un

roc escarpé, la ville d'Orviéto, capitale du pays connu sous le nom d'*Orviétan*. Les curieux y vont voir une belle façade de cathédrale, un beau palais épiscopal et un puits fameux par sa profondeur, où les mulets descendent par un escalier et remontent par un autre. Il fut construit pendant un siége, pour procurer de l'eau aux habitans. L'espèce de composition médicinale qui se vend sous le nom d'*orviétan*, tire son nom de cette ville, où elle a été inventée par un nommé Lupi qui en faisait l'épreuve sur lui-même.

Le tambour de basque, compagnon ordinaire des marchands d'orviétan, est fort à la mode dans cette ville et ses environs, d'où il tire peut-être son origine, comme la drogue à laquelle il attire des chalans : on y danse au son de cet instrument, dont toutes les jeunes filles savent jouer. Une fête se célèbre tous les cent ans à Orviéto : un hasard des plus extraordinaires a voulu que ce jour fût celui de mon passage dans le pays, le 15 août 1810. Le fameux vin blanc d'Orviéto est diurétique et très léger, mais inférieur à sa réputation.

Au N. O., et à peu de distance du lac de Bolsena, est la petite ville de Canino, connue par un beau palais, qu'a possédé et habité long-temps le sénateur Lucien Bonaparte. — *Parcouru depuis Paris*. 390½

§ 108. *De Bolsena à Montefiascone*. 3

 Au bout d'un quart-d'heure on voit, à gauche, au bord de la route, un beau groupe de prismes basaltiques inclinés, qui mérite d'autant plus l'attention du naturaliste que ce sont peut-être les seuls basaltes en prismes qui existent dans l'Italie (*). Un peu plus loin, du même côté, à une ou deux portées de fusil de la route, est un tombeau qui ne mérite pas moins les regards de l'antiquaire. L. Canuleius se l'érigea lui-même de son vivant, pour lui et les siens, comme nous l'apprend l'inscription suivante que l'on y a trouvé :

 Lucius Canuleius sibi et suis se vivente.

 On continue de côtoyer, à peu de distance sur la droite, les bords toujours frais et toujours verdoyans du lac, qui disparaît bientôt derrière le feuillage d'un bois antique, à travers lequel on s'élève, par une rampe longue et rapide, sur les hauteurs de Montefiascone. L'obscurité de cette forêt, qui en rend le trajet

---

(*) Ce sont au moins les seuls, non-seulement que j'y ai vus, mais dont j'aie même eu connaissance, malgré toutes mes informations et toutes mes recherches.

Iʳᵉ. ROUTE DE PARIS A ROME. 29

agréable dans la saison des chaleurs, l'a rendu dangereux dans le temps des brigandages. Il n'y avait pas été commis d'assassinat depuis long-temps, lors de mon passage.

Les traces de la volcanisation ne se montrent en aucune autre partie de la route d'une manière aussi prononcée que dans cette distance; tous les genres de laves, les cendres, la pouzzolane, les scories poreuses, les colonnes basaltiques, s'offrent alternativement à l'observation.

Montefiascone est une petite et vilaine ville de 3000 habitans, que le voyageur longe sur la droite, en passant dans un de ses faubourgs. Elle domine une immense étendue de pays, et jouit, sur le lac de Bolsena, d'une vue superbe, qui l'emporte peut-être sur celle qui s'est offerte à nos regards en sortant de Saint-Laurent. Cette position élevée lui donne l'air d'une métropole, comme elle le fut effectivement, si elle occupe, ainsi que le veulent quelques auteurs, la place de l'ancienne Faleria. On y remarque un dôme dont l'effet est assez imposant, mais qu'il ne faut voir qu'extérieurement : c'est le siége d'un évêché, occupé naguères par le cardinal Maury.

Le vin muscat de Montefiascone, connu sous le nom d'*Est*, me paraît, comme celui d'Orviéto, inférieur à sa renommée, s'il faut en juger par celui qu'on vend aux voyageurs trois paules la bouteille. Il a paru si bon à un Allemand, qu'il a voulu en boire jusqu'à ce que mort s'en suivît. On conserve à Montefiascone le tombeau de cet ivrogne avec ses dernières paroles. Cette ville est la patrie du poète Casti. — *Parcouru depuis Paris.* 393½

§ 109. *De Montefiascone à Viterbe.* 4

On descend par une rampe assez longue dans une plaine peu et mal cultivée, dépouillée d'ombrage comme de verdure, et d'un aspect attristant. La calcination du sol ne se manifeste plus que par un tuf volcanique et fécond en pouzzolane. L'odeur du souffre qu'on respire vers les deux tiers de la distance, provient d'un petit lac d'eau chaude sulfureuse, qui se trouve à droite et à quelques portées de fusil de la route.

Viterbe est une assez grande ville de 13,000 habitans, avec évêché : elle est bien percée et pavée en larges dalles, de cette pierre volcanique, connue des Italiens modernes sous le nom de *peperino*, et désignée sous celui d'*aniziana* dans Vitruve. Les maisons sont construites de la même matière. Cette lave, noirâtre et légèrement poreuse, ressemble à celle de Volvic, dont sont construites les deux villes de Riom et de Clermont en Auvergne. De belles fontaines de la même lave, construites à peu près dans le goût de celles qui décorent ces deux dernières villes, décorent également celle de Viterbe, et achèvent de lui donner une ressemblance que j'appellerai un air de famille, puisqu'elles sont toutes, en quelque manière, le produit des volcans. On a cru mal à propos que c'était l'ancienne Veyes, cette ville fameuse par le siége qu'elle soutint pendant dix ans contre Camille. Ce qu'il y a de certain, c'est qu'elle n'est connue sous son nom moderne que depuis Didier, roi des Lombards, qui en paraît le fondateur, d'après l'inscription suivante, qu'on lit à l'hôtel de ville : *Desiderius ultimus insubrium rex.* Cet hôtel de ville mérite à peine un coup d'œil, en passant sur la place, qui est elle-même assez jolie. La première, et à peu près la seule chose à voir à Viterbe, est la cathédrale, où sont enterrés trois ou quatre papes.

Les eaux minérales de cette ville en sont à une demi-lieue. Le chemin qui y conduit est une promenade. Le territoire tant vanté de Viterbe ne rend que 4 à 5 pour 1. Cette ville est devenue, dans la nouvelle organisation, le siége d'une sous-préfecture — *Parcouru depuis Paris*. . . . $397\frac{1}{2}$

	lieues.
§ 110. De Viterbe à la Montagne............	3
§ 111. De la Montagne à Ronciglione............	3½

On gravit, par une pente douce, une colline naguères très boisée, aujourd'hui défrichée en partie, pour arriver à la ferme isolée où est établi le relais de la *Montagne*, ainsi nommé à cause de la montagne sur le penchant de laquelle il est situé. C'est l'ancien *Mons Ciminius*, fameux par sa forêt antique, dont Tite-Live parle en ces termes :

« *Sylva erat Ciminia magis tunc invia atque* » *horrenda quam nuper fuere Germanici saltus,* » *nulli ad eam diem ne mercatorum quidem* « *adita* » (Tite-Live, L. 9, C. 36).

« C'était la forêt Ciminia, plus inaccessible » et plus horrible alors que ne furent jadis les » forêts de Germanie ; aucun voyageur, pas » même les marchands, n'ayant osé l'aborder » jusqu'à ce jour ».

Les pierres et rochers qu'on rencontre sont toujours volcaniques.

On longe, à droite dans la première distance, un nouveau lac (celui de Vico), qui paraît être, comme celui de Bolsena, une bouche de volcan. Il occupe de même le fond d'un entonnoir, dont les parois sont formées par des pentes rapides que tapisse une forêt sombre et soli-

Ire. ROUTE DE PARIS A ROME. 33 lieues.

taire : n'a guères qu'une lieue de circuit. Ronciglione est une petite ville de 3000 habitans, qui est loin d'être belle, comme le disent certains auteurs ; on n'y remarque autre chose qu'une fontaine assez élégante au milieu de la place. Il y a des forges, une tirerie et une papeterie grossière. Le ruisseau de Ricano, qui fait aller ces établissemens, coule dans une gorge très pittoresque. Le beau palais de Caprarola, mentionné par beaucoup d'auteurs, en est à une grande lieue vers le N. ; on l'aperçoit sur la gauche, quelques temps avant d'arriver à Ronciglione. Construit par Vignola, on le regarde comme le chef-d'œuvre de ce grand architecte. L'intérieur est décoré de magnifiques peintures par les frères Zuccheri, de l'école de Raphaël.
— *Parcouru depuis Paris.* 404

§ 112. *De Ronciglione à Monterosi.* 4
§ 113. *De Monterosi à Baccano.* 3
§ 114. *De Baccano à la Storta.* . . . . 3 ½
§ 115. *De la Storta à Rome.* 4

On laisse à gauche la deuxième route de Florence à Rome, vers les trois quarts de la première distance, qui offre pendant quelque temps des campagnes cultivées et d'agréables paysages. Des forêts antiques couvrent les cimes; des châtaigniers et des vignes d'une verdure vigoureuse tapissent les pentes. La triste plaine qu'on traverse ensuite fait trouver plus de charmes aux gracieux environs de Monterosi, village de 500 habitans, situé au bord d'un petit lac, et au pied d'un petit coteau couvert de bois. On lit, dans le Journal de l'Empire du 3 octobre 1809, qu'un paysan a trouvé, dans un champ de Monterosi, une pièce de monnaie qu'on regarde comme la plus ancienne qui existe. On la croit frappée sous Servius Tullius, sixième roi de Rome. Cette découverte intéressante, qui avait eu lieu peu de temps avant mon passage, me fut confirmée par mes informations.

Après ce village, le dernier qu'on trouve avant d'arriver à Rome, commencent les campagnes maudites qui entourent cette ancienne métropole de la chrétienté : déjà ce village ne jouit pas lui-même d'un air très pur, sans qu'on soit néanmoins obligé de l'abandonner en été, comme tous les autres lieux de cette contrée, depuis là jusqu'à Rome, et depuis la route jusqu'à qu'à la mer. Les deux relais de Baccano et de la Storta sont dans deux fermes isolées, et dans un air des plus viciés. C'est cependant près de Baccano qu'était située, d'après les conjectures les mieux fondées, la ville de Veies, cette ancienne et puissante rivale de Rome naissante, que Tite-Live appelle *Pulcherrima urbs Veii*, en ajoutant que les habitans pressèrent le sénat d'établir une colonie à Veies, préférant cet endroit à Rome même, à cause de sa fertilité.

L'insalubrité est ici à un bien plus haut degré que celle dont nous avons été frappés dans d'autres parties de la route, quoiqu'elle soit bien inférieure à celle des marais Pontins, que nous traverserons au delà de Rome. Quelques domaines clair-semés, et quelques champs à demi-labourés se présentent de loin en loin; on n'habite, on ne cultive cette terre fatale qu'avec terreur. Le montagnard des Apennins quitte, aux deux époques de la semence et de la récolte, les pays infertiles, mais non insalubres qu'il habite, pour venir dans les inhabitables, mais fécondes campagnes de Rome, chercher un supplément nécessaire à l'insuffisant produit de son sol natal. A peine arrivé, il voit accourir les fermiers au devant de lui, il traite, et saisit aussitôt la charrue ou la faucille, dépêchant ses travaux le plus qu'il peut, afin de se soustraire bien vite à la mortalité qui l'assiége. Il les borne à quelques sillons tracés à la hâte, au milieu des buissons, des ronces, des genêts et des plantes parasites qu'il n'a pas le temps d'extirper; de manière que les champs ne diffèrent guères des landes qui les entourent. Cette terre ne demande cependant qu'à produire; mais ses vœux n'étaient pas exaucés sous un gouvernement sacerdotal dont l'inaction était la base, et la dépopulation le résultat. Je n'entends pourtant pas, comme beaucoup d'autres, lui intenter procès sur un malheur qui n'est ni général dans l'état Romain, puisqu'il renferme des contrées bien cultivées et bien peuplées, ni particulier aux campagnes de Rome, puisque la Toscane, malgré les efforts qu'a faits le grand Léopold, a aussi des parties considérables, des régions entières affligées du même fléau. Ces exemples semblent devoir, sinon faire acquitter les papes de cette inculpation, du moins faire suspendre le jugement.

Quoi qu'il en soit, c'est à la dépopulation et à l'*inculture* des campagnes de Rome qu'on attribue leur insalubrité, comme on peut, avec non moins de fondement, attribuer à cette insalubrité, la dépopulation et l'inculture, parce qu'en ce cas, comme en bien d'autres, les effets réagissent sur les causes, de manière à devenir causes eux-mêmes. On peut opposer à l'opinion reçue à cet égard, de nombreux exemples de pays dépeuplés et de terrains incultes qui ne sont point malsains ; et pour me borner à un seul, je ne citerai que les déserts de l'Amérique, qu'on défriche aujourd'hui tant qu'on veut, sans compromettre l'existence, ni jusqu'à un certain point, la santé des cultivateurs.

Un vent de S. E., nommé *siroco*, qui règne souvent dans ces parages, est soupçonné d'avoir beaucoup de part à l'intempérie de l'air : on l'envisage même généralement comme la cause première de ce fléau destructeur. Cette conjecture pourrait être fondée ; mais elle est encore susceptible de bien des objections, susceptibles elles-mêmes de beaucoup d'objections contraires. Je ne chercherai pas plus à combattre les unes qu'à défendre les autres, n'ayant pas entrepris de résoudre une question qui est peut-être insoluble ; désirant seulement que les savans qui l'ont méditée, puissent trouver, dans mes courtes observations, quelques idées nouvelles ; et que ceux qui l'ont décidée, sans tant d'examen, trouvent au moins quelque raison de douter et d'examiner de nouveau.

Une autre cause présumée de l'insalubrité de l'air dans les campagnes Romaines, est la grande quantité de vapeurs sulfureuses et fétides qu'elles exhalent, sans le concours des vents : cette raison peut y contribuer sans doute; mais que d'objections à faire encore, puisées autant dans l'expérience journalière, que dans les principes de la physique !

On en a cherché aussi la cause dans le voisinage des marais; mais l'influence pestilentielle des marais ne s'étend jamais loin : nous citerons en preuve, pour ne pas chercher ailleurs nos exemples, Tivoli, Albano, Gensano, Velletri, que nous verrons jouir d'un air très pur, quoiqu'au bord des campagnes pestiférées de Rome; à plus forte raison, on ne peut pas accuser l'influence des marais Pontins, qui sont encore plus éloignés que ceux d'Ostia.

Peut-être la combinaison de toutes ces causes réunies, est-elle la véritable explication d'un fait, sans cela inexplicable, et malheureusement trop constant. On ne peut se dissimuler que les campagnes de Rome n'étaient pas mortelles pour les anciens Romains (*); et, comme

---

(*) On pourrait induire le contraire de quelques passages d'anciens auteurs, notamment de Tite-Live qui dit, L. 7, sect. 38, que les soldats en garnison à Capoue murmuraient de ce qu'ils allaient quitter ce pays fertile et délicieux, pour les environs arides et

Iʳᵉ. ROUTE DE PARIS A ROME. 39

cette différence coïncide avec une autre non moins connue, savoir, qu'elles étaient alors aussi cultivées que peuplées, on est naturellement porté à regarder l'une comme la cause de l'autre. Il est donc vraisemblable qu'une population plus nombreuse, et surtout plus laborieuse, rassainirait l'air, ou en modifierait au moins l'insalubrité, si elle ne la détruisait entièrement ; et c'est le plus grand bien que ce pays puisse attendre de sa réunion à la France. Pour l'opérer, il faut de grands moyens avec un grand génie, et la France possède aujourd'hui l'un et l'autre. Un sol qui produit de 10 à 12 pour 1, sans effort, sans engrais, et pour ainsi dire sans culture, a de quoi payer amplement tant de peine et de frais.

Ce qu'il y a d'étonnant, et d'heureux en même temps, c'est qu'on trouve encore des fermiers, des cultivateurs, des maîtres de poste et des postillons que le besoin de vivre décide à exposer leur vie dans cette campagne pesti-

---

pestilentiels de Rome (*In pestilente atque arido circa urbem solo luctari*), si l'on ne connaissait l'histoire de Rome que par ces passages, et si l'on ne savait pas que les environs de cette ville renfermaient une population immense.

lentielle. Il est à remarquer qu'elle n'est mortelle que pour l'homme, car elle nourrit les plus beaux chevaux de l'Italie et les bœufs les plus forts de l'Europe.

Le sol en est par-tout volcanisé, et parsemé de tristes collines qui paraissent le produit des éruptions : la route en franchit un grand nombre. J'ai remarqué, sur une des premières, une grande quantité de blocs basaltiques, et sur presque toutes beaucoup de ronces, d'épines, de bruyères, de genêts, çà et là quelques champs de blé, et point, ou presque point d'arbres, seulement quelques liéges rabougris.

Celle qu'on gravit immédiatement après Baccano offre le premier aspect de Rome. Cette vaste cité ne m'a présenté de là que l'apparence d'un grand village au milieu d'un grand désert. C'est ainsi, me disais-je, que devait s'offrir jadis la magnifique Palmyre au milieu d'une campagne solitaire de la Syrie ; c'est ainsi que s'offrent encore aujourd'hui les imposantes ruines qui en marquent la place. Rome, dans cet éloignement et cette direction, ne présente ni ses ruines, ni même toute son étendue. Le premier, et le seul édifice remarquable que distinguent les regards avides du voyageur, est le fameux dôme de Saint-Pierre, élevé sur le mont Vatican, que le pape Léon IV enferma dans Rome. Mais il est impossible d'en juger à cette distance la grandeur ni la beauté, comme de voir aucune autre partie de cette ville, pas même l'enceinte de bosquets, de jardins et de maisons de campagne qui l'entoure immédiatement dans un rayon d'environ une demi-lieue. On n'est frappé que du désert et de la nudité qui l'entourent au loin ; et l'on est bien tenté de douter si le fils d'Anchise ou le petit-fils de Numitor furent bien inspirés, le premier en déposant et fixant dans ce pays ses pénates Troyens, le second en y jetant les fondemens de la capitale du monde. Mais ce doute est levé par l'histoire ; car s'il est vrai, comme tout le prouve, que Rome est l'ouvrage d'un fondateur, il est plus que vraisemblable que cette situation n'aurait pas été choisie, si elle n'eût présenté un climat avantageux. Strabon dit cependant, L. 5, p. 351-352, « que ce ne » fut point par choix, mais par nécessité, que » Romulus bâtit sa ville dans un endroit qui » avait un sol peu favorable et ne produisait pas » assez pour fournir à la nourriture des habi- » tans ». Mais Strabon n'en savait pas plus que nous sur Romulus, et il nous est permis d'opposer nos conjectures aux siennes.

Tout en se livrant aux réflexions qu'inspire le premier aspect de Rome, on la voit, de toutes les hauteurs qu'on rencontre, se développer successivement et s'agrandir aux regards comme à l'imagination. Après la Storta, au bord et à droite de la route, un tombeau qu'on dit être celui de Néron, est le premier monument antique qu'on rencontre. C'est mal débuter dans la carrière des grands souvenirs qu'on s'attend à trouver, qu'on vient même chercher dans la patrie des Camille, des Catons des Titus, des Marc-Aurèle.

Un peu plus loin, on laisse, du même côté, un embranchement de voie Romaine : c'est la voie Cassia, remplacée aujourd'hui par celle que nous suivons, et qui en a conservé le nom, quoique différemment dirigée.

Enfin, on arrive au bord du Tibre qu'on traverse sur un beau pont, le *Ponte-Molle* ou *Ponte-Milvio*, (anciennement *Pons-Emilius*), construit sous le pape Nicolas V, et célèbre par la vision de Constantin et sa victoire sur Maxence, qui se noya dans le fleuve. Avant ce pont, on a laissé, à droite, une route qui mène à Civita-Castellana ; elle était jadis montée de relais.

On est encore à 2 milles de la porte de Rome. Les jolis coteaux qui bordent le Tibre se développent dans toute leur fraîcheur. Cependant,

Ire. ROUTE DE PARIS A ROME. 43 lieues.

la route qui mène du Ponte-Molle à la porte du Peuple est sans agrément, malgré sa ligne droite et ses beaux trottoirs, à cause des tristes murs de jardins qui la bordent, et des tristes roseaux qu'on aperçoit au dessus de ces murs, signe infaillible de la nature marécageuse du sol. Les maisons clair semées, et la plupart inhabitées, qu'on rencontre, sont toutes, ou des masures, ou des bâtimens aussi mal construits que mal entretenus. Voilà pourtant la plus belle avenue de Rome. On laisse à gauche celle de la Villa-Borghèse, près de la porte de la ville, dite *porte du Peuple.* — *Parcouru depuis Paris jusqu'à Rome*. . . . . 418 $\frac{1}{2}$

FIN DE LA 1re. ROUTE DE PARIS A ROME.

DESCRIPTION
ROUTIÈRE ET GÉOGRAPHIQUE
DE L'EMPIRE FRANÇAIS.

IIe. ROUTE DE PARIS A ROME,

Par Lyon, Turin, Florence et Perugia.

·426 lieues.

lieues.

Depuis Paris jusqu'à Florence (*v.* 1re *route par Gênes*). 92 *paragraphes*. 338½

(2e. *route par Bologne*. . . 337 *l.*)

§ 93. *De Florence à S. Donato*. 3

§ 94. *De S. Donato à l'Incisa*. 3

On parcourt la première lieue dans la plaine de Florence, à travers les jardins, les treillages, les plantations de toute espèce ; en un mot, tous les genres de verdure et d'ombrage dont se compose le bouquet, au milieu duquel semble reposer cette ville. Ce bouquet de verdure est un bouquet de fleurs dans le printemps, et c'est dans cette saison, sans doute, qu'elle a été baptisée Florence.

On gravit ensuite un rameau des Apennins, dont le sommet, élevé d'environ 400 mètres de hauteur perpendiculaire au dessus de sa base, est couronné par le village de S. Donato qu'on traverse, et par le palais Renuccini qu'on laisse sur la gauche. Ce palais dépourvu d'ombrage, n'offre d'autre ornement extérieur, qu'une statue colossale qui s'élève d'une manière plus grotesque qu'imposante, à une extrémité de l'enclos, ni d'autre agrément qu'un assez riche coup d'œil : c'est le même, dont le voyageur jouit chemin faisant, et dont il jouirait davantage, si l'Italie n'abondait en points de vue semblables ou supérieurs à celui-là.

On descend presque toujours de S. Donato à l'Incisa, village peu considérable, où l'on trouve à la poste une assez bonne auberge. Il est situé sur la rive gauche de l'Arno qui y passe entre deux rochers, coupés, à ce qu'on croit, pour donner de l'écoulement aux eaux qui couvraient auparavant, d'après la même tradition, le large et beau bassin connu sous le nom de *val d'Arno supérieur*. C'est de là que serait venu le nom d'*Incisa*, dérivé d'*incidere*, couper, tailler. Ces deux rochers et ce nom m'ont rappelé les deux rochers de Saint-Jean et de Pierre-Scise de Lyon, *Petra excisa*, sur lesquels existe une tradition qui en attribue l'ouverture à Agrippa, tradition aussi dépourvue de preuve que celle qui attribue l'ouverture du passage de l'Incisa à Annibal. Certes, le général Carthaginois, lorsqu'il marchait contre Rome, avait bien autre chose à faire qu'à ouvrir des montagnes. Quoi qu'il en soit, nous suivons évidemment la même route que ce redoutable ennemi des Romains; il est seulement douteux si ce fut sur la rive droite ou sur la gauche de l'Arno, qu'il dirigea sa marche.

Le val d'Arno supérieur, est encore plus fameux par sa fertilité, que le val d'Arno inférieur, dont nous parlerons ci-après (*route de Florence à Livourne*); et il ne l'est pas moins par sa beauté. — *Parcouru depuis Paris*. 344½

§ 95. *De l'Incisa à Levane*. 6

On suit cette belle vallée, en remontant la même rive gauche de l'Arno, et traversant, à des intervalles divers, trois jolies petites villes, Filline, Saint-Jean et Montevarchi.

La première, qu'on rencontre à trois milles, est bien bâtie, bien pavée, percée d'une très belle rue, ornée d'une grande place et peuplée

IIᵉ. ROUTE DE PARIS A ROME. 47 lieues.

de 2800 habitans. On y fait le commerce des bestiaux et des grains.

La deuxième, qu'on trouve 5 milles au delà, est moins peuplée, ne contenant pas plus de 1700 habitans; mais elle a une plus belle place, déparée, il est vrai, par l'hôtel de ville qui en occupe le centre, et en masque la grandeur. Ce bâtiment offre une particularité digne de l'attention des curieux : c'est la collection des armoiries des premières familles de la Toscane; elles sont sculptées sur les murs.

La troisième, moins grande que la première, et plus grande que la seconde, est peuplée de 2200 habitans. Elle a aussi une belle rue, par laquelle on la traverse, et de plus un bureau de poste. Levane est un petit et assez joli village. — *Parcouru depuis Paris*. . . . . 350 ½

§ 96. *De Levane à Ponticino*. 2
§ 97. *De Ponticino à Arezzo*. 4

Collines argilleuses et peu fertiles jusqu'à Ponticino, hameau où l'on a placé depuis peu un relais : elles règnent encore environ une lieue au delà, jusqu'à ce qu'on regagne les riches plaines de l'Arno. On y traverse sur un pont de pierre, la rivière de Chiana, qui a donné son nom à la partie de la plaine qu'elle arrose. Elle prend sa source à 6 ou 7 lieues sur la droite, dans le lac de Chiusi, et se jette à gauche dans l'Arno, à une lieue de la route.

Arezzo, ville de 7 ou 8000 habitans, est le siége d'un évêché et d'une sous-préfecture. Elle n'est, ni bien percée, ni bien bâtie, sans être pourtant à citer sous le rapport contraire. Elle renferme une belle place, celle du marché, où l'on remarque un magnifique portique, régnant sur l'une des quatre façades, dans une longueur de 400 pieds environ, et une belle cathédrale gothique, où l'on admire deux tableaux de Benvenuti. On admire encore plus dans l'église des Bénédictins, le repas d'Assuérus, par Vasari, et une coupole plate peinte par le même.

Dans un autre couvent sont des ruines d'un ancien amphithéâtre ; elles ne sont point considérables, mais on en cite beaucoup qui le sont encore moins. Arezzo a une citadelle, et non loin de là une jolie promenade, qui occupe la place d'anciennes fortifications. Cette ville, l'*Aretum* des anciens, successivement ravagée par Sylla, les Goths, les Lombards, les Guelfes, les Gibelins, fut encore saccagée dans la dernière guerre par les Français, et livrée au pillage, pour avoir pris, avec les habitans des campagnes environnantes, les armes contre leurs conquérans.

IIe. ROUTE DE PARIS A ROME. 49 lieues.

La Martinière, et quelques autres d'après lui, disent qu'Arezzo est la patrie de Porsenna et de Mécène, sans faire connaître la source où ils ont puisé cette opinion, qui nous paraît plus que douteuse. Ce qui ne l'est pas de même, c'est que plusieurs grands hommes modernes y ont pris naissance, parmi lesquels on distingue le poète Pétrarque, Pierre Bacci, dit l'*Aretin*, le peintre Vasari, le poète grammairien Baudino, le prédicateur Casini, le jurisconsulte Albergotti, auteur de longs commentaires sur le Code et le Digeste, qui firent l'admiration des érudits de son siècle et qu'on ne lit plus aujourd'hui.

On construit une route de Florence à Ancône, qui doit passer par Arezzo, dont l'importance va s'accroître par cette nouvelle communication.

Cette ville est située dans la plaine plus riche qu'agréable de la Chiana, où le grain est aussi abondant que les arbres y sont rares, et au pied d'un petit coteau qui, n'offrant ni ombrage, ni fertilité, n'est pas plus agréable que riche. — *Parcouru depuis Paris*. . . . . 356 $\frac{1}{2}$

§ 98. *D'Arezzo à Castiglione*. . . . . 4 $\frac{1}{2}$
§ 99. *De Castiglione à Ossaia*. 4
   Même plaine aussi peu intéressante, malgré

sa fertilité, que l'aride coteau qui la borde à gauche : c'est l'effet de la rareté des arbres. Le triste et pâle olivier est presque le seul qu'on aperçoit : le maigre érable s'y montre aussi de loin en loin, couvert de treillages, qui donneraient une face plus riante au pays, s'ils étaient moins clair semés.

La plaine résserrée un instant entre deux coteaux, reprend, au sortir de ce défilé, un immense développement qui règne jusqu'au pied de la colline de Cortone.

Castiglione, petite ville de 2000 âmes, est située au milieu de cette vaste plaine. Elle a un bureau de poste et quelques riches habitans. A 3 lieues de là, on trouve le hameau de Camuccia, ancien lieu de relais, situé au pied de la colline, et à un quart de lieue de la ville de Cortone.

Cette ville, où le relais serait sans doute placé, sans l'extrême roideur de la rampe par laquelle on y monte, et des rues par lesquelles on la traverse, est épiscopale et peuplée d'environ 4 à 5000 habitans. Vieille et mal percée, elle n'offre d'autre intérêt que son ancienneté. C'est la *Corytum* des Etrusques, l'une des 12 principales villes de ce peuple. Elle conserve encore ses murailles antiques, bâties en grosses pierres, dont la substance argileuse rend la longue durée encore plus surprenante. On y voit aussi les ruines d'un temple de Bacchus, orné de mosaïques, ainsi que des restes de bains enfermés dans le couvent de Sainte-Claire, où ils ont été invisibles pour moi, malgré les soins que je me suis donnés pour satisfaire à cet égard ma curiosité.

Je n'ai pas été plus heureux pour voir le cabinet d'antiquités Etrusques que renferme cette ville. Il y a aussi une petite bibliothèque et une société littéraire établie en 1726, et assez renommée en Italie, sous le nom d'*Académie Etrusque*.

On voit, dans les églises, diverses peintures par de bons maîtres, notamment, à la cathédrale, une Nativité par Pierre de Cortone, natif de cette ville. On montre dans la même église, un tombeau antique, qu'on dit être celui du consul Flaminius. Cortone doit à sa position élevée et défavorable sous tant de rapports, l'avantage d'un air très pur, et d'une superbe vue qui s'étend jusqu'au célèbre lac de Trasimène.

Quoiqu'il soit difficile d'arriver en voiture à Cortone, j'ai acquis par moi-même la preuve que ce n'est pas impossible. Il faut pourtant, lorsqu'on veut s'y faire conduire, un renfort de chevaux ou de bœufs, et un arrangement particulier avec le maître de poste qui est autorisé à s'y refuser, et à se faire payer au moins une lieue de plus, et le rafraîchissement de ses chevaux. On peut de là, sans descendre à Camuccia, regagner la route de poste, par une descente plus douce et plus facile que la montée.

Cortone communique avec Chiusi, par une belle route de 4 lieues qui part de Camuccia, et avec la ville de Monte-Pulciano (*décrite* 1re. *route de Florence à Rome*), située à une lieue et demie du double lac de la Chiana. Plus près et vers l'autre extrémité du même lac, est une autre ville encore moins considérable, mais non moins intéressante, sinon par ce qu'elle est aujourd'hui, du moins par ce qu'elle fut autrefois. C'est celle de Chiusi, ancienne *Clusium*, capitale des états de Porsenna, l'un des plus redoutables ennemis qu'ait eu à combattre Rome naissante.

Ce lac de la Chiana présente une particularité remarquable, c'est d'être formé par des eaux qui s'écoulent presque indifféremment dans l'Arno ou dans le Tibre ; aussi se dégorge-t-il à-la-fois dans l'une et l'autre rivière. Un cours aussi incertain ne peut que tendre à la stagnation des eaux. Effectivement il a long-temps existé des marais à la place où existe aujourd'hui la riche plaine de la Chiana, comme l'atteste encore son nom, qui signifie *marais* en Italien. Des travaux considérables et bien dirigés ont concentré les eaux dans le lac, qui n'était autrefois que le centre des marais, et dans la double rivière qui les porte de ce lac au Tibre et au Pô. Ainsi desséchée, cette plaine n'engendre plus de mauvais air, si ce n'est au bord même du lac.

De Cortone ou de Camuccia à Ossaia, on compte 3 milles d'Italie, environ une lieue un quart de France. Ossaia n'est qu'un hameau, où était jadis la douane Toscane. Son nom lui vient, dit-on, de la grande quantité d'ossemens qu'on y a trouvés, et qui ont fait penser à plusieurs personnes, du nombre desquelles est le chevalier Guazzesi, que ce fut là le vrai théâtre de la célèbre bataille de Trasimène, gagnée par Annibal, sur le consul Flaminius, l'an 217 avant J.-C. Nous avons déjà dit, et l'on ne doit pas oublier que nous marchons vers Rome par la même route que le général Carthaginois.
— *Parcouru depuis Paris.* 365

§ 100. *D'Ossaia à Passignano.* . . . . 4 $\frac{1}{2}$
§ 101. *De Passignano à la Maggione.* 3

Encore 2 milles de plaine jusqu'au pied du

Monte-Gualandro, dont le sommet, ancienne frontière des états du Pape et du grand Duc, est aujourd'hui celle du département de l'Arno et du Trasimène. De là j'ai joui d'une superbe vue, sur le lac de Trasimène, sur les trois îles qui l'embellissent au loin, dont la principale dérobe quelque temps les deux autres, et sur les rians coteaux qui enferment ce joli bassin, dont l'un, s'avançant en promontoire dans le lac, est couronné par la forteresse de Castiglion del lago.

De ce sommet, qui a été nécessairement un des postes, ou au moins des points d'observation d'Annibal, on est bien sûr, en portant ses regards soit en deçà, soit au delà du Mont, de voir le champ de bataille où ce fier Carthaginois fit mordre la poussière à 20,000 Romains, mit le reste en déroute, et Rome à deux doigts de sa perte.

Quelque fondement que semblent donner le nom d'Ossaia et les ossemens qu'on y a trouvés, à l'opinion qui place en ce lieu le champ de bataille, on ne peut que trouver plus de fondement encore à celle qui le place au delà de la montagne, près des bords du lac. On y voit à gauche, et à un quart de lieue de la route, au dessus de l'ancienne douane Romaine, un village et un coteau qu'on nomme Sanguinetto, et où l'on trouve journellement des anneaux de chevalier Romain, des médailles puniques, des armes, des figurines de bronze, etc.; ce qui concourt avec le nom de Sanguinetto, et avec l'histoire, à fixer en cet endroit le théâtre de cette célèbre bataille. L'un des objets les plus remarquables qu'on y a découverts, est un bouclier romain, que les curieux ont pu voir à Cortone, chez l'avocat Cotellini, si ce vieux antiquaire, mentionné par Lalande, existe encore, et s'il consent à montrer son cabinet, ce qu'il m'a refusé.

La douane Romaine était dans un hameau de deux ou trois maisons situées au bord du lac, 2 milles au delà du Monte-Gualandro, et dans une plaine aussi mal saine que riante.

Cette plaine ne dédommage pas ceux qui la cultivent, de l'insalubrité de l'air, par la fertilité du sol, bien moins productif qu'il ne le paraît. On la suit, en côtoyant le lac, jusqu'à Passignano, bourg de 600 habitans, situé dans la même plaine et sur la même rive septentrionale. Le trajet de ce bourg étant incommode, même dangereux pour les voitures, à cause de ses rues étroites et tortueuses, on a dû, depuis l'époque de mon passage, qui était celle de la réunion, abattre les bâtimens qui produisaient cet inconvénient.

On continue à longer le lac jusqu'à la Torricella, misérable hameau de pêcheurs, situé 3 milles plus loin, dans la même plaine et sur la même rive. Les poissons de ce lac ont de la réputation. On y pêche la carpe, connue et estimée dans le pays, sous le nom de *regina*, le brochet, connu sous le nom de *luccio*, de fort bonnes anguilles, et une espèce de gougeon nommé *lasca*.

Le lac de Trasimème a conservé son nom antique, sans aucune altération, et les habitans du pays ne le nomment pas autrement. Les coteaux pittoresques qui le bordent sont, en plusieurs endroits, tapissés d'oliviers. L'île principale qu'on y remarque renferme deux paroisses.

Peu après Torricella, la route gravit une montée courte et rapide, au haut de laquelle ont perd de vue le lac. La Maggione est un bourg de 500 habitans, où l'on remarque beaucoup de boutiques et une certaine activité commerciale. — *Parcouru depuis Paris.* . . . . $372\frac{1}{2}$

---

§ 102. *De la Maggione à Peruggia.* . . . . $4\frac{1}{2}$

Une descente peu longue, mais fort rapide,

au sortir de la Maggione, conduit dans une belle campagne, variée de surface comme de culture, et couverte d'arbres de toute espèce. L'olivier domine sur les coteaux, la vigne dans les plaines. Sur le sommet de l'une des plus hautes collines dont se compose l'horizon, s'élève la ville de Peruggia. L'on y arrive par une rampe assez roide pour avoir besoin d'un renfort de bœufs, si l'on n'a pas d'excellens chevaux. C'est une ville assez grande, assez bien bâtie, assez mal percée. Quoique remplie de familles nobles et riches, elle n'offre point de palais dignes d'être cités. Ceux des familles Donini et Antinori sont les plus beaux. Celui du marquis de Piazza est plus distingué par sa situation en belveder, au haut de la ville, que par lui-même. Le seul édifice vraiment remarquable de Peruggia est le Palais Public, espèce de colosse d'architecture gothique où sont entassés la sous-préfecture, la mairie, les tribunaux, etc., et qui n'offre aux curieux qu'une construction bizarre, une vaste salle et un grand escalier, par lequel on peut arriver à cheval jusqu'au grenier. On y a formé un petit muséum d'antiques, bien inférieur à celui qu'a formé le comte Baglioni Oddi, dans une maison de campagne tout près de la ville; celui-ci est extrêmement riche en antiquités Étrusques.

La porte de Piazza-Grimana est une antiquité Romaine connue dans la ville sous le nom d'*Arc d'Auguste*. A la porte Saint-Ange, on voit un Temple de Mars converti en temple moderne; on y admire encore un grand nombre de colonnes de granit oriental. Près de cette même porte, est une promenade charmante par la belle vue dont on y jouit.

L'église la plus curieuse est celle *del Jesu*, construite par Vignola. Elle offre quatre églises en étages les unes sur les autres, dont trois sont souterraines. Celle des Philippins mérite aussi d'être vue; celle de Saint-Pierre, ornée de belles colonnes de marbre, est encore assez riche de peinture, quoique dépouillée de ses meilleurs tableaux par l'effet de la guerre. Dans l'Oratoire de Saint-Dominique on en voit un du Pérugien, et une fresque du même au collége del Cambio.

Cette ville possédait, tant dans ses nombreuses églises, que dans les maisons particulières, une grande quantité de tableaux précieux, parmi lesquels on en distinguait plusieurs de Raphaël et du Pérugien son maître. Il y en

IIe. ROUTE DE PARIS A ROME.

reste encore quelques-uns. Dans le palais Manaldi est une belle collection de tableaux du Guide.

Peruggia renfermait cinquante couvens, moitié d'hommes, moitié de femmes. Elle est défendue par une citadelle que Paul III fit construire, bien moins pour la défendre que pour la contenir. Le chapitre de la cathédrale possède une petite bibliothèque riche en manuscrits. La salle de spectacle est assez grande et assez belle. Le jeu du ballon et le combat du taureau sont tellement en honneur à Peruggia, qu'on y a construit exprès deux beaux amphithéâtres pour ces deux genres de spectacle.

Deux fontaines publiques embellissent cette ville, qui a été obligée d'en aller prendre l'eau bien loin, la colline où elle est située dominant toutes celles qui l'entourent.

Cette ville épiscopale, la plus considérable de tout l'état Romain après Rome, n'a obtenu qu'une sous-préfecture, quoique son importance, sa population de 18 à 20,000 âmes, sa richesse et même sa situation semblassent lui donner des droits à la préférence sur la ville de Spoletto, qui est devenue, quoique moins considérable, le chef-lieu du département du Trasimène.

La richesse des habitans de Peruggia ne consiste pas dans le commerce, il y est à peu près nul, mais dans de grandes fortunes territoriales. Elles sont la plupart entre les mains de la noblesse. On voit beaucoup de livrées, mais peu d'équipages. Les *portantines*, ou chaises-à-porteurs, en tiennent lieu. Les hommes cependant ne vont guères en portantine : ils abandonnent cette molle voiture au dames, qui paraissent en faire leur propriété exclusive (*).

(*) J'en puis parler d'après ma propre expérience. La marquise de P....., chez qui j'étais logé, m'offrit de lui servir de *cavalier servant* pendant mon séjour, le sien se trouvant absent, et son mari ne pouvant pas, sans blesser les convenances Italiennes, remplir une pareille fonction. J'acceptai d'autant plus volontiers que la marquise de P..... était la plus belle femme de la ville de Péruggia, qui en renferme cependant un grand nombre. Ma première tâche fut de la conduire, dès le soir même, au cercle. J'ignorais encore les usages du pays : un laquais vint annoncer à sa maîtresse qu'elle était servie : *vostra excellenza resta servita*. Ne doutant pas que ce ne fût la voiture qui était attelée, j'offre la main à la belle marquise pour la conduire. J'étais bien loin de m'attendre que c'était dans sa chaise à porteur que j'allais lui aider à entrer. Ma persuasion que je ne devais pas la quitter était telle, qu'en la voyant prendre sa place sur le derrière de sa portantine, j'étais tenté de chercher la mienne.

Quelles que soient l'importance, la population et la richesse de Peruggia, quel que soit

---

sur le devant, je cherchais au moins ma chaise derrière la sienne, et pendant que je cherchais, les porteurs enlèvent leur maîtresse, et la porte cochère se ferme en même temps derrière nous. Je n'avais évidemment d'autre parti que de suivre à pied, et je suivis. Au retour, je connus ma tâche et la remplis mieux. Cette conduite n'est pas un défaut de procédé, c'est un usage.

La société où je fus présenté par cette aimable introductrice, ne m'offrit rien de particulier : j'y trouvai toute l'urbanité, toute l'aménité qui caractérisent les Romains, avec cet abord obligeant et empressé qu'ils ont toujours eu pour les Français.

Le lendemain je remarquai un autre usage qui me sembla parisien ; l'aimable Marquise, après la promenade, ayant été jointe par beaucoup de connaissances, de parens et de parentes, m'offrit de relâcher au café. Il n'y avait rien d'étrange, pour un habitant de Paris, à voir des dames fréquenter les cafés ; mais cela me paraissait un peu nouveau hors de cette capitale. Je m'aperçus que c'était entièrement reçu à Péruggia, mais que les dames seules, non les demoiselles, jouissaient de ce privilége. Ce ne fut qu'avec la plus grande peine qu'une sœur, non encore mariée, de la Marquise obtint de sa mère la permission de nous suivre. Après les rafraîchissemens on joua, comme dans tous les cafés de province, et la soirée s'écoula ainsi.

l'avantage de sa situation sur l'une des deux routes de Florence à Rome, et presqu'à mi-chemin de ces deux villes, celle de Peruggia n'en était pas moins entièrement dépourvue d'auberges, car on ne peut donner ce nom au mauvais cabaret où je fus obligé de mettre pied à terre, et d'où vint me retirer l'obligeant marquis de Piazza. Il est impossible d'imaginer rien de plus misérable que ce gîte, rien de plus sale et de plus dégoutant. La fréquentation qu'a dû acquérir cette route, par l'établissement d'un grand courrier et par la remonte de tous les relais, dont plusieurs étaient, ou tombés, ou languissans, a dû naturellement appeler un aubergiste dans la principale ville qu'on y trouve.

Après cette route principale, celle de Fossombrone par Gubbio et le Furlo, offre à Peruggia une autre communication assez importante. Elle traverse le Tibre à 2 milles de la ville sur un beau pont d'une seule arche, dit *Ponte-Falcinello*.

Dans toute l'Italie, si féconde en sites heureux, je n'en connais pas de plus agréable que celui de Peruggia. La colline dont cette ville occupe le sommet doit avoir près de 200 mètres de hauteur perpendiculaire au dessus de sa base, et plus de 300 au dessus du niveau de la mer. Elle domine sur d'autres collines dont les diverses sinuosités sont parsemées de tous les genres de verdure, et présentent une foule d'aspects différens, tous plus rians, plus gracieux les uns que les autres. On ne voit pas, dans ce bel horizon, le lac de Trasimène, éloigné de près de 4 lieues, et si improprement appelé par plusieurs géographes *lac de Perouse*, nom sous lequel il n'est point connu des habitans du pays, qui ont préféré lui conserver sa dénomination antique. C'est aussi improprement que les mêmes géographes ont changé le nom de *Peruggia*, qui certes n'avait rien de repoussant pour notre langue, contre celui de Perouse, qui n'avait rien de commun avec la langue italienne.

Cette ville ancienne, Perusia ou Perugia, prise et brûlée par Auguste, rebâtie par ses successeurs, reprise par les Goths, ensuite par Narsès, fut donnée aux Papes par Pepin, et fit plusieurs fois la guerre à ses nouveaux maîtres. Le capitaine Forte-Braccio marcha vers Rome en 1417 et s'en rendit maître. Cet homme célèbre est celui dont la mémoire est le plus en honneur à Peruggia. Mais de tous ceux qui ont illustré cette ville, Pierre Perugien, maître de

Raphaël, est sans contredit celui dont le nom s'est le plus conservé. — *Parcouru depuis Paris.* 377

§ 103. *De Péruggia à la Madona-delli-Angeli.* 4

Une descente de trois quarts de lieue, moins rapide, mais plus longue que la montée par laquelle nous sommes arrivés à Peruggia, conduit dans une riche plaine où l'on passe le Tibre, encore torrent, sur un vieux pont de pierre, à la sortie du village de San Giovanni, situé au pied de la montagne. On traverse, 6 milles plus loin, en arrivant au village de la Bastia, le torrent du Chiaggio, sur un pont, ensuite à gué, celui du Tecio, ordinairement à sec en été, souvent terrible en hiver.

La Madona - delli - Angeli est une superbe église dépendante d'un couvent de mineurs-observantins, fondé par saint François d'Assise, qui ne fut pas mal inspiré en plaçant, au milieu d'une aussi riche plaine, ce monastère de mendians. L'intérieur de l'église n'a rien de remarquable, que la grandeur de son vaisseau et une méchante chapelle, qui n'est qu'une très petite maison isolée et conservée dans le milieu de la nef, comme la Santa Casa de Lorette. C'est la, suivant saint Bonaventure, que saint Fran-

IIe. ROUTE DE PARIS A ROME.

çois institua son ordre par inspiration divine. Cette chapelle a été restaurée en 1688.

L'église de Notre-Dame-delli-Angeli a donné son nom à un hameau de sept ou huit maisons qui ont été bâties autour d'elle.

A une demi-lieue de là, sur le penchant d'une colline qui règne à gauche et à peu de distance de la route, est la ville d'Assise, patrie du saint fondateur dont nous venons de parler. Son nom de *François*, assez commun dans la légende, a été distingué de tous les autres par le surnom d'*Assise*, sa patrie. Cette ville est peuplée d'environ 3000 habitans, parmi lesquels on comptait beaucoup de moines, surtout de Franciscains. Les églises y sont au nombre de vingt : plusieurs méritent d'être vues, pour les belles peintures qu'elles renferment. On voit dans celle des Philippins, *santa Maria di Minerva*, un beau portique d'un ancien temple de Minerve, comme l'indique cette dénomination. S'il est extraordinaire d'associer au nom de la mère du Dieu des chrétiens celui d'une divinité payenne, on n'en pouvait choisir, sans doute, de plus digne de cet honneur, que la déesse de la sagesse. Cette patrie de saint François d'Assise est aussi celle de Métastase.

— *Parcouru depuis Paris*. 381

§ 104. *De la Madona delli Angeli à Foligno.* 3½

Même plaine, aussi belle que riche; même route, aussi commode qu'agréable. On abandonne les bords du Tibre pour suivre ceux de la Timia, sans la voir. Vers les trois quarts de la distance, on longe, à droite, les ruines d'un ancien amphithéâtre, qui prouve que la petite ville de Spetto, qu'on laisse ensuite à gauche, fut autrefois plus importante qu'aujourd'hui. C'est l'ancienne Hispelium, mentionnée sous ce nom dans Pline, et sous celui d'Hysppellum, dans Strabon et dans l'Itinéraire d'Antonin. L'intérieur de cette petite ville offre quelques reliefs et quelques inscriptions antiques. Elle est située en amphithéâtre sur la colline qui règne le long de la route, et peuplée d'environ 2000 habitans; les rues en sont d'une pente extrêmement rapide. Au haut de la ville, est une petite promenade, qui jouit d'une vue délicieuse sur la plaine toute verdoyante qui s'étend à ses pieds, et sur un long rideau de collines qui la termine vers le Sud, à plusieurs lieues de distance. La ville de Spetto a été assiégée et prise en 1529, par Philibert prince d'Orange.

Foligno, qu'on traverse une lieue après, n'est

pas une belle ville comme le font entendre les Itinéraires d'Italie et de France, en se copiant l'un l'autre; elle n'est ni bien percée, ni bien bâtie, et n'offre ni beaux palais, ni belles églises, comme le prétendent ces auteurs, d'après divers autres qui ne l'ont pas plus vue qu'eux. Je ne sais pourquoi M. de Lalande, qui doit avoir vu lui-même tout ce qu'il décrit, trouve que la cathédrale mérite l'attention des voyageurs. Elle n'est pas achevée et n'offre absolument rien de remarquable.

Tout ce que cette ville a de beau est sa position dans la riche et belle plaine que nous venons de contempler du haut de la promenade de Spetto, position qui est à une lieue et non au pied, encore moins sur le penchant de l'Apennin, comme on le lit dans les Dictionnaires géographiques de Vosgien et autres, etc. Ses anciens remparts lui servent de promenade.

Peuplée de 7 à 8000 habitans, elle est très commerçante par ses foires et par le voisinage des montagnes, auxquelles elle sert d'entrepôt. La cire et le papier sont les produits principaux de son territoire et de son industrie. Il y a une sous-préfecture, un évêché, mais il n'y a point de bonnes auberges. Celle de la poste, la plus fréquentée de toutes, ressemble à nos plus mauvais cabarets de France. Les habitans sont réputés, dans les villes voisines, pour être d'un caractère dur ; non seulement je ne m'en suis pas aperçu, mais j'ai cru même remarquer le contraire.

M. de Lalande ne fait remonter l'existence de Foligno qu'au sixième siècle, en attribuant sa fondation aux habitans de la ville de *Forum Flaminii*, détruite par les Lombards. Mais il paraît évident que c'est l'ancienne *Fulginia* ou *Fulginianum*, mentionnée par divers auteurs anciens, notamment par Cicéron (*Oratio pro Cornelio Balbo*), ainsi que par César (*de Bello civili*); et qu'elle fut agrandie, mais non fondée, par les habitans de *Forum Flaminii*, qui s'y réfugièrent après la destruction de leur ville.

Les campagnes de Foligno sont aussi riches que belles; le grain y rend de 7 à 8 pour 1. Elles abondent en oliviers, surtout dans les collines. — *Parcouru depuis Paris*. 384½

§ 105. *De Foligno aux Veines*. 3½
§ 106. *Des Veines à Spoleto*. 3½

Même plaine, toujours le long ou à peu de distance des collines qui forment le pied des Apennins. Au bout d'un mille, on traverse le village muré de San Eraclio, et aux deux tiers de la distance, on longe les faubourgs de la petite ville de Trevi, située sur le penchant d'un coteau. C'est l'antique Trebia ou Mutusca des Anciens. Près du village de Veines on voit, à droite de la route, le temple et la source du Clitumne ; savoir, le temple un peu avant, et la source un peu après le relais. Le temple, consacré aujourd'hui au vrai Dieu, ne paraît pas d'une haute antiquité. C'est un petit carré-long qui mérite à peine, par son étendue, le titre de chapelle ; mais il offre, dans sa petitesse et sa simplicité, des colonnes curieuses par leurs fûts sculptés en écailles de poissons.

Le Clitumne jaillit des veines d'un rocher calcaire qui forme le talus de la route, et ces veines, source d'une rivière célèbre, sont aussi l'origine de la dénomination de cet obscur village. Le Clitumne était renommé chez les Anciens par la beauté des troupeaux qui paissaient sur ses bords, beauté qu'on attribuait à la qualité de ses eaux. Les prairies qu'elles arrosent nourrissaient les victimes d'élite.

Hinc Albi, Clitumne, greges, et maxima Taurus
Victima, sæpè tuo perfusi flumine sacro,
Romanos ad templa deûm duxere triumphos.
Virgile, Georg., liv. II.

Pline-le-Jeune fait, dans sa Lettre 8, liv. 8, une agréable description du Clitumne, dont le cours et la source sont mal indiqués dans Lalande, Grosley et autres.

On traverse le village de San Giacomo, à mi-chemin des Veines à Spoleto, dont l'avenue est embellie, sur la droite, par une charmante maison de campagne, construite et ornée dans le goût moderne.

Spoleto est une ville de la même population que Foligno : 7 à 8000 habitans. Située au pied d'une haute montagne, elle a des rues excessivement escarpées, beaucoup plus même que celles de Peruggia. Ele est commandée par un fort dont la sépare une gorge profonde. Un pont d'une hauteur prodigieuse, qui fait à peu près l'effet de celui de la Durance à Briançon, et sur lequel on a établi un acqueduc, forme, en traversant cette gorge, la communication du fort avec la ville. La hardiesse de ce pont en a fait attribuer par l'ignorance la construction aux Romains ; erreur aussi grossière que l'architecture même du pont, dont les arcades en ogive attestent assez la gothicité.

Les diverses antiquités que les auteurs placent dans cette ville, offrent un tel état de dégradation, que les ruines en sont difficiles à distinguer, et même à trouver. Les plus considérables ont été invisibles pour moi ; parce qu'elles sont dans des couvens de femmes, dont l'entrée était encore alors interdite aux hommes. J'ai regretté deux temples enfermés, l'un dans le couvent de la Stella, l'autre dans celui du Palazzo.

Une porte moderne, dite d'*Annibal*, apprend aux curieux, par une inscription également moderne, que ce général, après avoir battu les Romains à la journée du Trasimène, fut obligé de lever le siége de Spoletum.

Cœsis ad Trasimenum Romanis..... insigni fugâ portœ nomen fecit.

Aucun édifice, ni ancien ni moderne, ni public ni particulier, ne décore la ville de Spoleto. La cathédrale est presque toute de marbre, dit Lalande, et l'on y voit une très ancienne mosaïque. Tout cela doit être vrai, puisqu'une pareille autorité nous le garantit, et doit être en même temps bien peu frappant, puisque je ne m'en suis jamais aperçu, et que personne ne me l'a fait remarquer, quoique j'aie plusieurs fois visité cette église.

Siége d'un évêché, la ville de Spoleto est devenue celui de la préfecture du Trasimène. On y trouve une auberge passable à la poste. Le vin *du cru* qu'on y boit est assez bon, et ne se ressent pas du voisinage de

Rome, dont le territoire ne produit que des vins impotables pour des gourmets Français. Les fabriques de chapeaux sont l'unique industrie qui distingue cette ville, dont le territoire aussi riche que frais, abonde en grains dans la plaine, en vignes sur les coteaux. Une montagne de l'aspect le plus romantique s'élève sur le derrière et au Sud de Spoleto, en présentant au Nord un flanc escarpé que tapisse une superbe forêt de chênes-verd, dont l'éternelle et sombre verdure est entrecoupée, de distance en distance, par l'éclatante blancheur d'une foule de petits hermitages, dépendans d'un monastère qui semble régner en souverain au milieu de ce solitaire entourage d'arbres et de cellules. C'est en sortant de Spoleto, par la porte Romaine, que le voyageur jouit, sur la gauche, de la vue intéressante de cette montagne et de ce monastère. — *Parcouru depuis Paris.* . . . . $391\frac{1}{2}$

§ 107. *De Spoleto à Strettura.* . . . . $3\frac{1}{2}$
§ 108. *De Strettura à Terni.* 3

Un autre couvent fixe les regards sur la droite, moins par lui-même que par la longue galerie élevée sur des colonnes ou poteaux, qui en forme l'avenue.

On remonte, par une gorge d'abord gracieuse,

ensuite sauvage, toujours verdoyante, les bords d'un torrent qui est presque toujours à sec, chose extraordinaire dans des montagnes boisées, et par conséquent humides; après quoi une montée assez douce et longue d'une demi-lieue, conduit au Col de la Somma, qui doit avoir environ 5 à 600 mètres au dessus du niveau de la mer. On arrive, par une descente moins longue et plus rapide que la montée, à Strettura, hameau situé dans une gorge étroite (*Stretta* en italien), qui en a pris son nom de *Strettura, étranglement*. Cette gorge, aussi sauvage que profonde, accompagne le voyageur jusqu'à la superbe plaine de Terni, ville qu'il ne trouve point aussi belle que sa position; mais il y trouve en revanche un avantage bien rare au delà des Alpes, une bonne auberge, la meilleure sans contredit de cette route, et l'une des meilleures de toute l'Italie; c'est celle de la poste.

La seule chose digne de l'attention des curieux, dans l'intérieur de la ville, est un reste d'amphithéâtre qu'on voit au jardin de l'Evêché. Mais une curiosité plus importante, bien faite pour arrêter les regards et suspendre la marche des voyageurs, est la fameuse cascade *delle Marmora*, formée par le Velino, à deux lieues vers l'Est, la plus belle de l'Italie et l'une des plus belles de l'Europe. On peut s'y faire conduire en voiture, par la route de Rieti qui passe tout près (*). Il faut, pour en jouir complettement, la voir d'en haut et d'en bas; d'en haut, sur une saillie de rocher qui se projette en terrasse et se termine en belveder, à la hauteur et en avant de la cascade; d'en bas, dans le vallon même de la Nera, où le Velino se précipite de 200 pieds de haut. Quelque élevé que soit le point d'où tombe cette rivière, il n'en est pas moins dominé par des montagnes aussi hautes qu'escarpées; elles ajoutent à la majesté de cette grande scène de la nature, qui cependant n'en a pas fait seule tous les frais, comme on va le voir. Le Velino arrive à sa chute par un canal profond et creusé de main d'homme, dans le roc calcaire qui forme le noyau de la montagne. Il paraît que c'est un *M. Curius Dentatus* qui a fait exécuter cette ouverture, vers l'an de Rome 670. Cicéron dit que le lac Velinus, par l'écoulement que lui a procuré *M. Curius* en ouvrant la montagne, se jette

---

(*) La ville de Rieti, siége d'un évêché et d'une sous-préfecture, est située sur la rive droite du Velino, à 10 lieues de Terni.

dans le Nar, ce qui a desséché les marais de sa maison de campagne. « *Lacus Velinus à M. Curio emissus, interciso monte in Nar defluit, ex quo est villa siccata* ». (Cic. ad Atticum. L. IV. ep. 14.) A deux pas de cette cascade on montre une grotte qui m'a paru bien plutôt une caverne, et par sa nature, et par la rencontre que j'y ai faite : un homme d'une stature colossale, d'une complexion athlétique, d'une figure affreuse, semblable à celle de nos brigands de mélodrame, m'attendait dans le fond de la caverne. A cette apparition, j'ai porté la main à l'arme dont j'étais heureusement muni. Ce mouvement a changé, en prière, la demande que l'homme de la caverne avait paru disposé à me signifier autrement. Cette prière était d'être payé de la peine qu'il avait prise d'accourir du village, pour me servir de *cicerone*; j'en avais amené un de Terni, sur lequel je croyais pouvoir compter au besoin. Assuré de cette main-forte et de mon arme, je n'ai pas cru devoir payer un salaire qu'on n'avait point gagné, et qui était demandé à la manière des voleurs. J'ai refusé avec indignation. J'en ai fait autant sur le belveder de la terrassse où un autre officieux *cicerone* venait de me faire pareille demande. Ce belveder est un lieu encore plus dangereux que la caverne, car, pour se défaire de vous, on n'a qu'à vous pousser au dessus du parapet, qui s'élève tout au plus à la hauteur du genou, et vous êtes précipité dans la vallée, de la même hauteur que la cascade. L'on a la ressource de dire que vous êtes tombé vous-même, par l'effet d'un étourdissement, ou bien en vous penchant un peu trop sur le parapet. Ces lieux dangereux le sont d'autant plus qu'ils sont très solitaires, et qu'un malfaiteur est assuré de n'y être, ni vu, ni entendu. C'est au village qu'on traverse, une demi-lieue avant d'arriver à la cascade, que l'on donne, sans s'en douter, le signal du départ à tous ces soi-disans *cicerone* qui vous dévancent, sans être aperçus, pour aller exiger leur rétribution sur les lieux même, comme une espèce de droit ou de péage. Je n'ai pas su cependant qu'ils aient jamais commis d'assassinat, mais je suis bien sûr qu'ils comptent sur la crainte qu'en peuvent concevoir les curieux, et que ce motif les a plus d'une fois servis. Si tous les voyageurs les accueillaient comme moi, je suis persudé qu'ils se dégoûteraient bientôt d'un moyen d'extorsion qui leur réussirait si mal.

Terni n'offre aux étrangers aucun bâtiment remarquable, pas même sa cathédrale, quoi

IIe. ROUTE DE PARIS A ROME. 77 lieues.

qu'en disent quelques auteurs, sur la foi les uns des autres. L'évêché a été supprimé. Cette ville, l'*interamna* des anciens Romains, était fameuse par la fertilité de son territoire, couvert, alors comme aujourd'hui, de vignes, d'oliviers, d'arbres fruitiers, etc. Pline dit que le foin s'y fauchait quatre fois par an. Elle a vu naître l'historien Tacite et l'empereur du même nom. — *Parcouru depuis Paris*. 398

§ 109. *De Terni à Narni*. 3

Même plaine, toujours aussi riche que belle. On passe du département du Trasimène dans celui de Rome, en traversant la Nera au commencement de cette distance. Narni est une petite ville de 3000 âmes, placée à mi-pente d'une colline, et percée de rues aussi escarpées que tortueuses. On y voit quelques belles maisons, qui jouissent la plupart d'une superbe vue sur la plaine de la Nera et sur les coteaux qui la bordent. La Nera est ici une rivière assez considérable; et Auguste la traita comme telle, en lui donnant un magnifique pont, dont on voit encore une grande partie sur pied.

On lit dans quelques auteurs que l'arcade du milieu a 160 pieds d'ouverture. M. de Lalande a reconnu qu'elle n'en a qu'environ 83, ce qui est encore beaucoup. Ce pont, l'un des plus beaux de ceux qui nous restent des anciens Romains, après celui du Gard, est construit sans ciment, en énormes pierres de taille.

Du haut de Narni, l'on voit, au Nord de la plaine, la petite ville de Cosi, située au pied d'un rocher qui semble menacer ruine, et dont une crevasse ou caverne laisse échapper un vent froid, par plusieurs issues nommées *bocche di vento*. Ce phénomène est le même que celui du vent Ponthiare, qui s'échappe de la caverne de ce nom, près de la ville de Nyons en France. M. de Saussure a trouvé un vent semblable dans l'île d'Ischia, et un autre au bord du lac de Lugano.

Narni a produit des hommes célèbres, entr'autres ce François Cardoli, dont la mémoire était si prodigieuse qu'il répétait, dit M. de Lalande, deux pages entières après les avoir entendues une seule fois, du dernier mot au premier en rétrogradant.

Cette ville est appelée *Narnia* dans Pline, qui observe qu'autrefois on l'appelait *Nagninum*. Elle est également appelée *Narnia* dans une épigramme de Martial qui en donne la situation.

« *Narnia sulfureo quam gurgite candidus amnis,*
» *Circuit, ancipiti vix adeunda jugo* ».

IIᵉ. ROUTE DE PARIS A ROME. 79 lieues.

Elle a été prise et livrée aux flammes par les troupes Vénitiennes qui allaient se joindre à l'armée de l'empereur Charles-Quint, assiégeant le pape Clément VIII dans le château Saint-Ange.

Une route secondaire conduit de Narni à Perugia par Todi. — *Parcouru depuis Paris.* 401

§ 110. *De Narni à Otricoli*.	4
§ 111. *D'Otricoli à Borghetto*.	3
§ 112. *De Borghetto à Civita Castellana*.	$2\frac{1}{2}$

On suit d'abord un chemin suspendu en corniche sur une gorge profonde, boisée et aussi sauvage que pittoresque, au fond de laquelle roule la Nera. Cette rivière s'y engouffre en sortant de la belle plaine que nous venons de traverser entre Terni et Narni. On passe ensuite le bois de Ponte-Sanguinare, trajet autrefois dangereux à cause des voleurs dont il était infesté. Il n'y était rien arrivé depuis long-temps, lorsque je l'ai traversé pour la première fois en 1810; mais il venait d'y passer quelques heures auparavant un régiment Napolitain, conduisant des prisonniers qui avaient derrière eux des traîneurs. Je fus arrêté par deux de ces derniers. Nous étions deux aussi; ils n'eurent pas plutôt vu luire, au clair de la lune, nos armes et entendu nos juremens français, en même temps que nous nous disposions à nous élancer hors de la voiture pour mieux nous défendre, qu'ils prirent la fuite.

Passé la forêt, le pays est cultivé, couvert et varié, quoique peu intéressant. La route parcourt un plateau presque continuel, qui offre quelques beaux points de vue.

Otricoli, bourg de 800 habitans, est agréablement situé sur une hauteur. Il a un bureau de poste et deux ou trois mauvaises auberges. « Baudrand et autres géographes lui » font beaucoup d'honneur (dit le père Labàt) » en le traitant de petite ville, je croirais lui » en faire trop, si je le traitais seulement de » bourg ». Rien n'est plus exact. C'est dans ce territoire que 10,000 Français taillèrent en pièce, en 1799, 100,000 Napolitains. Le nom moderne d'Otricoli a donné lieu à l'erreur de quelques étymologistes qui, pour mieux le faire dériver du nom latin, ont voulu voir dans les anciens auteurs, au lieu d'*Ocriculum* qui y était, *Otriculum* qui n'y était pas. Les ruines de cette ancienne ville, que mentionnent Pline, Tacite et Tite-Live, et dont le bourg paraît avoir pris, non la place, mais le nom en le corrompant, sont à quelque distance au delà,

IIᵉ. ROUTE DE PARIS A ROME.

entre la route et le Tibre. On en voit l'emplacement du haut du superbe pont sur lequel on traverse le fleuve, avant d'arriver à Borghetto. Ce pont s'appelle *Ponte Felice*, parce qu'il a été construit par Sixte-Quint, dont le nom était *Félix*.

Borghetto est un hameau sans ressource et un séjour mal sain, comme tout ce qui est situé au bord du Tibre, depuis son embouchure, 15 à 20 milles au dessous de Rome, jusqu'à 40 ou 50 milles au dessus. Avant ce bourg, et avant de passer le Tibre, on laisse sur la gauche, à peu de distance de la route, la petite ville de Magliano, située sur une montagne. On regagne, en sortant de ce hameau, par une rampe courte et rapide, des hauteurs aussi cultivées, aussi variées que celles d'Otricoli, et l'on arrive à Civita-Castellana par un pont d'une élévation prodigieuse, jeté sur le vallon, ou plutôt sur l'abîme de la Triglia. Il est difficile de voir rien de plus romantique et de plus frais que ce petit vallon, rien de plus frais et de plus sauvage que les collines qui le bordent : ce sont des rochers affreux dont les escarpemens sont parsemés, pour ne pas dire tapissés de bocages sombres et presque inaccessibles. Le soleil pénètre à peine jusqu'à la rivière, qui semble ne se montrer que furtivement à travers l'épais rideau de feuillage qui la borde. Je n'ai pu parvenir à connaître la hauteur de ce pont, mais je suis persuadé que celui du Gard n'est pas plus élevé. Cette petite rivière se jette dans une autre presque aussi profonde, qui en reçoit une troisième sous les murs même de la ville; de manière que Civita-Castellana se trouve ainsi entourée de ravins, dans les trois quarts de son enceinte.

Civita-Castellana est une petite ville de 1800 habitans, où l'on remarque une assez belle place, une assez jolie fontaine au milieu de cette place, et une petite citadelle en très bon état, au sortir de la porte Romaine. Il y a une ou deux auberges passables, et un bureau de poste.

Quoiqu'on n'y trouve aucune antiquité, quelques auteurs veulent que ce soit l'ancienne *Veïes*. M. de Lalande trouve que le meilleur argument en faveur de cette opinion est la position de la ville sur un rocher inaccessible de trois côtés, et qui, défendu sur le quatrième par une forteresse, pouvait très bien soutenir un siége de 10 ans. On a fait des livres pour établir cette opinion; on en a fait aussi pour la combattre, en plaçant ailleurs cette ancienne rivale de Rome, notamment sur un monticule voisin de Baccano, qui paraît être son véritable emplacement, comme nous l'avons déjà vu.

Ne quittons point Civita-Castellana sans observer que, dans le territoire de cette ville, le sol et les rochers volcaniques des campagnes Romaines, remplacent le sol et les rochers calcaires des Apennins. J'ai cherché à déterminer le point de passage d'un sol à l'autre, sans pouvoir le reconnaître, au moins d'une manière précise. Tout ce que je puis assurer, c'est que la colline d'Otricoli, par laquelle on descend dans la vallée du Tibre, ne m'a point présenté de trace de volcanisation, et que celle qu'on gravit en partant de Borghetto, m'a offert les premières laves qui se montrent sur cette route. Le roc sur lequel est bâtie la ville de Civita-Castellana, est un tuf rougeâtre, évidemment volcanique.

Du haut de la tour de la citadelle, on découvre, à 12 milles vers le N. O., le château de Caprarola, que nous avons déjà vu près de Ronciglione (1re. *route de Paris à Rome*). A environ pareille distance vers le Sud, le mont Oreste s'élève de 355 toises au dessus du niveau de la mer, s'il faut en croire M. de Lalande, que nous avons déjà trouvé plus d'une fois en défaut, pour ces sortes de mesures. C'est à Civita-Castellana qu'aboutissait l'ancienne direction de cette ligne de poste, plus courte que l'embranchement qui va nous conduire à Rome par Monterosi. — *Parcouru depuis Paris* 410½

§ 113. *De Civita-Castellana à Monterosi*. 5

Même nature de sol volcanique et de pays frais autant que varié. A mi-chemin, on trouve Nepi, ville fortifiée, plus petite que Civita-Castellana, et renfermant, à peu de chose près, la même population. Il y avait jadis un relais, supprimé depuis la réunion. J'ai remarqué, en arrivant, un bel aqueduc moderne qui m'a étonné, vu le peu d'importance de cette ville, et en sortant, un pan de mur Romain qui ne m'a pas moins étonné, vu que je n'avais jamais entendu parler des antiquités de Nepi; mais l'état Romain est rempli de ces constructions anciennes, auxquelles on ne fait pas attention. On voit celle-ci à droite entre les deux portes par lesquelles on sort.

La verdure des vignes et des arbres fruitiers qui décorent les environs de Civita-Castellana

IIe. ROUTE DE PARIS A ROME. 85 lieues.

et de Nepi, ainsi que le pays intermédiaire, fait bientôt place à celle des chênes qui règnent dans le reste de la distance. Ils montrent une vigueur peu commune, et semblent indiquer une ancienne forêt, peut-être la forêt Ciminia, dont nous avons vu des parties plus considérables et mieux conservées dans la route précédente, qui se joint avec celle-ci un mille environ avant Monterosi, bourg décrit dans la même route. — *Parcouru depuis Paris.* . . $415\frac{1}{2}$

---

§ 114. *De Monterosi à Baceano.* 3
§ 115. *De Baccano à la Storta.* . . . . $3\frac{1}{2}$
§ 116. *De la Storta à Rome.* 4
(*V. pour cette partie de la route, la* 1re. *de Paris à Rome*). — *Parcouru depuis Paris jusqu'à Rome.* 426

FIN DE LA 2e. ROUTE DE PARIS A ROME.

APERÇU
DE
LA VILLE DE ROME.

Ceux de mes lecteurs qui ont pris la peine de parcourir ma préface, savent déjà qu'ils ne doivent pas s'attendre à la description de Rome, par les mêmes raisons qui m'ont empêché de décrire Paris; et que je vais répéter ici pour la commodité de ceux qui ne lisent pas les préfaces.

« La description ne comprend point Paris,
» parce qu'étant plutôt un lieu de séjour que
» de simple passage, ce centre de la France
» semble étranger à la méthode itinéraire,
» d'autant qu'il devient à lui seul un ouvrage
» de longue haleine, et que cet ouvrage a été
» traité amplement, et l'est encore tous les jours,
» par un grand nombre d'auteurs qui ont eu
» la facilité de tout voir de leurs propres yeux,
» aussi bien que moi. Les personnes qui voudraient se procurer ce complément doivent
» toujours donner la préférence aux dernières

» descriptions, les continuels embellissemens
» de Paris le faisant continuellement changer
» de face. Les mêmes considérations m'ont
» fait prendre le même parti pour la ville de
» Rome, nouvellement réunie à l'Empire ».

Il est cependant une de ces considérations qui ne s'applique pas tout-à-fait autant à Rome qu'à Paris; car il n'est pas tout-à-fait vrai de dire, pour la première de ces deux villes, qu'elle soit plutôt un lieu de séjour que de simple passage. On se rend sans doute beaucoup à Rome pour y séjourner, pour la voir, pour l'étudier, mais on y passe souvent aussi pour aller de France à Naples, et *vice versa*. C'est justement et uniquement aux voyageurs qui sont obligés de traverser ainsi rapidement cette ville, sans pouvoir, ni se donner le temps, ni se procurer les ressources nécessaires pour la voir avec détail, que j'adresse cet aperçu, destiné à les mettre à portée d'en voir au moins les principales beautés, et à leur donner une idée générale de l'ensemble, ainsi que des impressions qui les attend en abordant la ville des Césars.

Le voyageur instruit sait bien qu'il n'y doit pas chercher ce bruit, cette activité, ce mouvement ennemi du repos, qui sont le sujet de la 12ᵉ. Epître de Martial; mais il aimera peut-être à faire le rapprochement de cet antique état des choses avec l'état actuel, en comparant le tableau qu'offre aujourd'hui cette ville, avec celui que nous en a laissé l'épigrammatiste Romain, et que nous allons transcrire ici.

« Pourquoi, me demande Sparsus, vous retirez-vous si souvent dans votre misérable et triste ferme de *Nomentum?* C'est, mon ami, que le pauvre ne trouve pas à Rome de place où il puisse penser et dormir. Il y a tant de gens qui vous empêchent de vivre. Le matin ce sont les maîtres d'école, la nuit les boulangers, et toute la journée les chaudronniers et leurs marteaux retentissans. Ici le changeur de monnaie fait rouler, sur sa table crasseuse, des tas d'écus au coin de Neron. Là, le marteleur d'or d'Espagne fait retentir la pièce usée, sous les coups de son maillet. Tantôt vous entendez le bruit d'une procession tumultueuse des prêtres de Bellone; tantôt le marin vous étourdit du récit de son naufrage; plus loin c'est un petit juif instruit dès le berceau dans l'art de mendier, ou bien un sale vendeur d'alumettes. Celui qui pourrait compter à Rome tous les en-

« nemis du sommeil, saurait dénombrer les
» femmes qui frappent l'airain, lorsqu'une ma-
» gicienne provoque une éclipse de lune. Toi,
» *Sparsus*, tu ignores ces inconvéniens dans
» ta *villa* qui domine les sept collines ; tu
» possèdes, dans l'enceinte même de Rome, tes
» campagnes, tes vignobles. Les coteaux de
» *Falernum* ne produisent pas plus de raisins
» que ton jardin ; tu peux te promener en voi-
» ture sans sortir de chez toi ; aucune voix n'ose
» interrompre ton profond sommeil. Moi, je
» m'éveille au bruit des allans et venans ; Rome
» est en face de mon lit ; aussi quand je veux
» dormir, il faut aller à la campagne ».

Quel tableau différent eût offert à Martial la Rome du dix-huitième siècle ! Le repos et le sommeil ont succédé au mouvement et à l'activité...... les prêtres du Christ aux prêtres de Bellone, des légions de moines, aux légions Romaines, et le royaume du Ciel, à l'empire du monde.

Une nouvelle et plus rapide révolution vient de changer encore sous nos yeux cet ordre de choses, en relevant, pour ainsi dire, au milieu de la moderne Rome, les fondemens de l'ancienne. De toute part on voit celle-ci sortir de ses ruines : des travaux dirigés avec art, poursuivis avec ardeur, et couronnés du succès, ont remis au jour, ici les bains de Titus, là les fondations du Colisée, plus loin celles des temples de Jupiter, de la paix, d'Antonin et Faustine, etc.

« Le souvenir de la grandeur des Romains,
» lié à la vue des lieux qu'ils habitèrent (dit
» M. de Lalande, et je le dis moi-même avec
» lui), a fait pour moi une partie des plaisirs
» de l'Italie. On aime à se rappeler ces con-
» quérans du monde avec toute l'élévation et
» la fierté de leur courage, et rien ne les rap-
» pelle si fortement que les restes de leurs pa-
» lais et la place de leurs triomphes ; c'est
» ainsi que Virgile nous peint la curiosité des
» Troyens.

» . . . . *Juvat ire et dorica castra*
» *Desertos que videre locos, littusque relictum :*
» *Hic dolopum manus, hic sœvus tendebat Achilles.*
ÆN., II, 27.

» On aime à lire Virgile, Cicéron, Horace,
» Juvenal, Tacite, Martial, et on ne saurait
» les lire avec plus de plaisir, qu'en voyant
» les lieux qu'ils habitèrent, en se promenant
» sur les collines qu'ils décrivent, en voyant cou-
» ler les fleuves qu'ils ont chantés ». (*Voyage d'Italie par de Lalande*, chap. 24, pag. 364.

Mais ce n'est pas seulement par les souvenirs que Rome peut plaire aux étrangers : toute déchue qu'elle est, elle mérite encore leur admiration, je ne dis pas par elle-même, car je ne suis point de l'avis de certains voyageurs qui veulent que ce soit la plus belle ville de l'univers, mais bien par les antiquités et par les monumens des arts qu'elle renferme en plus grand nombre qu'aucune ville du monde.

Il faut des années pour connaître Rome à fond; il faut des mois pour en voir toutes les beautés, on peut cependant en voir les principales dans quelques semaines; et ceux qui n'ont que quelques jours, peuvent encore, en faisant un heureux choix, voir au moins les monumens les plus célèbres, en commençant par le plus célèbre de tous, la basilique de Saint-Pierre.

Avant de s'y rendre, les voyageurs ont déjà vu, en arrivant par la porte du Peuple, outre cette belle porte, ouvrage de Michel-Ange, un des vingt-deux et des plus beaux obélisques égyptiens qui décorent encore l'ancienne maîtresse du monde. Il s'élève au milieu de la place grande et triangulaire qui marque cette extrémité de la ville. Cette place n'est belle que d'un seul côté, celui qui fait face à la porte. Ce côté présente, avec l'ouverture de trois longues et larges rues qui s'enfoncent dans la ville en ligne droite, le portique et le dôme uniformes des deux jolies églises des Miracoli et de Monte Santo qui les séparent. Une seconde église qu'on longe à gauche, près de la porte et sur la même place, ne paraît mériter aucune attention, quoique du chavalier Bernin; mais, dans sa modeste enceinte, elle renferme, entre autres chefs-d'œuvre, une statue par Raphaël. C'est la seule que j'aie vue de ce grand artiste, dont les talens ne sont célèbres que pour la peinture, mais dont la main ne savait créer que des chefs-d'œuvres.

En se rendant à la basilique de Saint-Pierre, le voyageur pressé dont je dirige les pas rapides au milieu de Rome, traverse le Tibre sur le pont Saint-Ange, pont moderne construit avec une noble élégance par Clément IX, sur les restes de celui d'Adrien. Il est décoré de dix statues de marbre représentant des anges, dont un (celui qui montre l'inscription de la croix) est du Bernin, les autres sont de ses élèves.

En face de ce pont moderne, est l'antique et vaste tombeau d'Adrien, aujourd'hui le château gothique de Saint-Ange, boulevard et asile ordinaire des papes, lorsque leur capitale a été attaquée.

C'est en tournant à gauche, au sortir du pont, qu'on découvre, au bout d'une rue large et droite, l'église et la place de Saint-Pierre ou du Vatican. Cette vaste place, la plus belle de l'univers, comme Saint-Pierre en est la plus belle église, est ovale et entourée d'une superbe colonnade, chef-d'œuvre d'architecture exécuté par le Bernin, sous Alexandre VII. Dans le centre s'élève, entre deux magnifiques fontaines dont l'eau s'élance et retombe en gerbe, l'obélisque égyptien, d'un seul morceau de granit antique, qui décorait autrefois les jardins ou le cirque de Néron, plus anciennement la ville d'Héliopolis, et que Sixte-Quint a fait transporter et dresser sur cette place en 1586, par un mécanisme des plus ingénieux.

L'admiration qu'excite le frontispice de l'église, est diminuée par la surprise de le voir ressembler moins à ce qu'il est, qu'à la façade d'un palais : c'est qu'on n'a pas suivi le plan de Michel-Ange, qui avait bien senti que tout dans un temple doit annoncer sa sainte et noble destination. Ce plan décore un dessus de porte dans la bibliothèque du Vatican, que nous allons visiter d'abord, pour suivre l'ordre des gradations, et finir, d'après cette marche progressive, par l'intérieur de la basilique.

Après cette bibliothèque, où nous verrons, entre autres objets curieux, des manuscrits en *papyrus*, et entre autres objets étonnans, un balon qui, lancé lors de la fête du couronnement à Paris, est venu tomber dans le lac Bracciano, il faut parcourir les loges et les chambres de Raphaël, où, pour peu qu'on ait le goût des arts, et si pressé que l'on soit, on s'oubliera sans doute à considérer les plus beaux ouvrages du plus grand des peintres. On n'aimera pas moins à s'oublier dans le musée de sculpture; le plus beau sans contredit, et sans aucun parallèle, de toute l'Italie, et le second de l'Empire, pour ne par dire du monde, dont il était le premier, avant d'avoir enrichi de ses principaux chefs-d'œuvre, celui du Louvre.

Les jardins ne nous retiendront que le temps d'en parcourir quelques allées, et de voir, entre autres cascades et pièces d'eau, le vaisseau de bronze dont tous les agrès et tous les canons sont autant de jets d'eau, qui imitent par leur bruit celui d'une batterie. Quant aux 11,246,

11,500, ou 13,000 chambres que renferme le Vatican, nous nous en rapporterons à ceux qui les ont si bien comptées qu'ils n'ont pu s'accorder entre eux. Si nous prenions nous-mêmes la peine, que peut-être personne n'a jamais prise, de vérifier le calcul, il est probable que nous trouverions beaucoup de mécompte.

Nous avons déjà vu, et nous verrons encore dans le cours de nos voyages, plusieurs vastes édifices en France, cités pour la grande quantité de fenêtres, qu'on aime à porter au même nombre que les jours de l'année; calcul dont j'ai, du moins pour le château de Saint-Germain, vérifié l'inexactitude.

En parlant de cet objet de comparaison, combien faudrait-il donc supposer de croisées au Vatican? Il ne peut pas y avoir de chambres sans fenêtre, plusieurs doivent en avoir deux, trois, et jusqu'à quatre : on ne peut donc pas se tromper de beaucoup en doublant le nombre de chambres, pour avoir celui des croisées, ce qui ferait, en ne doublant que le plus petit nombre, 22,000.

L'immensité du Vatican est, à mon avis, le principal mérite de cet édifice, mérite qui ne suffit pas pour en faire, comme je l'ai entendu soutenir par des Italiens, le plus beau de l'Europe. Il n'est pas même le plus beau de Rome, comme je l'ai entendu dire à quelques Romains, et même à quelques Français. Mais en m'arrêtant à combattre des opinions que je crois être des erreurs, j'oublie que je conduis un voyageur pressé, qui n'a pas plus le temps d'entrer dans ces discussions, que de compter les chambres du Vatican.

Je me hâte donc de redescendre avec lui la rampe rapide par laquelle nous sommes montés, dans la cour autour de laquelle ce palais déploie les trois ailes de sa haute façade, composée de trois rangs d'arcades ou portiques en étages les uns sur les autres, et de le conduire dans l'église qui doit terminer cette course. Je crains bien pour lui qu'il ne s'y oublie encore; mais quelle affaire, quel autre motif, qu'une force majeure pourrait arracher un voyageur instruit ou avide de s'instruire, à la contemplation de cet immense et magnifique édifice, l'ouvrage de quatorze papes pendant plus de trois siècles, le chef-d'œuvre de l'Italie, la merveille de l'univers. Commencé sous Nicolas V, en 1450, ce monument, à la perfection duquel tous les arts ont contribué, n'a été entièrement terminé que sous Pie VI. « La peinture, dit Lalande, et d'après lui

» Vasi, la sculpture, la mosaïque, l'art de
» couler le bronze, la dorure y ont épuisé leurs
» ressources, tellement que s'il n'y avait autre
» chose à voir à Rome, ce seul temple méri-
» terait un voyage ».

Après avoir payé un premier tribut d'admiration à la majesté, à la richesse, à la parfaite
harmonie de l'ensemble, on en doit un autre
à chacun des tombeaux, des bas-reliefs, des
statues et des tableaux qui décorent cette basilique. Ceux-ci, dont les originaux sont les
plus beaux titres de gloire de leurs auteurs,
tels que la Transfiguration par Raphaël, la
Communion de Saint-Jérôme par le Dominiquin, la Sainte-Pétronille du Guerchin, ne
sont la plupart que des copies; mais ces copies merveilleusement exécutées en mosaïque,
ont presque fait oublier les originaux qui décorent aujourd'hui la galerie du Louvre.

Les indicateurs qui affluent toujours à la
porte de ce temple pour offrir leurs services
aux curieux, et mieux encore les sacristains
de l'église, feront connaître les sujets des autres tableaux, ainsi que de toutes les peintures
et sculptures qui fixent le plus l'attention. Le
magnifique baldaquin qui décore le maître-
autel est dû à Urbain VIII, qui le fit exécuter

en 1733 sur les dessins du Bernin; haut de 86 pieds, il est tout en bronze, tiré de l'ancienne couverture du Panthéon.

La statue de la même matière qu'on voit adossée à un pilier de la grande nef, et dont le bout du pied est usé par les baisers des fidèles, est un Saint-Pierre fait aux dépens d'un Jupiter dont on n'a, dit-on, changé que la tête.

Le marbre qui forme le revêtement intérieur de ce magnifique temple, concourt merveilleusement à sa beauté, avec tous les ornemens qui le décorent sans confusion, et l'enrichissent sans le surcharger; mais nous sera-t-il permis de manifester notre surprise de ce que le marbre ne s'y montre qu'intérieurement, de ce que les cathédrales de Milan, de Florence, de Pise, de Sienne et autres églises d'Italie sont bâties en marbre, et que celle de Rome, la plus belle de toutes, n'est qu'en pierre; c'est une surprise que tous les étrangers éprouvent nécessairement, quoiqu'ils ne l'expriment pas tous, parce que chacun veut admirer sans restriction ce que tout le monde semble admirer de même.

Une autre surprise, pour ne pas dire un autre regret qu'on éprouve à la vue du plus beau temple de l'univers, est de voir les colonnes du frontispice engagées dans le mur, au lieu d'être détachées en forme de péristile, comme celles du magnifique portique du Panthéon, dont le modèle, sans cesse sous les yeux des divers architectes de la basilique de Saint-Pierre, fut dans le plan de Michel-Ange, le plus habile de tous; plan inexécuté et bien supérieur à celui qu'on lui a substitué. Le dôme qui s'élève et se développe tout entier derrière ce frontispice, forme, par sa belle courbe, son heureuse proportion et son immense diamètre, le principal mérite extérieur de l'église de Saint-Pierre; comme la coupole en est la principale beauté intérieure.

Ce temple, le plus beau de l'univers, en est aussi le plus vaste : sa longueur, marquée sur le pavé de la nef, est de 569 pieds ; tandis que Saint-Paul de Londres et la cathédrale de Milan, qui sont les deux plus grandes églises de l'Europe après Saint-Pierre de Rome, n'ont de longueur, la première que 469 pieds, la seconde que 412.

Il ne faut pas quitter Saint-Pierre sans en voir l'église souterraine, ainsi que la sacristie, dernier ouvrage qui a terminé, sous Pie VI, cette immense entreprise ; et s'il reste encore une heure de temps et des forces suffisantes pour

7*

braver une ascension longue et pénible, on doit monter sur le dôme, afin d'en voir l'ingénieuse charpente et la savante construction. On y jouira en même temps d'une belle vue de Rome, qui contribue à dédommager de la fatigue. Mais n'oublions pas que nous avons à faire à un voyageur pressé ; nous l'avons peut-être retenu trop long-temps dans la basilique de Saint-Pierre, tout en laissant une foule de choses à dire, une immense quantité d'objets à lui montrer. Nous allons tâcher actuellement de le mener avec plus de rapidité.

Il a déjà vu, outre la porte et la place du peuple, outre le pont et le château Saint-Ange, la place, le palais et l'église du Vatican ; il a vu une partie de Rome. L'église la plus digne de sa curiosité, après celle de Saint-Pierre, est celle de Saint-Jean-de-Latran, et après celle-là, celle de Sainte-Marie majeure. S'il en avait le temps, je le conduirais encore à l'église de Saint-Paul, hors des murs, mais il faut bien se borner, puisqu'il ne peut pas tout voir.

Les édifices modernes qui réclament ensuite le plus son admiration, ne sont pas, à mon avis, les palais, mais les fontaines publiques dont la renommée ne me paraît pas égaler la magnificence. Je ne lui indiquerai que les principales, qui sont la fontaine de Trevi, la plus belle de toutes; celle de la place Navone, la plus étonnante, et celle de S. Pietro di Montorio, qui occupe le premier rang pour l'abondance des eaux : cette abondance est telle qu'on se croirait à la source d'un fleuve. L'illusion n'est pas moindre à la fontaine de Trevi. Si l'eau de la première s'épanche avec grand bruit en une large nappe, l'eau de la seconde se précipite en nombreuses cascades avec encore plus de fracas : l'une sort de trois profondes niches, construites avec une noble simplicité; l'autre de toutes les veines d'un énorme rocher, d'où elle se répand dans un bassin spacieux. Deux chevaux marins conduits par deux tritons, paraissent s'agiter et s'avancer au milieu des eaux écumantes, traînant la figure colossale de l'Océan, représenté debout sur un char formé de coquilles marines.

Il y a trois fontaines sur la place Navone, dont deux ne sont que belles; mais la troisième, placée au milieu, est magnifique. C'est un bassin circulaire au centre duquel s'élève un rocher percé de quatre grandes ouvertures, qui laissent voir une grotte, et dans cette grotte un jet d'eau au milieu, un cheval marin d'un côté et un lion de l'autre. Le sommet de ce rocher, haut de plus de 40 pieds, est couronné par un obélisque de granit rouge haut de plus de 50, chargé d'hiéroglyphes, et trouvé dans le cirque de Caracalla, où cet Empereur l'avait fait transporter d'Egypte.

Cette place, consacrée aux marchés de Rome et généralement mal bâtie, n'est belle que de sa grandeur. Aussi large que la grande halle de Paris, elle est beaucoup plus longue et non moins animée. La façade de Sainte-Agnès embellit un de ses côtés. C'est sur cette grande place qu'était anciennement le cirque Agonal, près duquel Alexandre-Sévère avait ses thermes.

Moins grande, moins régulière et mieux bâtie, celle d'Espagne, qui occupe, dit-on, l'emplacement de la naumachie de Domitien, est décorée d'une autre fontaine, connue sous le nom de *Barcaccia*, parce qu'elle représente une barque; fontaine qu'on admirerait ailleurs et qu'on dédaigne à Rome, par comparaison avec tant d'autres. Cette place, l'une des plus belles de Rome, est la plus fréquentée des étrangers, dont la majeure partie loge dans les nombreux hôtels garnis qui l'entourent ou l'avoisinent. A l'une de ses extrémités, est le palais de la cour d'Espagne, qui lui a donné son nom.

VILLE DE ROME.

Elle tire son plus bel ornement du magnifique escalier qui conduit à l'église de la Trinité du Mont, située sur la plate-forme du mont *Pincius*, où s'élève un superbe obélisque de granit d'Egypte, haut de 44 pieds et demi sans le piédestal. Un voyageur français peut voir avec intérêt, sur ce mont, le bâtiment et les jolis jardins de la Villa-Médicis, consacrée aujourd'hui à l'école française des beaux-arts.

La place de Monte-Cavallo (l'ancien Mont-Quirinal) est, malgré son irrégularité, l'une des plus belles et des plus agréables de Rome, tant par sa situation aérée que par les édifices qui la décorent. Le plus beau de tous pour la façade est le palais Rospigliosi, dans l'intérieur duquel on admire une Aurore du Guide; mais le plus riche, comme le plus vaste et le plus somptueux sous tous les rapports, est le palais Pontifical ou Quirinal, vulgairement dit *de Monte-Cavallo*.

Le milieu de cette place est orné de deux groupes en marbre, qui représentent deux colosses tenant par la bride un cheval, et dont les piédestaux portent les noms de *Phidias* et de *Praxitèle*. Un empereur, les uns disent Néron, les autres Constantin, les fit transporter d'Alexandrie à Rome.

Entre ces deux chevaux, desquels dérive le nom de *Monte-Cavallo*, s'élève un obélisque Egyptien trouvé près du mausolée d'Auguste, dont il faisait un des ornemens. Sa hauteur est de 45 pieds non compris le piédestal. On le voit de toutes les rues qui aboutissent à la place, et cette perspective est d'un admirable effet.

De la plus belle place de Rome, après celle du Vatican, nous arrivons à l'une des plus petites et des moins remarquables par elle-même ; mais des plus intéressantes par le monument qu'elle renferme, la colonne Trajanne. « C'est, suivant les expressions de Vasi, la » plus superbe colonne qui ait jamais existé au » monde, et le plus célèbre monument qui se » soit conservé dans son entier ». Elle est dans l'endroit même où la fit élever Trajan, au milieu de son *forum*, dont l'antique magnificence, dirigée par l'habile architecte Apollodore, répondait à celle de ce monument, si peu en harmonie aujourd'hui avec ce qui l'entoure (*).

Cette colonne de marbre blanc et d'ordre

(*) Les nouveaux travaux que fait exécuter le gouvernement français, vont faire de cette petite place la plus grande et la plus belle de Rome.

dorique était couronnée par la statue de Trajan; Sixte-Quint fit mettre à la place, et sur le même piédestal, celle de Saint-Pierre qu'on y voit aujourd'hui. Le même pape fit découvrir le piédestal de la colonne, jusqu'à l'ancien pavé de Rome, en creusant tout autour un grand espace, pour qu'on pût en voir les bas-reliefs, qui sont extrêmement et justement admirés, aussi bien que ceux qui décorent la colonne, depuis la base jusqu'au chapiteau. La hauteur totale, compris le piédestal et la statue, est de 133 pieds, le diamètre de 11 dans le bas, de 10 dans le haut. Les bas-reliefs représentent la première et la seconde expédition de l'empereur Trajan contre les Daces, et contiennent environ 2500 figures, outre une infinité de chevaux, d'éléphans et de trophées de toute espèce. Les plans sont distingués par un cordon en spirale qui fait vingt-trois fois le tour de la colonne. On monte jusqu'au sommet, par un escalier intérieur en forme de colimaçon.

Ce qu'il y a de plus étonnant, c'est qu'une aussi magnifique colonne ne soit pas la seule qui nous reste des anciens Romains, et qu'il en existe encore dans la même ville, une autre plus grande, presque aussi belle, et non moins conservée. Celle-ci décore une place carrée de moyenne grandeur, qui en a reçu le nom de *Place de la Colonne*. On avait d'abord pris ce monument pour la colonne Antonine, mais un examen plus attentif des bas-reliefs dont elle est entourée, a fait reconnaître les victoires de Marc-Aurèle, en l'honneur de qui elle a probablement été érigée : elle n'en a pas moins conservé la dénomination d'*Antonine*, que prend aussi quelquefois l'assez jolie place qu'elle décore. Sa hauteur est de 148 pieds ; c'est 15 de plus que celle de Trajan. On y monte de même par un escalier intérieur qui a 5 marches de plus, 190 au lieu de 185.

Si les deux colonnes que l'on vient d'admirer, sont, en leur genre, les deux plus précieux monumens qui nous restent des anciens Romains, le Panthéon et le Colisée que nous allons voir, en sont les deux plus imposans édifices.

Le premier est un temple érigé par Agrippa, consacré à tous les dieux, et construit en rotonde ; ce qui l'a fait nommer aussi *la Rotonde*. Le second est un amphithéâtre construit par ordre de l'empereur Flav. Vespasien, après son retour de la guerre contre les Juifs, l'an 72 de l'ère vulgaire ; ce qui l'a fait nommer *amphithéâtre Flavien*. Cet Empereur y fit transporter le célèbre colosse de Néron, qui donna lieu au nom de *Colossé*, d'où est venu par corruption celui de *Colisée*.

Le Panthéon est le seul temple antique entièrement conservé, ce que nous devons à l'heureuse idée qu'on eut, dans le temps où l'on détruisait tous les temples payens, de faire de celui-ci une église chrétienne. C'est une immense et magnifique coupole, qui a servi de modèle à celle de Saint-Pierre. Elle est précédée d'un plus immense et plus magnifique portique, qui aurait également dû servir de modèle à celui du plus beau des temples modernes.

Une ode inédite sur Rome antique décrit ainsi ce monument :

Du milieu des débris s'élève un temple antique,
Que respecta du Temps le souffle destructeur.
A l'aspect de sa nef, de son vaste portique,
Le Goth laissa tomber son fer dévastateur.
 De tous les Dieux, temple immuable,
Et de tous les mortels monument révéré,
Vingt siècles ont passé sur ton front vénérable
 Sans l'avoir altéré !

Le Colisée est le plus vaste amphithéâtre qui ait jamais existé. C'est un ovale qui a 1616 pieds de circonférence, 581 de long, 481 de large : il pouvait contenir plus de 100,000 spectateurs. Si l'on a la douleur d'apprendre que sa dévastation, commencée par les Barbares, a été continuée par des papes qui l'ont exploité comme une carrière, on a aussi la consolation de voir un immense mur d'appui, élevé en forme d'éperon, par le pape Pie VII, pour en soutenir la partie la plus endommagée qui menaçait ruine. Cette restauration a été le sujet d'une très belle médaille frappée en l'honneur de ce pontife ; la dévastation de ses prédécesseurs avait été l'objet d'une épigramme latine, lancée en forme de calembourg, contre un des principaux destructeurs, qui était de la famille Barberini. *Quod non fecerunt barbari, fecerunt Barbarini.*

Près du Colisée, et après avoir foulé l'emplacement et quelques décombres de l'ancienne *Meta Sudans*, fontaine où se désaltéraient les gladiateurs, nous allons longer l'arc de triomphe de Constantin, qu'on pourrait appeler aussi *l'Arc de Trajan*, puisque les 20 bas-reliefs placés dans le haut, qui est la plus belle partie de l'édifice, ont été tirés d'un arc de cet Empereur, sous lequel fleurissaient les arts ; tandis que la partie inférieure se ressent de leur décadence.

Non loin de là, nous passons sous celui de Titus qui rappelle la prise de Jérusalem, pour arriver, à travers l'ancien *forum* où sont rassemblés les plus nombreux débris de Rome antique, d'abord à l'arc de Septime-Sévère, le mieux conservé de tous malgré la dégradation de ses reliefs, enfin au capitole que nous chercherons en vain dans le bâtiment moderne qui l'a remplacé.

J'aimerais à reposer ici le voyageur dont je dirige les pas, à lui montrer avec détail les diverses ruines qu'il a sous les yeux, les restes du palais des Césars, du temple de la Paix, de celui d'Antonin et Faustine, de ceux de Romulus, de Jupiter Stator, de Jupiter Tonnant, de la Concorde, etc., etc., à considérer mille autres débris majestueux d'édifices ignorés, à méditer avec lui sur les destins qui changent ainsi la face des cités, des empires et du monde, à contempler ce centre de Rome, ce théâtre de tant de mouvemens et de révolutions, devenu celui des ruines et du silence; mais ce serait sortir des bornes étroites d'un simple aperçu; contentons-nous de mesurer des yeux la roche Tarpeïenne, de jeter un regard sur le palais qui a remplacé l'ancien Capitole; et allons chercher quelque adoucissement à nos regrets dans les deux musées, l'un plein de chefs-d'œuvre de sculpture antique, l'autre de chefs-d'œuvre de peinture ancienne, que renferment les deux ailes latérales de cet édifice. En traversant la petite place qui les sépare, on se sent saisi d'un mouvement d'admiration et de respect à la vue de la statue équestre de Marc-Aurèle : elle est en bronze et regardée comme un chef-d'œuvre. Voici les vers qu'elle a inspirés à l'auteur de l'ode inédite déjà citée :

> Quel est donc ce coursier dont le bronze respire !
> Il s'élance, il emporte un héros dans les cieux.
> Que ne puis-je arrêter...! Mais, silence, ô ma lire !
> C'est Marc-Aurèle... Il fut envoyé par les Dieux,
>   Il revole vers sa patrie,
> Laissant à l'univers le bienfait de ses lois,
> A ses peuples en pleurs son image chérie,
>   Et son exemple aux Rois.

Terminons cet aperçu par une observation de laquelle nous devons rendre grâce au ciel : c'est que les trois plus beaux monumens de la reconnaissance Romaine, en même temps que les plus mérités, savoir, les deux colonnes Antonine et Trajane, et la statue équestre de Marc-Aurèle, sont aussi les mieux conservés, comme par un effet de la vénération des siècles, pour les bienfaiteurs de l'humanité ; tandis qu'au contraire ceux que l'adulation a prodigués à la tyrannie, ont éprouvé l'inévitable effet que l'indignation publique fait subir tôt ou tard.

Quoique je n'aie pas eu l'intention de décrire Rome, je m'aperçois que j'en ai beaucoup dit; et quoique j'en aye beaucoup plus dit que je ne voulais, j'en ai laissé beaucoup plus à dire encore, afin de me borner à l'indication fidèle des objets les plus remarquables. En se rendant des uns aux autres, le voyageur pourra voir, avec le secours du *cicerone* dont il lui importe d'être toujours escorté, les divers autres monumens qui se trouveront sur son chemin. La magnifique colonnade de la douane de terre, le théâtre de Marcellus, le tombeau d'Auguste, les bains de Titus, ceux de Livie, etc., s'y rencontreront nécessairement, ainsi que divers obélisques et fontaines, divers temples et palais dont je ne lui ai point parlé, parce qu'ils ne se sont point trouvés dans l'ordre que nous avons suivi. S'il se décide à faire une excursion hors des murs, il ne doit pas manquer de voir la pyramide de *Cestius*, le seul monument de cette nature qui soit à Rome, et le tombeau de Cecilia Metella, le seul qui se soit entièrement conservé sur la voie *Appia*. En revenant de sa course, il pourra voir encore l'église de Saint-Paul, hors des murs, et le mont *Testaccio*, curieux seulement en ce qu'il est formé de fragmens de vases de terre cuite appelée *testa* en latin.

Sur trois cents églises, nous n'en avons nommé

que quatre ou cinq; mais il en est un grand nombre d'autres qui méritent encore l'attention des amateurs, soit par leur architecture, soit par les différentes espèces de marbre précieux, soit par les nombreux chefs-d'œuvre de sculpture et de peinture dont elles sont enrichies. Il n'en est presque aucune qui ne renferme quelque tableau de prix; on en peut dire autant des deux cents palais qui décorent cette ville, et dont quelques-uns, comme ailleurs ceux des souverains, renferment des galeries célèbres. La plus célèbre de toutes est aujourd'hui celle du palais Doria. Ce palais est un des principaux de Rome, quoique la façade, qui doit constituer le premier mérite d'un édifice, soit reconnue de mauvais goût. Le plus beau de tous sous ce rapport, comme pour la magnificence de l'escalier et la distribution intérieure, est le palais Corsini, auquel le seul palais Farnèse dispute le premier rang. Celui-ci, qu'on met trop souvent en parallèle avec le Louvre, parce qu'il forme également un carré parfait, lui est si inférieur, qu'on a peine à concevoir une semblable comparaison. En vain pour la soutenir, des enthousiastes se battront les flancs: ils ne pourront nier que ce premier palais de Rome n'entrât tout entier, ou peu s'en faut, dans un des carrés de la cour du Louvre, et que son architecture, d'ailleurs aussi noble que simple, ne soit en même temps aussi pauvre de sculpture que l'autre est riche en ce genre; ils ne pourront disconvenir que la cour du palais Farnèse, petite et sombre, ne ressemble, ainsi que les galeries qui l'entourent, à la cour et aux galeries d'un cloître; tandis que la grandeur de celle du Louvre répond si bien à la grandeur, à la magnificence et à la destination de l'édifice qui l'entoure. Si tous ces faits sont vrais, et je défie le Français le plus exalté, l'Anglais le plus prévenu, le Romain le plus partial de me les nier, comment peut-on mettre tous les jours en parallèle ces deux édifices? Comment peut-on mettre les plus beaux palais de Rome à côté des plus beaux de Paris? Non-seulement le Louvre et le palais de Versailles, mais encore celui des Tuileries avec ses défauts, que concourent à faire oublier la parfaite symétrie, la riche variété et l'immensité majestueuse de sa double façade, et même celui du Luxembourg avec sa noble simplicité, n'ont point leurs égaux à Rome.

Je l'avouerai, il m'a été impossible de partager à cet égard l'engouement général; si j'ai trouvé les fontaines publiques bien au dessus de l'idée qu'on m'en avait donnée, j'ai trouvé les palais bien au dessous. Après les deux plus beaux que nous venons de nommer, il y en a peu d'autres bâtis en pierre de taille : c'est un luxe rare à Rome, et le marbre extérieur un luxe inconnu. La brique dont sont construits la plupart des palais et des maisons, est tantôt apparente et tantôt recouverte d'une couche de stuc ou de chaux.

Si ce genre de construction ôte beaucoup à la noblesse qui résulte de la masse et de l'élévation de ces palais ; la petitesse des cours autour desquelles ils se déploient sur quatre ailes, le ton généralement sérieux et austère de l'architecture, et l'absence des beautés de la sculpture, dont les façades en briques sont peu susceptibles, leur ôtent toute la gaîté que les hommes doivent naturellement chercher dans leurs habitations. Plusieurs palais de Rome ressemblent à des prisons. Ils offrent, sur ceux de Paris, un genre de supériorité que je ne dois point taire, et qu'on remarque également dans toute l'Italie ; c'est celui des grands vestibules dans lesquels entrent, tournent et se croisent les voitures, de manière qu'on entre soi-même à l'abri de la pluie, avantage que n'offrent guères les hôtels de Paris. A cela près, ceux-ci répondent parfaitement aux palais des Romains, qui, en exceptant les quarante ou cinquante plus beaux, rentrent tous dans la foule des hôtels les plus ordinaires, et mériteraient à peine ce modeste titre à Paris; mais en Italie, pour qu'une maison porte celui de palais, il suffit qu'elle ait une porte cochère et une cour.

Quant aux rues de Rome, le voyageur que nous avons accompagné dans divers quartiers de cette ville, a dû s'apercevoir qu'elles n'ont rien de remarquable; que s'il y en a beaucoup d'alignées, il y en a un plus grand nombre qui ne le sont point; que leurs très petits pavés de basalte sont aussi peu agréables à la vue que fatigans pour les pieds des voyageurs, surtout quand ils viennent de fouler les magnifiques pavés de Florence et de Viterbe; enfin que les unes comme les autres sont communément peu larges, et que, sous ce rapport, Rome est une ville ordinaire. La rue du Cours, la plus belle de toutes, donne de suite une idée des autres. Longue d'un mille, elle n'a pas une largeur proportionnée, et une partie de cette largeur est encore diminuée par deux méchans trottoirs, aussi mal pavés que la rue même, aussi grossièrement construits que mal pavés, et si hauts, que la chute, en certains endroits, en est vraiment dangereuse, au point qu'il serait nécessaire de les border d'un parapet, s'il n'était point préférable de les abaisser.

Point, ou presque point de ces jolies boutiques qui, par leur élégance et la richesse de leurs étalages, contribuent si bien à l'embellissement des rues. Quelques palais d'un aspect imposant, mais d'une couleur sombre et d'une physionomie austère, si j'en excepte celui de l'ancienne Académie de France, que je me suis toujours plu à considérer comme le plus beau de la rue du Cours, quoique cette opinion soit combattue, ne contribuent pas à l'égayer. Elle est cependant, ainsi que l'indique son nom de *Cours*, la promenade publique de Rome. C'est là que les nobles Romains vont étaler leurs somptueux équipages. Comme cette rue aboutit à la porte du Peuple, et qu'à cette porte aboutit le chemin qui tient lieu d'avenue à la Villa Borghese, ils poussent quelquefois jusque là leur promenade, lorsque le temps y invite.

Cette Villa Borghese, dont les jardins sont ouverts au public, n'est plus réellement aujourd'hui qu'une promenade, ayant été dépouillée de ses plus riches ornemens : c'est de toutes les maisons de campagne la plus à portée de la ville. Plusieurs autres, répandues aux environs, mais à de plus grandes distances, sont l'objet de la curiosité des voyageurs, et en été celui de la terreur de leurs riches propriétaires. Cette saison en rend le séjour dangereux, à cause de l'intempérie générale qui règne dans toutes les campagnes de Rome ; aussi ne les habitent-ils qu'en hiver. Aux premiers jours du printemps, qui appellent partout ailleurs les nobles citadins à la maison des champs, les nobles Romains quittent la leur pour se renfermer dans les murs de Rome, où l'insalubrité de l'air est modifiée par le grand nombre de transpirations et de vapeurs qui s'en élèvent. Nous avons dit que toutes les rues sont pavées en basalte; la ville repose partout elle-même sur la lave des anciens volcans qui ont, de proche en proche, parcouru toute cette partie de l'Italie et y ont déposé de vastes coulées de basalte, alternant avec des couches de pépérino, autre matière volcanique qui tient de la nature du tuf ou de la crèche, et qui est un composé de cendre et de pouzzolane. Le pépérino, pierre aussi légère que solide, est fort employé dans les constructions : c'est le moellon de Rome.

Une chose qui m'a beaucoup étonné, c'est qu'il n'y a qu'un petit nombre de Romains qui reconnaissent la terre qu'ils habitent pour une terre volcanisée, et que la plupart ignorent même jusqu'au nom de basalte, tout en le foulant journellement. Il m'a paru que les savans en histoire naturelle sont rares dans cette ville. La littérature y est plus en honneur, surtout la poésie, comme faisant partie des beaux arts, auxquels cette ville se livre toute entière : ils forment même son principal commerce. Les antiques de toute espèce, les médailles, les statues, les pierres gravées, les ouvrages et ustensiles de bronze, etc., sont des objets de trafic à Rome. La gravure moderne à l'imitation de l'antique, la mosaïque bien supérieure à celle des anciens, la taille des diamans et pierres fines, la composition des fausses perles, etc., y sont des objets d'industrie. Les ateliers de peinture et de sculpture, encouragés par les papes et par le goût général des Romains, s'y étaient multipliés au point d'avoir fini par l'être trop, vu surtout la diminution des demandes qui étaient faites de toutes les parties de l'Europe.

Un seul atelier y a conservé toute son activité : c'est celui du célèbre Canova, le Phidias de notre siècle.

Les Romains savent si bien allier les arts et les lettres, qu'une des Romaines les plus distinguées en ce genre, la signora Dioniggi, exécutait sous mes yeux les beaux dessins des antiquités Cyclopéennes, en même temps qu'elle en rédigeait le texte en style pur et clair, avec des recherches profondes auxquelles concourait son intéressante fille, jeune et modeste savante de 20 ans, qui, de la même main accoutumée à feuilleter, pour sa respectable mère, les auteurs grecs et latins, traçait les vers pleins de goût qu'elle composait, ou s'accompagnait en chantant ceux qu'elle improvisait. Elle faisait des vers dès sa plus tendre enfance; elle en fit à 8 ans qui lui méritèrent une place à l'académie des Arcades; à 20 ans elle était déjà la plus célèbre improvisatrice de Rome. J'ai vu une autre aimable Romaine, la belle Thérésina Benineampi, cultiver à-la-fois avec un égal succès, les arts, les sciences et les lettres.

L'improvisation, ce talent qui semble tenir du prodige et qui fait l'admiration comme le désespoir des rimeurs français, anglais et allemands, est un talent commun et dédaigné à Rome. Les vers sont trop faciles à faire dans une langue dont tous les mots ne forment qu'un très petit nombre de désinences, de manière qu'on leur trouve de suite, presque sans se donner la peine de la recherche, des rimes à choisir. Un maître de poste aubergiste m'a improvisé à moi-même des vers qui n'étaient pas plus mal faits que d'autres. Les rimeurs de toutes les classes savent improviser; mais, hélas! quels vers! Nous avons vu que les Italiens ont de l'indulgence en fait de pièces de théâtre; il leur en faut bien davantage en fait d'improvisation, pour supporter toutes les niaiseries, tous les lieux communs, toutes les incohérences d'un poëte qui n'a pas le temps, ni quelquefois le talent de bien faire.

Cependant c'est là que peut briller aussi le vrai talent, et ceux qui réussissent à se garantir de toutes les trivialités dont se rendent si souvent coupables les improvisateurs vulgaires, ont au moins le mérite de la difficulté vaincue. Ce talent, qui demande surtout de la vivacité et de la présence d'esprit, est plus particulièrement l'apanage des femmes. Je n'ai connu qu'un homme qui s'y distinguât lors de mon séjour, le jeune poëte Véra; encore avait-il abandonné cette carrière à l'âge de 30 ans, aimant mieux sans doute être celui de tous les poëtes Romains qui fait le mieux les vers, que celui qui les fait le plus vite.

Rome moderne, aussi stérile en grands hommes que fut féconde sous ce rapport Rome ancienne, n'a pas fourni son contingent, si l'on veut me pardonner l'expression, dans la nombreuse liste de ceux qu'a vu naître l'Italie. La famille Colonna, la plus ancienne et la plus illustre de Rome, a produit cependant à elle seule plusieurs grands capitaines, dont le plus célèbre est Fabrice Colonna, et plusieurs savans distingués, parmi lesquels Gilles Colonna occupe le premier rang. Jules-Romain est le seul peintre vraiment célèbre qu'elle ait vu naître. Si elle a été le séjour et l'école d'une foule d'autres, de presque tous ceux qui ont honoré l'Italie, on en compte peu dont elle ait été le berceau; ce qui étonne plus pour les artistes, qui ont été long-temps protégés dans cette ville, que pour les savans qui n'ont pas obtenu, des papes et des grands de Rome, les mêmes encouragemens. Dans la longue liste des hommes illustres dont M. de Lalande fait honneur à Rome, on en compte peu qui jouissent d'une véritable renommée, et moins encore qui soient vraiment d'origine Romaine. Les trois les plus célèbres qu'on y remarque, Métastase, le Bernin, Piranesi, sont nés, le premier à Assise, les deux autres à Venise, aussi bien que le fameux Canova dont nous avons eu occasion de parler.

Quant au caractère des Romains, il m'a paru supérieur, sous tous les rapports sociaux, à celui des autres peuples d'Italie. Les étrangers trouvent à Rome un accueil aimable et empressé, avec une urbanité qu'on ne retrouve au même degré qu'en Toscane : je ne parle que de la classe éduquée, et non du peuple proprement dit, dont je ne veux pas plus parler que du peuple Romain qu'il a remplacé, ayant peu à dire du premier, et ne pouvant rien dire de l'autre qui ne soit connu de tout le monde. Ce dernier croit exister encore dans le quartier du Trastevère sur la rive droite du Tibre. Les Trasteverains se regardent comme les descendans des anciens Romains, et quelques observateurs, grands physionomistes, veulent leur en retrouver les traits.

Nous ne parlerons pas non plus des sept collines qu'enfermait la capitale du monde, et que les agrandissemens successifs portèrent à douze. Les anciens murs d'Aurélien bâtis en brique et peu dégradés, forment encore l'enceinte actuelle de Rome, estimée à 13 milles Romains, près de 10,000 toises de France ; mais la ville occupe à peine le tiers de cet espace, et une partie de ce tiers est encore inhabité, au point que la même enceinte dont on comptait les habitans par millions, n'en contient pas aujourd'hui plus de 130,000.

Les efforts du gouvernement Français pour rendre à cette ville son ancien lustre, lui rendront peut-être aussi une partie de son ancienne population, et lui donneront en même temps la salubrité dont elle ne jouit que dans les quartiers les plus habités. Dans ces quartiers, voisins du Tibre, l'air ne peut manquer d'être encore assaini par la construction du double quai qui doit encaisser le fleuve et, en embellissant la ville dans la partie qui en a le plus de besoin, lui donner un genre de promenade qu'elle ne connaît pas, et dont elle n'a pas un moindre besoin.

Nous sommes loin d'avoir fait la description de Rome, nous n'avons pas eu l'intention de la faire : cependant nous croyons avoir excédé la tâche que nous nous étions imposée et qu'une simple nomenclature des objets semblait devoir remplir. Eh! comment retenir sa plume quand chaque objet retrace un souvenir, lorsque tout ce qu'on voit est plein de grands événemens et de grands noms!

« Je te quitte, ma chère amie, écrivais-je à
» mon épouse dans les premiers jours de mon

» arrivée à Rome, pour me remettre en com-
» merce avec Cicéron, Marc-Aurèle, Trajan,
» Titus, Caton, Brutus, Jules-César, Horace,
» Virgile et autres gens de cette espèce, avec
» lesquels je passe mon temps depuis que je
» suis arrivé. Je les trouve à chaque pas, les
» divers grands hommes qui ont illustré la
» reine du monde; oui, je les trouve, les uns
» en marbre, les autres en bronze; je crois
» les voir eux-mêmes; je foule le sol qu'ils
» ont foulé; je vois les objets qu'ils ont pos-
» sédés, les édifices qu'ils ont élevés; je l'ai
» vue cette superbe statue de Pompée, au pied
» de laquelle fut égorgé le premier des Césars.
» On est tenté d'interroger ce témoin muet d'un
» si grand événement, on est tenté de lui de-
» mander s'il a été satisfait de trouver un ven-
» geur; et ce marbre semble prêt à répondre.

» Les colonnes, les arcs, les mausolées, les
» temples, les antiquités de toute espèce s'of-
» frent sans cesse à mes regards. Le voilà ce
» *forum* que les tribuns ont si souvent fait re-
» tentir de leurs fougueuses harangues, et le
» peuple de ses applaudissemens brigués, ou de
» ses redoutables murmures.

» Rome moderne présente aussi ses beautés:
» la basilique de Saint-Pierre est tout ce qu'il

VILLE DE ROME.

» y a de plus magnifique au monde. Je la vi-
» site tous les jours avec un nouveau ravisse-
» ment. Les palais de Rome sont des musées ;
» quelques-uns ressemblent dans leur inté-
» rieur à des palais de rois, lors même que
» l'extérieur ne répond pas à cette ressem-
» blance.

» Quant à Tivoli, je ne puis t'en dire autre
» chose, sinon que je n'ai vu nulle part le pen-
» dant de ce genre de beauté ; si ce n'est à
» Salles-la-Source, dans le vallon de mes pères.

» On me presse pour aller au bal : demain
» je te parlerai des Romaines, qui ne sont pas
» la moindre beauté de Rome.

P. S. » Dis à la cousine Vanloo que je re-
» connais les Romaines pour les plus belles
» femmes du monde. Dans le bal donné par
» le général Miollis, il y en avait plus des
» deux tiers de belles. Une d'elles, la signora
» Marioni, éclipsait toutes les autres par une
» figure angélique faite pour le disputer à la
» Vénus de Médicis, ainsi que par l'étonnante
» quantité de diamans dont elle était couverte,
» et qu'on évaluait à 500,000 piastres. En gé-
» néral, elles joignent à la beauté Romaine la
» grâce Parisienne. A chaque pas on rencontre
» de belles femmes dans les rues, les spec-

» tacles, les promenades. Que dis-je, les spec-
» tacles!... Il n'y en a d'autre en ce moment que
» le combat du taureau. Les promenades!.... Il
» n'y en a aucune : on se promène dans la
» rue du Cours »......

Le lecteur dont j'aime à captiver l'attention à force de variété, craignant pardessus tout la monotonie qui semble être l'inévitable écueil de cet ouvrage, et n'ignorant pas que l'ennui naquit un jour de l'uniformité, me pardonnera, j'espère, d'avoir un instant suspendu mes entretiens avec lui, pour en mettre un sous ses yeux d'une autre nature, qui complète, par une espèce de récapitulation et par quelques nouveaux détails, l'esquisse de la ville de Rome; vu surtout que cette esquisse lui tient lieu d'une description que je n'ai pas voulu lui promettre, tant par les raisons déjà connues, que parce que l'entreprise aurait dépassé les bornes de l'ouvrage et les forces de l'auteur.

Quoique je ne me sois pas engagé à décrire Rome, et moins encore ses environs, je dirai cependant qu'ils offrent à visiter, entr'autres ruines célèbres, celles de la ville d'Hostia, ancien port des Romains, et entr'autres maisons de campagne, la villa Albani et la villa Pamphili. On en verra aussi plusieurs à Frascati, petite ville située à 5 lieues S. E. de Rome, et l'un des lieux les plus intéressans d'un territoire, dont la nudité, l'abandon et l'insalubrité, s'étendent jusqu'à cette distance, et dont les beaux sites ne commencent qu'aux pieds des collines qui servent de base aux Apennins. Mais le plus intéressant de tous ces environs éloignés est Tivoli, ville un peu plus considérable et un peu plus distante de Rome que Frascati.

En s'y rendant par la voie consulaire jadis bordée de magnifiques tombeaux, on traverse sur le pont Mamomlo, construit par les soins de Mammea mère d'Alexandre sévère, l'Anneau des anciens Romains, nommé *Téverone* par les modernes. Cette rivière qui a sa source dans le royaume de Naples, forme à Tivoli la célèbre cascade dont nous allons bientôt parler. A 8 milles de ce pont, on en trouve un autre appelé *Ponte della Solfatara*, à cause de l'odeur sulfureuse exhalée par l'eau bleuâtre de la petite rivière sur laquelle il est jeté, rivière dont la source est à 2 milles sur la gauche, dans le lac connu sous le même nom de *la Solfatara*, et fameux en outre par ses dépôts lapidifiques, qui forment cette espèce de tuf connu sous le nom de *Travertin*, excellente qualité de pierre, moins belle qu'elle n'est bonne, mais fort en usage dans les bâtisses tant de l'ancienne que la moderne Rome, ainsi que le prouvent les deux principaux édifices de l'une et de l'autre, le Colisée et Saint-Pierre, qui en sont entièrement construits.

Près de ce petit lac en est un autre connu sous le nom *delle Isole natanti*, parce que les vapeurs qui s'en élèvent continuellement s'unissant avec la terre et avec les débris de plantes et de ronces détachés des rives ou transportés par les vents, se condensent à la longue en corps légers qui surnagent en forme de petites îles flottantes. Deux milles et demi au de là du pont de la Solfatara, on passe pour la seconde fois le Téverone sur le *Ponte-Lucano*, ainsi nommé d'une victoire que les Romains remportèrent en cet endroit sur les Lucaniens. Il a été reconstruit par Tibère Plautius, dont on laisse ensuite à gauche le tombeau, élevé en forme de tour ronde comme celui de Cecilia Metella, et connu sous le nom de *Tombeau de la Famille Plautie*. Deux milles plus loin, on laisse à droite l'immense emplacement de la villa d'Adrien, où cet empereur après avoir parcouru son vaste empire, voulut rassembler tout ce qu'il avait vu de plus beau et de plus curieux dans la Grèce, l'Egypte et l'Asie. Aussi renfermait-elle, dans une enceinte

de 7 milles, une infinité d'édifices, dont les nombreux débris sont des témoignages certains de l'ancienne magnificence de cette *villa*. Je lis dans l'Itinéraire instructif de Vasi, qu'elle renfermait trois théâtres, dont l'un est le mieux conservé de ceux qui sont connus. Je n'ai pas été frappé de cette conservation extraordinaire, qui, puisqu'elle a échappée à mon attention, à mon souvenir et à mes notes, n'est sans doute pas telle qu'il la dépeint; et cet auteur lorsqu'il donne ce théâtre comme le mieux conservé qui existe, prouve à ses lecteurs qu'il ne connaît pas ceux de Pompeïa. « En reprenant le chemin de Ti-
» voli, dit le même auteur, on voit, avant
» d'entrer dans cette ville, un beau chemin pour
» la promenade qu'on appelle par corruption de
» *Cassiano*, parce que Cassius y avait sa *villa*,
» où fut tramée la conjuration contre Jules
» César ». (*Vasi, Itinér. instruc. de Rome*).

Tivoli, petite ville de 5000 habitans, est par elle-même une des plus vilaines de l'état Romain, et l'une des plus intéressantes par son heureuse position au milieu des belles cascades, qui font aujourd'hui, avec les débris qu'elle conserve encore de l'antique Tibur, son unique titre à la célébrité. Cette heureuse Tibur que Tivoli remplace devait une grande partie de la

Tome IV.

sienne aux nombreuses maisons de campagne qu'y possédaient les plus illustres Romains, et aux temples dont ils l'avaient décorée.

La fameuse cascade de Tivoli se divise en deux bras, dont le plus grand se précipite avec fracas dans un abîme où l'œil ne plonge qu'avec effroi. L'on n'y pénètre soi-même qu'autant qu'on a le malheur d'y être entraîné par la pente du talus glissant où est tracé le sentier d'où on l'examine. Ce malheur venait d'arriver peu de jours avant mon passage à un jeune voyageur de Lyon, qui eut l'imprudence de s'avancer de trop près; son pied glissa, et il disparut. Un de mes amis qui se trouvait de la société, m'a raconté qu'il entendit son cri, qu'il se retourna et ne le vit plus. On fut long-temps à retrouver son cadavre, le gouffre ne le revomit qu'au bout de trois jours. Pour éviter à l'avenir un si déplorable accident, le général Miollis a fait border d'un parapet le sentier étroit et escarpé qui borde l'abîme. Ce sentier dirigé avec goût, entrecoupé de reposoirs, est devenu une promenade, et le danger a disparu.

L'autre partie de la cascade tombe avec un bruit encore plus terrible, parce qu'il est plus concentré, dans une profonde caverne, formée de stalactiques, percée de plusieurs arcades, et connue sous le nom de *Grotte de Neptune*. Elle y remplit de son onde bleuâtre, un bassin dont la profondeur est inconnue, et dont les bords sont presque au niveau du terre-plein sur lequel est placé l'observateur. L'espace entre la voûte de la grotte et le niveau de l'eau est rempli par un nuage d'écume, à travers lequel on aperçoit la cascade nuancée d'une foule d'arcs-en-ciel. Combien de fois j'ai regretté de n'être pas peintre, à la vue d'une scène aussi pittoresque! J'éprouvais encore un autre regret, celui d'être dans une ville. Je ne la voyais pas à la vérité, mais je la savais au dessus de moi. Ce genre de beauté semble exiger le mystère et l'isolement de la cascade de Terni, de la fontaine de Vaucluse, et d'autres semblables accidens, que la nature semble avoir placés hors de la portée des associations humaines. Située presque au milieu de Tivoli, cette cascade, selon moi, perd autant de son prix qu'elle ajoute à celui de la ville. Celle-ci, comme si elle avait craint d'opposer à ce magnifique spectacle la vue de ses vilaines maisons et de ses vilaines rues, ne se montre que par les deux temples de Vesta et de la Sybille, héritages de l'antique Tibur. On les voit à une hauteur de 100 pieds au dessus de sa tête, comme suspendus au bord du massif perpendiculaire au pied duquel est creusée la grotte de Neptune. Rien ne se lie mieux aux beautés de la nature que les chefs-d'œuvre de l'art, lorsqu'ils commencent à sentir l'effet du temps. La solitude d'un antre, le bruit sauvage d'une cascade sont parfaitement en harmonie avec le silence des ruines, silence éloquent pour l'âme qui en sait entendre l'auguste langage.

Ces deux petits et jolis temples sont placés l'un à côté de l'autre et presque attenans. Celui de Vesta est un carré long, dont les quatre faces sont décorées de pilastres d'ordre corynthien; et celui de la Sybille, une rotonde entourée d'une colonnade détachée, également d'ordre corynthien. C'est le premier objet qui se présente; c'est aussi le premier qu'on visite ordinairement, ne fût-ce que pour y jouir de l'aspect qu'offre la cascade vue d'en haut. Mais pour bien jouir de celui qu'offrent à-la-fois les deux temples et les deux cascades, il faut faire le tour de Tivoli, en parcourant le chemin tracé en corniche, sur le penchant demi-circulaire de la colline opposée.

En avançant, la perspective change; au bout d'une heure on découvre ce qu'on appelle *les Cascatelles*, ce sont des cascades plus petites que les deux autres. En continuant à tourner, avec le chemin développé en fer à cheval qu'on parcourt, on remarque un autre groupe de petites cascades sous le palais de Mécène : elles font mouvoir, dans la maison moderne qui en a pris la place, un grand nombre de forges.

C'est un objet intéressant à voir sans doute que des fonderies et des forges qui offrent, ici le métal cédant sous le poids d'un énorme marteau, là roulant en torrent de feu comme la lave d'un volcan; mais qu'est-ce que tout cela, auprès du souvenir de Mécène? C'est donc là que ce protecteur des muses venait se délasser par leur commerce de la fatigue d'une immense administration. C'est là qu'Horace, le plus chéri de ses protégés..... Mais Horace lui-même, n'avait-il pas ici son asile champêtre ? Cette charmante maison où est-elle? La voilà, vous dit le Cicérone. — Mais où est-elle encore un coup? Je ne vois rien. — C'est là qu'elle était. — Mais si c'est là, il doit y avoir une fontaine, il nous le dit lui-même. — Elle y était conduite, vous dit-on, par un aqueduc dont on vous montre les restes. Certes, ce n'est pas une fontaine d'aqueduc qu'a pu célébrer Horace. Et ce bois, ce *paululum sylvœ*..... où est-il? On est réduit à soupçonner que cette colline pierreuse et aride, où l'on ne voit plus anjourd'hui que quelques oliviers maigres et clair-semés, était couverte autrefois, et c'est plus que vraisemblable, d'un sol végétal et d'un bois touffu qui en maintenait la fraîcheur.

Si nous n'avons pas vu de fontaine à la villa d'Horace, nous en avons trouvé une fort belle près de celle de Catulle. Ces deux maisons de délices ont été remplacées, l'une par un couvent de Franciscains, l'autre par un d'Olivetains. On passe ensuite près de la villa du rhéteur Quintilien, et de celle de Varus, célèbre par ses désastres.

La route, en continuant à tourner avec le coteau, descend dans le vallon où l'on passe, d'abord sur un pont romain, la petite rivière d'Aqua d'Oro, ensuite sur un pont de bois, le Téverone. Remontant après par une voie Romaine à Tivoli, on m'a fait longer à gauche la villa de Mécène. On m'a montré à droite dans les vignes un petit temple consacré à la toux, plus loin les restes, ou pour mieux dire l'emplacement de la villa de Salluste, de celles de Plancus, de Brutus, de Cassius et d'une foule d'autres, ainsi que de divers temples.

Tout en contemplant ces nobles débris, nous regagnons notre auberge qui est elle-même bâtie sur l'emplacement d'un ancien temple d'Hercule, d'où ce quartier a pris le nom de *Tempio d'Hercole*. Des fenêtres de cette auberge (de Cotti), on a la vue des Cascatelles, vue qui n'est point sans intérêt, même après celle de la grande cascade. Il y a même des amateurs qui la préfèrent.

J'eusse passé volontiers quelques jours dans cette charmante auberge; mais, je l'avouerai, l'exécrable vin dont on m'y a abreuvé m'en a chassé : certes, ce n'est pas celui dont aimait à s'enivrer Horace. Que cela n'empêche pas les curieux de loger, comme je le ferais encore moi-même, dans cette auberge; car ils ne seraient pas mieux abreuvés ailleurs : c'est le vin du cru; on n'en connaît pas d'autre. Il surpasse en mauvaise qualité celui de Rome, et c'est beaucoup dire.

Le mauvais vin est un fléau général dans l'état Romain. Le même inconvénient se fait sentir dans d'autres contrées de l'Italie, notamment dans quelques parties du Piémont; mais nulle part au même degré qu'à Rome et dans les environs, si j'en excepte Gensano où l'on fait, comme nous le verrons (*route de Rome à Naples*), un vin moins doux, qui a au moins de la couleur et du corps; tandis que les vins ordinaires n'ont ni l'un ni l'autre. Ce sont de petits vins clairets, d'une couleur paillée et d'un goût fadement mielleux. On en boit aussi de blanc, qui est dans le même genre et tout aussi mauvais. Ce qui étonne les étrangers, c'est de voir que ces vins ont leurs amateurs qui les dégustent, les vantent, les savourent comme d'autres. Cependant les vrais gourmets de Rome se partagent entre le vin de Gensano et celui de Monte-Pulciano, qui est, comme on l'a déjà dit, le Bourgogne des Romains, sans approcher à mon avis de celui de France. Il m'a paru de plus très capiteux. On trouvait aussi de mon temps, époque de la réunion, des vins ordidires de Florence et de Naples, dont la qualité savoureuse et stomachique, qui est à peu près celle des bons vins d'ordinaire de France, n'est d'aucun prix pour les Romains.

Une chose assez curieuse à observer en passant, est la singulière forme des bouteilles le plus en usage dans ce pays, surtout dans les campagnes : c'est un verre mince et verdâtre, auquel on a laissé la première forme que donne dans la verrerie, le tube du souffleur, celle d'une vessie. Le ventre de cette vessie de verre est recouvert d'une grotesque empaillure. Un goulot très mince, dont le bout n'est formé que par la cassure du verre, représente le col de la vessie. C'est la seule partie que l'empaillure ne couvre pas. Quelques gouttes d'huile répandues sur le vin, lui tiennent lieu du bouchon qu'un verre aussi mince ne pourrait supporter. Avant de verser à boire, on brandit la bouteille pour répandre sur le carreau l'huile et la superficie du vin, de manière à jeter le moins possible de ce dernier liquide, et voilà la bouteille débouchée.

Il est une autre espèce de bouteilles également empaillées et faites du même verre, qui ne sont pas moins curieuses à décrire : celles-ci sont cylindriques et sans goulot : on en fait à Rome comme en Toscane, l'usage opposé à celui des bouteilles ordinaires ; je ne sais si je fais assez entendre que ce sont les vases de nuit. Leur diamètre de 3 ou 4 pouces sur une hauteur de 9 à 10, ne leur donnant pas une contenance suffisante pour les besoins possibles de toute une nuit, on en met toujours deux dans les deux trous d'une petite table qui ressemble à la servante d'une salle à manger, et qu'on approche du chevet. Trois cordons de paille se détachent de l'enveloppe tout près de l'ouverture, et noués ensemble par le bout, passent à travers un petit couvercle, en forme de plateau également en paille, qui coulant le long des trois cordons sert à ouvrir et à fermer le vase. On ne s'étonnerait pas de trouver des meubles aussi informes et si peu adaptés aux besoins des peuples policés, chez les habitans de quelques îles de la mer du Sud. C'est cependant au centre des arts qu'ils sont en usage !

Pour nous faire pardonner cette digression que quelques lecteurs trouveront peut-être minutieuse, terminons par une observation qui ne l'est pas autant, savoir que les beaux arts ont seuls été perfectionnés en Italie : c'est en France et en Angleterre qu'ont été perfectionnés tous ceux qui ont pour objet les véritables commodités de la vie.

FIN DE L'APERÇU DE ROME.

DESCRIPTION
ROUTIÈRE ET GÉOGRAPHIQUE
DE L'EMPIRE FRANÇAIS.

ROUTE DE FLORENCE A LIVOURNE.
26 lieues et demie.

lieues.

§ 1. *De Florence à la Lastra.* 3

ON parcourt plus de la moitié de cette distance entre des murs de jardins qui, bornant la vue de toutes parts, ne laissent que rarement apercevoir au voyageur le beau pays qu'il traverse. Ce beau pays est le Val d'Arno-Inférieur, un peu moins riche peut-être, mais infiniment plus beau que le Val d'Arno-Supérieur, déjà parcouru dans la seconde route de Paris à Rome. La curiosité de voir, l'avidité de jouir, font éprouver, en quelque façon, le sort de Tantale au milieu des eaux, jusqu'à ce que les murs de clôture cessent entièrement, pour faire place aux haies vives, aux treillages et aux vergers.

Vers cette partie de la distance, on voit à gauche, sur la pente douce d'une petite colline, la *villa* Ricardi, maison de plaisance aussi belle par son architecture, qu'imposante par sa grandeur.

La Lastra, bourg de 1000 habitans, est le centre de la fabrication de ces jolis chapeaux de paille, connus sous le nom de chapeaux de Florence, et recherchés des élégantes de toute l'Europe.

---

§ 2. *De la Lastra à l'Ambrogiana.* 3½

Même plaine interrompue dans une partie de la distance, par une colline sauvage, qui domine la rive gauche de l'Arno, et sur le penchant de laquelle la route est taillée en corniche.

On traverse, peu avant l'Ambrogiana, le bourg de Montelupo, peuplé de 5 ou 600 habitans, et entre deux, la petite rivière de Pesa. L'Ambrogiana est une maison isolée. — *Parcouru depuis Florence.* 6½

---

§ 3. *De l'Ambrogiana à la Scala.* 3½

La plaine s'étend et s'embellit, en même temps qu'elle devient de plus en plus fertile.

On regarde comme le noyau de la Toscane, le territoire d'Empoli, petite ville épiscopale, située vers le milieu de la distance. Peuplée de 3 à 4000 habitans, elle est bien bâtie, bien percée, et remarquable par son pavé en pierres plates, comme toutes ou presque toutes les villes de la Toscane. Elle ne fait d'autre commerce que celui des grains que produit en abondance son territoire.

Avant la révolution, une cérémonie singulière se célébrait à Empoli, lors de la Fête-Dieu. Elle consistait à hisser un âne par le moyen d'une corde et d'une poulie, de l'intérieur de l'église au haut du clocher, jusqu'à la hauteur d'une fenêtre, d'où partait une seconde corde tendue obliquement, et attachée par l'autre bout à l'un des piliers qui entourent la place. Sitôt que l'âne paraissait à cette fenêtre, affublé de deux grandes ailes de bois, il était accueilli par les acclamations de tous les assistans, auxquels il répondait en se mettant à braire de peur. Tout-à-coup, on le lâchait, suspendu par deux poulies, à la corde dont nous venons de parler, le long de laquelle il descendait avec la rapidité de l'éclair. Si son vol n'était pas suspendu vers la fin, par les étoupes dont on avait soin de garnir l'extrémité inférieure de la corde, il allait se briser contre la colonne ; dans ce cas, on le payait au propriétaire, qui dans le cas contraire, recevait une simple gratification. L'origine de cette bizarre fête, était une dotation attachée à la cérémonie comme *conditio sine quâ non*.

Peu avant d'arriver à la Scala, on laisse à gauche une route, et l'on passe sur un pont une rivière, qui l'une et l'autre viennent de Poggibonsi. La route est celle de Pise à Livourne, à Sienne et à Rome : la rivière est l'Elsa, qui sépare le département de l'Arno de celui de la Méditerranée. La Scala est un très joli village traversé par la route; on y trouve une assez bonne auberge. A 1 mille S. O., s'élève, sur une charmante colline, la petite ville épiscopale de S. Miniato, peuplée de 2000 habitans et réputée en Toscane le berceau de la famille Impériale de France, berceau qui nous a paru être bien plutôt à Sarzane, ville que nous avons traversée et décrite dans la 1re. route de Paris à Florence. Il est probable qu'une branche de cette illustre famille, persécutée par la faction alors triomphante des Guelphes, se réfugia dans cette ville, pendant qu'une autre branche qu'attendait de plus hautes destinées, choisit la Corse pour asile. Celle de S. Miniato vient de s'éteindre pendant

ROUTE DE FLORENCE A LIVOURNE. 143

la révolution, par la mort d'un chanoine Bonaparte. — *Parcouru depuis Florence*. . . . . 10 lieues.

---

§ 4. *De la Scala à Castel-del-Bosco.* . . . . $3\frac{1}{2}$
§ 5. *De Castel-del-Bosco à Fornacette.* 3
§ 6. *De Fornacette à Pise.* 4

Même plaine pendant la première partie de la première distance, qui finit par quelques inégalités. Cette plaine est ici parsemée de jolis hameaux et de nombreuses maisons bourgeoises, qui prouvent l'aisance et l'esprit de propreté des habitans.

En parcourant ce beau chemin, fréquemment bordé de riches habitations toutes plus élégantes les unes que les autres, je me suis rappelé ceux de la Flandre, et plus encore ceux de la Touraine, qui est le jardin de la France, comme cette partie du Val d'Arno l'est de la Toscane. Castel-del-Bosco est un hameau, et Fornacette un village.

Entre les deux on traverse la petite ville de Ponte-d'Era, qui renferme une population manufacturière de 3000 habitans. Les produits de ses fabriques consistent dans les petites étoffes connues dans le commerce sous le nom générique de *Rouennerie*, du nom de Rouen, la ville de France et du monde qui en fabrique le plus. Les étoffes de Ponte-d'Era ne sont qu'une grossière imitation de celles de Rouen. Le nom de Ponte-d'Era vient du pont sur lequel on y traverse la petite rivière d'Era. On laisse à droite une route de Pistoïa, entre Ponte-d'Era et Fornacette; ce dernier lieu offre la ressource d'une auberge. La plaine y est aussi belle que fertile; j'y ai remarqué un figuier colossal, tel que je n'en avais vu de ma vie. C'était un arbre de haute-futaie et de la plus belle venue. On m'en a montré un autre plus jeune qui semble promettre encore davantage.

De ce village on peut aller directement à Livourne en été, en suivant, à travers une plaine basse et marécageuse, un chemin vicinal qui passe par le village d'Arnaccio.

La plaine est marécageuse aussi, du moins en partie, quoique d'ailleurs riche et belle du côté de Pise; l'on traverse à peu de distance, sur un pont étroit et long, un terrain bas sans rivière, mais non sans eau dans la saison des pluies. Il a même été destiné à recevoir le trop plein de l'Arno, lorsque cette rivière, par une crue extraordinaire, menacerait la ville de Pise.

Cette ville, en général bien bâtie, est percée de rues larges, la plupart droites et toutes extrêmement agréables pour les piétons, par leurs grands pavés plats semblables à ceux de Luques, mais bien plus beaux. Elle ne renferme qu'une population de 18,000 habitans, dans une enceinte de près d'une lieue, qui en a contenu autrefois, assure-t-on, au delà de 200,000, ce qui paraît bien difficile à croire. L'Arno la sépare en deux parties presque égales. Deux beaux quais se communiquant par des ponts tout aussi beaux, bordent cette rivière depuis son entrée dans la ville jusqu'à sa sortie. M. Dutemps, dans son Itinéraire de l'Europe, prétend que ce sont les plus beaux quais qu'il ait vus dans cette partie du monde ; si dans cette partie du monde il entend comprendre la France, je ne sais pourquoi il voudrait préférer les quais de Pise à ceux de Paris, et même à ceux de Nantes, de Bordeaux, de Lyon, de Mâcon, etc. Pise possède une des plus magnifiques cathédrales de l'Italie : c'est un monument du douzième siècle ; l'extérieur est entièrement revêtu de marbre blanc de Carrare, et l'intérieur entièrement tapissé de magnifiques tableaux. Elle a trois portes de bronze, dont on admire les bas-reliefs par Jean de Bologne, qui y a représenté les mystères de la passion. Les bas-côtés de cette église sont ornés et soutenus de 4 rangs de belles colonnes au nombre de 74, dont 62 sont de granit oriental. On ne peut pas douter qu'elles n'aient appartenu à d'anciens édifices, puisque les chapiteaux en sont d'ordres différens. Les panneaux du maître-autel sont en lapis lazuli. On voit dans cette église le tombeau de l'empereur Henri VII, fondateur de l'université de Pise.

Du milieu de l'édifice s'élève un dôme couvert en plomb. Celui qui couronne le Baptistère en face de la porte principale, construit en rotonde et en marbre, est également couvert en plomb et beaucoup plus beau. Ce Baptistère est lui-même une fort belle église. Dans l'intérieur on remarque la voute extrêmement sonore, et une statue de Saint Jean d'une bonne exécution.

Le Campo-Santo, ou champ des morts est un troisième édifice, situé sur la même place et dépendant de la même église. Il fut construit, en 1278, carrément en forme de cloître, autour d'une vaste cour de 450 pieds de long, sur les dessins de Jean de Pise. Dans l'intérieur, sont divers tombeaux et beaucoup de fresques estimées, mais trop dégradées pour être appréciées de tout le monde, dignes d'attention néanmoins comme appartenant à l'époque de la renaissance des arts. Parmi les tombeaux on distingue celui d'Algarotti, érigé par le roi de Prusse, en 1760, à ce savant aimable qu'il avait eu long-temps à sa Cour, et qui la quitta pour se retirer à Pise sa patrie, où il mourut. On y lit cette épitaphe : *Algarotto Ovidii œmulo, Neutoni discipulo, Fredericus Magnus.* Le Campo-Santo contient, dit-on, 9 pieds de terre sainte apportée de Jérusalem, en 1189, par les Pisans.

Mais l'édifice le plus remarquable de cette place est la tour de Pise, qui, menaçant toujours ruine, ne tombe jamais, et qu'on cite partout à l'appui du principe que l'inclinaison d'un corps n'entraîne pas sa chute, pourvu que le centre de gravité porte sur la base. Comme le Baptistère et le Campo-Santo, elle est séparée de la cathédrale, dont elle forme néanmoins une partie essentielle, puisqu'elle en est le clocher. Construite de marbre blanc, en rotonde, elle est entourée de 8 rangs de colonnes étagés les uns sur les autres, et non de 7 seulement comme le disent divers auteurs. Dans l'épaisseur du mur, ou plutôt entre les deux murs qui en forment l'enceinte, on a pratiqué un large escalier qui monte en spirale autour de l'édifice jusqu'au sommet, et qui, au moyen de ce développement, est tellement doux qu'on pourrait y monter à cheval : c'est comme deux tours l'une dans l'autre. Les huit colonnades circulaires qui forment autour comme une troisième enceinte, suffiraient pour en faire un édifice digne de l'admiration des voyageurs, quand bien même il n'offrirait pas cette pente extraordinaire à laquelle il doit sa célébrité.

On est réduit à des conjectures sur la cause de cette inclinaison, que les uns attribuent à un affaissement partiel du sol, les autres à l'intention de l'architecte. Nous nous déciderons pour cette dernière opinion, n'en déplaise aux savans qui tiennent la plupart pour le sentiment contraire. Il nous paraît bien plus probable qu'un homme ait eu la vanité de se faire admirer de ses contemporains et de la postérité par ce tour de force, que de supposer un affaissement partiel qui aurait fait pencher d'un côté, par une inclinaison uniforme, sans crevasse, sans écroulement, la totalité de l'édifice, et que ce phénomène extraordinaire se soit renouvelé deux fois dans la seule Italie; car nous avons vu à Bologne une autre tour également inclinée, sans qu'on en connaisse davantage la cause. Un premier architecte aura conçu et exécuté cette idée singulière, qu'un second aura voulu imiter, en tâchant de renchérir, comme cela est naturel; ce qui donne lieu de présumer que le second est celui de la tour de Pise. Malgré la prodigieuse pente de celle-ci, qui frappe de suite la vue et fait craindre sa chute, elle n'en supporte pas moins le poids et le branle des cloches de la cathédrale. J'ai aussi entendu disputer sur le degré de pente : je l'ai vérifié, et je puis assurer qu'elle est réellement de 15 pieds sur 190 de haut, comme l'indiquent le sonneur et les *Cicerone*, quoique plusieurs auteurs ne la disent que de 12 à 13 pieds.

De la place de la cathédrale, nous allons passer à celle de l'université, où sont aussi groupés divers édifices de marbre composant cet établissement. Le principal montre une assez belle façade qu'ornent divers bustes en marbre blanc, et en avant de laquelle se présente la statue en pied du grand duc Côme Ier. L'église qui est à côté offre aussi une jolie façade du même marbre.

Sur une autre place, sont le palais et l'église des chevaliers de Saint-Etienne. La façade de cette église est de marbre blanc de Carrare, et le maître-autel d'un seul bloc de porphyre oriental, qui ne m'a point paru faire là un très bon effet. L'ordre des chevaliers de S^t.-Etienne était un des plus célèbres de l'Italie. Institué par le grand duc Côme Ier., l'an 1561, en mémoire de la victoire remportée à Mariano, le 6 août jour de Saint-Étienne, et destiné comme celui de Malte à purger la mer des Barbaresques, il fut approuvé en 1572 par le Pape Pie V, qui accorda aux chevaliers, les mêmes priviléges qu'à ceux de Malte. Le grand duc en était le grand-maître. Ils avaient la faculté de se marier et presque tous en usaient, mais ils faisaient vœu de chasteté conjugale. Cet ordre était très riche. Le grand-prieur était obligé de résider dans le chef-lieu, où les chevaliers tenaient tous les trois ans leur chapitre.

Pise a conservé son archevêché et son université, l'une des plus célèbres comme des plus anciennes de l'Italie. Elle possède une fort belle imprimerie, celle de M. Mollini, la première de l'Italie après celle de Parme. Les sciences, les lettres et les arts ont toujours été en honneur dans cette ville, et y ont produit entre autres hommes illustres, Galilée, Algarotti, et Jean de Pise.

Pise, *Pisa* en italien et en latin, était une des douze principales villes de l'Etrurie. Strabon veut qu'elle ait été fondée par une colonie sortie de la ville de *Pise*, située sur le fleuve Alphée, dans le Péloponèse; et Virgile atteste, sinon cette ancienne origine, du moins cette ancienne opinion, dans ce passage du 10ᵉ. livre de son Enéide :

« *Hos parere jubent, Alpheæ ab origine Pisæ*
» *Urbs Etrusca solo* ».

Tite-Live la mentionne dans plusieurs parties de son histoire, aussi bien que Denis d'Halicarnasse et autres historiens. Elle figure honorablement aussi dans l'histoire moderne, comme chef-lieu d'une république puissante. Elle fut ruinée par les Florentins en 1406, et prise par les Français en 1799.

A 3 milles Sud-Ouest de cette ville, entre le Castrum Liburni et l'embouchure de l'Arno, était le *Porto-Pisano*, source de l'ancienne prospérité de la république de Pise. C'est de là que partaient les nombreuses et brillantes expéditions qui, dans le 11ᵉ. siècle, la rendirent maîtresse de la mer. Sa puissance, qui datait de la chute de l'empire Romain, succomba dans le siècle suivant, sous les efforts d'une rivale plus puissante qu'elle, la république de Gênes. Pendant sa durée de 4 ou 5 siècles, elle conquit la Sardaigne et la Corse, s'empara de Carthage, en fit le roi prisonnier, et l'envoya au Pape qui lui fit recevoir le baptême, prit ensuite Palerme sur les Sarrasins, secourut les Français dans la conquête de la Terre-Sainte, et envoya 40 galères au secours d'Amauri roi de Jérusalem. Elle en armait alors jusqu'à 200.

A quelques milles Sud de la même ville, est une ferme impériale, connue sous son ancien nom de *Bangita Reale*, où l'on élève grand nombre de chevaux, de bœufs et même de chameaux, introduits dans cette partie de l'Italie par le dernier grand duc. On en voit errer çà et là les hideux troupeaux, dans une vaste forêt qui leur sert de pâturage. Ces quadrupèdes africains se sont tellement multipliés dans ce coin de l'Europe, que cette ferme toute seule en contient aujourd'hui plusieurs centaines. Quelques cultivateurs, mais en très petit nombre, en ont acheté et en font usage pour leurs transports. La ferme les envoie presque journellement porter du bois à Pise, où ils sont un objet de curiosité pour les voyageurs.

D'un autre côté et à une distance un peu plus considérable de la ville, est la plus belle Chartreuse qui soit sans doute au monde, après celle de Pavie. Le bâtiment, ou plutôt les bâtimens sont d'une architecture noble et gracieuse, qui charme la vue en même temps qu'elle inspire le recueillement, et le goût de la solitude. Le marbre de Carrare y brille de toute part: les corridors y sont des galeries, les cloîtres des

colonnades, les cellules de petites maisons de plaisance, et les jardins des bosquets d'orangers. Le site de ce monastère, dans une des plus agréables parties de la plaine, et au pied des Apennins couverts de bois, comme la plaine de treillages et d'arbres fruitiers, est un des plus pittoresques et des plus frais que je connaissse. Quoique inhabitée lorsque je l'ai vue, la Chartreuse de Pise n'était pas abandonnée à la destruction. On l'avait confiée à la garde de deux anciens frères du couvent, qui la maintenaient dans toute son élégance et toute sa propreté. —
Parcouru depuis Florence................. $20\frac{1}{2}$

§ 7. *De Pise à Livourne*.................. 6

On traverse la riche plaine de Pise, dont le produit de 12 à 15 pour 1 va décroissant à mesure qu'on avance, parce que le sol devient sablonneux en approchant de la mer. L'aspect de cette fertile plaine est, comme celui de tous les pays qu'on cultive en blé, verdoyant en hiver et au printemps, sec en été, nu en automne.

J'ai été surpris en entrant à Livourne de la largeur et de la beauté de la grande rue, qui, pavée de larges dalles, traverse la ville en ligne droite, depuis la porte de Pise jusqu'à celle du port. Mon plus grand étonnement a été de n'avoir jamais entendu vanter la beauté de Livourne, ou du moins de sa grande rue, que je ne crains pas de comparer, pour la largeur ainsi que pour le mouvement qui y règne, à la fameuse rue de Tolède qu'on admire tant à Naples. Le mouvement de la rue de Livourne est même plus considérable, quand le commerce est dans toute son activité. Elle n'a que 350 toises, ce qui fait 190 de moins que celle de Naples longue de 540. Elle traverse, vers les deux tiers de cette longueur, une grande et assez belle place, servant de place d'armes, ce qui nous prouve que Livourne est une ville de guerre ; elle n'est cependant en bon état de résistance que du côté de la mer. Nous avons vu Lucques entourée de beaux remparts en terrasse à la manière moderne, et Pise enfermée dans une enceinte de vieilles murailles sans défense. Les murs de Livourne tiennent le milieu entre ces deux genres de fortifications : ce sont des remparts surmontés d'une terrasse, tous construits en maçonnerie, suivant la manière ancienne, et ne pouvant offrir qu'une résistance médiocre.

Quoique généralement bien bâtie et bien percée, cette ville n'a aucune autre rue, aucune autre place remarquables, que la place et la rue que nous venons de voir, ni aucun autre édifice digne d'être cité, que son grand théâtre d'un des plus beaux de l'Italie ; et quoique riche, elle ne renferme d'autre monument que la statue de Ferdinand Ier. qu'on voit sur le port. Le mérite de cette statue, ouvrage de Jean de Bologne, est inférieur à celui des quatre esclaves en bronze qui la supportent. L'église gothique qui est sur la grande place, n'est remarquable que par une assez belle voûte. Le palais du prince ne s'y fait remarquer que pour avoir été bâti par un turc, qui le céda au grand duc. La fontaine publique qu'on voit sur la même place n'a aucun mérite, pas même celui de fournir la ville de bonne eau. Le peuple est obligé de s'en contenter ou de faire usage de celle des citernes. Les riches font venir de l'eau de Pise, où elle est excellente. Livourne renferme un établissement de bains publics, et d'assez bonnes mais fort chères auberges.

Resserrée dans une très petite enceinte, eu égard à sa population, cette ville moderne s'est, depuis la dernière guerre, agrandie de tous les faubourgs et des deux tiers de sa population, sujette à varier par les chances du commerce, entre 50 et 70,000 habitans, dont un 6e. de Juifs.

Si la guerre a produit pour cette ville maritime, un effet contraire à celui qu'ont éprouvé la plupart des autres, cela tient à la franchise de son port et à la liberté de son commerce.

Je ne sais pourquoi ce port est vanté dans toutes les géographies pour sa sûreté ; tandis qu'il est connu dans toute l'Italie pour avoir un abord très difficile, à cause des rescifs qui en obstruent l'entrée. On ne saurait qualifier de port, un très petit bassin ou canal, qui a été pratiqué en dedans de la première enceinte entre les deux portes de la ville ; on ne peut le considérer tout au plus que comme un arrière-port.

Le véritable port de Livourne est ce bassin, assez et peut-être trop vaste, qu'on voit au delà de celui dont il vient d'être parlé. Un môle unique, terminé par un fort, ne l'empêche pas de participer à toute l'agitation de la mer. Ce fort et trois autres le défendent mieux contre l'ennemi que le môle contre les tempêtes. Non loin du port sont trois lazarets, dont le plus beau comme le plus grand est celui de Saint-Léopold.

Recevant toutes les nations et surtout celles du levant, il n'est pas étonnant que cette ville ait pris, contre le fléau destructeur des peuples orientaux, plus de précaution qu'aucune autre ville maritime de l'Europe.

Il n'en est point qui présente une plus grande réunion d'étrangers de toutes les parties du monde connu. Cette variété se fait remarquer non-seulement parmi les vaisseaux qui y abordent, mais encore parmi les habitans eux-mêmes, dont une grande partie est composée d'étrangers. Toutes les religions y sont non-seulement tolérées, mais encore protégées. Les Grecs et les Arméniens y ont des églises, les Juifs des synagogues et des écoles. C'est entre les mains de ces derniers que sont aujourd'hui les principales fortunes de Livourne. Le juif Barri est un des plus riches particuliers de l'Europe.

Entièrement livrée au commerce maritime, qui consiste principalement dans l'entrepôt des marchandises de toute espèce, et accessoirement dans l'exportation des divers produits de la Toscane, cette ville n'est pas étrangère aux ressources du commerce industriel. On y travaille le corail qu'on pêche sur les côtes voisines, et l'albâtre qu'on exploite dans les carrières de Carrare, dépendantes du département dont elle est le chef-lieu. Ces ouvrages réunis dans le vaste magasin de Micali, négociant commissionnaire de cette ville, offre la plus belle collection en ce genre qui soit au monde. Ils sont d'un fini qui annonce d'excellens ouvriers et à un si bas prix, qu'il surprend les amateurs.

Livourne, autrefois *Liburnus portus* ou *Castrum Liburni*, méchante bourgade qui au 13e. siècle n'avait pas encore de murailles, est aujourd'hui un des principaux ports de la Méditerranée. Il a remplacé celui de Porto-Pisano détruit, comme on l'a déjà dit, par la république de Gênes. Cette république ambitieuse, qu'une politique jalouse décidait à faire disparaître du nombre des places maritimes une puissante rivale, perdit un moment de vue son système et ses véritables intérêts, lorsqu'en 1421 elle céda Livourne aux Florentins. Ceux-ci ayant accordé beaucoup de priviléges aux marchands qui venaient s'y établir, firent bientôt de cette petite ville, jusqu'alors sans importance, une place considérable.

Le duc Alexandre de Médicis la fortifia. Côme Ier. déclara Livourne port franc, y attira un grand nombre de Grecs, et accorda de nouveaux priviléges à ceux qui venaient s'y fixer. Il agrandit la ville, fit creuser le canal et améliora le port. Ferdinand son fils augmenta considérablement Livourne, fit construire le mole (*molo Ferdinando*), ainsi qu'un nouveau fort, plusieurs aqueducs, plusieurs fontaines, et accorda la liberté de conscience à tous les étrangers. Ferdinand II bâtit l'arsenal, la douane et le quartier qu'on appelle *Venezia nuova*, ou la nouvelle Venise, parce qu'il est coupé par quelques canaux ; ainsi Livourne doit toute sa splendeur actuelle à la famille des Médicis. Les Français s'en emparèrent en 1796, les Napolitains et les Anglais la reprirent en 1799, les Français en 1800.

Quoique peu ancienne, peu étendue, et quoique essentiellement commerçante, cette ville a produit quelques savans et des hommes de lettres, dont le plus célèbre est l'antiquaire Venuti. Envoyé à Bordeaux pour les affaires du chapitre de Saint-Jean de Latran, que possédait l'abbaye de Clérac, il devint secrétaire de l'académie de cette ville, et remporta plusieurs prix à l'académie des inscriptions et belles lettres, dont il était membre (*). — *Parcouru depuis Florence jusqu'à Livourne.* . . . . $26\frac{1}{2}$

(*) Nous avons achevé de parcourir toutes les lignes de poste du département de l'Arno, en traversant l'Elsa, qui sépare, comme nous l'avons vu, ce département de celui de la Méditerranée, et toutes celles de ce dernier département, en terminant la route de Florence à Livourne.

Le premier, dont l'étendue très irrégulière présente

une ligne de 40 lieues dans sa plus grande longueur, de 30 dans sa plus grande largeur, et dont la population est de 536,000 individus, distribués sur les quatre arrondissemens de Florence, d'Arezzo, de Pistoia et de Modigliano, doit être compté au nombre des plus vastes de l'Empire et même des plus peuplés, quoique les deux tiers au moins de son étendue soient dans les montagnes des Apennins, où les habitations sont aussi clair semées qu'elles sont multipliées dans la plaine, ce qui nous paraît provenir de la grande fécondité des femmes.

Le second, occupant le long des côtes de la Méditerranée qui lui a donné son nom, une ligne de 30 lieues sur une largeur moyenne de 8 à 10, est proportionnellement beaucoup plus peuplé, puisqu'avec une étendue moindre de près des trois quarts, il renferme encore 318,000 habitans, population qui fait à peu de chose près les deux tiers de celle de l'Arno. Elle est distribuée de même sur quatre arrondissemens qui sont ceux de Livourne, Pise, Volterre et Porto-Ferraio. Cette supériorité de population relative provient de ce que le département de la Méditerranée est tout ou presque tout dans la plaine.

L'un et l'autre sont traversés dans leur largeur par l'Arno, qui a sa source dans le premier et son embouchure dans le second. L'un et l'autre ont la plus belle et la plus riche partie de leur territoire dans les plaines qu'arrose cette rivière. Enfin l'un et l'autre formaient, avec celui de l'Ombrone dont nous avons donné un aperçu, après avoir décrit son unique ligne de poste (1re. *route de Florence à Rome*), l'ancien grand duché de Toscane, administré encore sous le même nom par son Altesse Impériale la Princesse Elisa, qui porte le titre de Grande-Duchesse.

Sur quatre villes chefs-lieux d'arrondissement que nous avons comptées dans l'une et dans l'autre, une seule, dans le premier, celle de Modigliano, et deux dans le second, celles de Volterre et Porto-Ferraio, nous restent encore à décrire, les autres s'étant trouvées sur nos routes.

Modigliano est une petite ville forte de 3000 habitans, située à l'extrémité Nord-Est du département, et à plus de 20 lieues de Florence.

« Volterre est une ville de 4000 habitans, située à
» 12 lieues Sud par Ouest de Florence. Elle est très
» ancienne et était autrefois très peuplée. On y trouve
» de fameuses salines, dont Jagemann a donné la des-
» cription...... Daniel de Volterre y naquit en 1509.
» Il s'appelait Ricciarelli; sa descente de croix est re-
» gardée comme un des meilleurs tableaux de Rome ».
(*Voyage en Italie*, tom. 3, p. 233).

Le tableau dont parle M. de Lalande fait aujourd'hui partie des chefs-d'œuvre qui décorent la galerie du Louvre. Cet auteur fait encore mention du poète italien Damiani, comme né dans cette ville; mais il oublie Perse, poète latin encore plus fameux, et Maphée dit le Volaterran, écrivain renommé des 15e. et 16e. siècles. Il ne parle pas non plus, en décrivant la ville, de ses remparts Ciclopéens, qui sont cependant renommés parmi les géographes et les anti-

Tome IV.

quaires, par le volume et la forme des pierres poligones dont ils sont construits.

La ville de Porto-Ferraio, en latin *Portus-Ferratus*, ainsi nommée, tant à cause des mines de fer qui abondent dans son territoire, que du commerce qui s'en fait dans ses murs et dans son port, est une des deux seules villes que possède l'île d'Elbe, et l'une des plus fortes places de l'Italie. Sa population est de 3500 habitans d'après le Dictionnaire de Boiste, de 1500 d'après la géographie de Mentelle et Malte-Brun. C'est le Grand-Duc de Toscane, Côme Ier., qui l'a fait bâtir, en ayant obtenu l'emplacement du Seigneur de Piombino en 1537.

La seconde ville de l'île d'Elbe est Porto-Longone (*Portus-Longus* en latin); c'est encore une ville forte. Son nom indique aussi un port de mer, et son surnom la forme oblongue de ce port. Pour sa population, comme pour son enceinte, elle diffère peu de Porto-Ferraio. Quoiqu'elle appartînt au duc de Piombino, le roi de Naples y tenait garnison. C'était trois souverains dans une île de 12000 habitans suivant Boiste, de 8000 suivant de Lalande. La circonférence en est de 60 milles d'Italie d'après la géographie de Mentelle et Malte-Brun, de 40 seulement d'après la Martinière, qui entend parler sans doute de milles français, ce qui diminue la différence, de 25 à 30 lieues suivant Boiste. Sans les nombreux angles saillans et rentrans que présentent ses côtes, elle n'aurait pas plus de 12 lieues de tour.

Outre ses abondantes et célèbres mines de fer, il y

en a aussi une d'aimant, ainsi que des carrières de diverses espèces de marbre. Cette île est à 3 lieues du point de la terre-ferme le plus rapproché, qui est Piombino chef-lieu de la principauté de ce nom. Piombino est une très petite ville fortifiée, située à 10 lieues Sud-Sud-Est de Livourne, et bâtie sur un rocher. Prise par les Français en 1798, elle a été donnée depuis par l'Empereur Napoléon à son beau-frère le prince Basciocchi. La principauté de Piombino, entourée par la Toscane, paraît en être un démembrement, quoiqu'elle n'en ait jamais dépendu.

Il nous reste peu de choses à dire de la Toscane, après avoir parlé de toutes les parties qui la composaient. Sa population totale était d'un million d'individus. Nous avons vu que tout n'est pas beau dans cette belle partie de l'Italie; s'il y a des plaines riantes et fertiles, il y a encore plus de montagnes tristes et arides. Si la partie de ces plaines que nous avons traversée offre un séjour délicieux, une autre partie qu'il n'eût pas été aussi agréable pour nous de parcourir, offre un séjour mal sain et très dangereux, par l'air fiévreux et mortel qu'on y respire. Ce sont les plaines littorales connues sous le nom de *Maremme* et enclavées partie dans le département de la Méditerranée, partie dans celui de l'Ombrone. Le gouvernement sage et paternel des Médicis n'a pas pu remédier à cette mortalité d'une partie de leurs états; et les efforts encore plus paternels du Grand-Duc Léopold n'ont pu que la modifier. L'abondance des récoltes que produit cette contrée est le faible dédommagement qu'elle offre aux bras qui la cultivent. Il en résultait pour l'état un excédant de grains dont l'exportation contribuait à sa prospérité.

Quant aux Toscans, je n'ai que trois mots à en dire; c'est à-la-fois le plus heureux, le meilleur et le plus beau peuple de l'Italie; le plus heureux par son industrie agricole et manufacturière, autant que par la richesse de son sol; le meilleur par sa douceur et sa civilisation, sa franchise et sa droiture; le plus beau par son physique. De hautes statures, des corps parfaitement proportionnés, des traits mâles, des teints frais, des membres vigoureux, tel est le peuple Toscan. Il n'est pas de pays où l'on voie de plus beaux hommes et surtout de plus belles femmes. M. de Lalande pense que c'est là qu'il faut chercher ce qu'on appelle les belles formes Romaines; mais nous avons vu qu'on les trouvait également à Rome.

Nous avons observé dans une autre partie de l'Italie, que les habitans manquaient ordinairement par les jambes; dans la Toscane nous avons cru remarquer tout le contraire.

FIN DE LA ROUTE DE FLORENCE A LIVOURNE.

DESCRIPTION

ROUTIÈRE ET GÉOGRAPHIQUE

DE L'EMPIRE FRANÇAIS.

ROUTE DE ROME A ANCONE,

77 lieues.

	lieues.
De Rome jusqu'à Foligno (v. 2°. route de Paris à Rome). 12 paragraphes.	$41\frac{1}{2}$
§ 13. De Foligno à Casenuove.	$3\frac{1}{2}$
§ 14. De Casenuove à Serravalle.	3
§ 15. De Serravalle à Ponte-alla-Trave.	3
§ 16. De Ponte-alla-Trave à Valcimara.	3
§ 17. De Valcimara à Tolentino.	3
§ 18. De Tolentino à Macerata.	$4\frac{1}{2}$

Au bout d'un mille de plaine, on laisse à gauche la route, le torrent et la vallée de Pontaccio, pour gravir à droite une montagne assez rapide et d'une hauteur moyenne, au sommet de laquelle on est étonné de se trouver dans une autre vallée, arrosée par une petite rivière dont la chute, dans la vallée inférieure, forme une cascade et un tableau des plus pittoresques.

A l'endroit même où s'opère cette chute, dans le hameau de Palo, bâti sur un fond de tuf calcaire, est une maison de campagne dont le propriétaire, en creusant une cave, a découvert une superbe grotte : elle n'a pas l'étendue de celles que nous avons decrites ailleurs ; mais dans son étroite enceinte, elle offre une grande variété de congélations. Cette découverte paraît un argument de plus contre ceux qui ont voulu chercher ailleurs que dans la nature l'origine des grottes, en les attribuant à d'anciennes carrières stalactisées à la longue par les infiltrations et les dépôts des eaux. Après avoir visité la grotte et admiré le site romantique qui font le principal intérêt de cette maison de campagne, il ne faut pas la quitter sans voir les peintures à fresque que celle-ci renferme. La rivière, avant de se précipiter en cascade, donne dans le même endroit le mouvement à plusieurs papeteries. On suit, en la remontant jusqu'à Casenuove, la même vallée qui, quoique étroite et pauvre, est cependant parsemée de nombreuses habitations.

Casenuove est un hameau ; on y trouve à la porte un cabaret qui sert d'auberge en cas de nécessité. Il y en a une moins mauvaise à Serravalle, hameau plus considérable qui tire son nom de l'étroite gorge dans laquelle il est situé. Entre ces deux relais est la montée et la haute plaine du Colfiorito (le Col fleuri), qui a donné son nom à cette route : c'est le point de partage des eaux et des deux états de Rome, et du royaume d'Italie. Le petit lac ou étang qui occupe le milieu de ce plateau a son écoulement dans l'Adriatique, et pourrait être aisément dirigé dans la mer opposée. La hauteur de cette plaine ne peut pas être de plus de 5 à 600 mètres au dessus du niveau de la mer (*).

On continue à suivre la gorge de Serravalle, au delà du village de ce nom, en côtoyant à droite le torrent de Chienti qui l'arrose; et après avoir relayé deux fois, savoir dans le hameau de Ponte-alla-Trave, où l'on laisse, à une lieue sur la gauche, la petite ville de Camerino (l'an-

---

(*) Le département du Trasimène, d'où nous sortons, renferme la contrée la plus septentrionale des états qui restaient encore au Pape lors de leur réunion à l'Empire; et cette contrée en grande partie montueuse, en est, sinon la plus riche, du moins la plus agréable, en même temps que la plus saine à habiter. Le mauvais air n'y fait point la guerre à l'homme comme dans le territoire Romain qui, s'il

cienne *Camerinum*), ensuite dans celui de Val-cimara, on arrive par une forte montée à Tolentino, petite ville connue par le traité de paix de 1796, entre les Français et le pape Pie VI. Elle est peuplée de 2 ou 3000 habitans, et située sur une colline où cesse entièrement, avec la gorge que nous suivons, la contrée montagneuse dont elle dépend, pour faire place aux rians coteaux et aux charmans paysages de cette jolie partie de l'Italie. Pour la beauté des sites et des aspects, comme pour la richesse et la population des campagnes, ce revers des Apennins est incomparablement supérieur au revers opposé et à tout ce que nous avons vu jusqu'ici de la même chaîne. C'est à travers une continuité de collines aussi fertiles que gracieuses, aussi fraîches que variées, qu'on arrive à celle sur laquelle est située la ville épiscopale de Macerata. Ce chef-lieu du département Italien est généralement plus fertile, est aussi proportionnellement moins habité, et par cette raison moins cultivé.

Sa longueur est d'environ 40 lieues, sa largeur de 20 à 25, et sa population de 300,000 habitans distribués dans quatre arrondissemens qui sont ceux du chef-lieu, de Perruggia, de Foligno et de Todi, l'ancienne *Tudertum*, petite ville située sur une colline près de la rive gauche du Tibre, à 8 lieues de Spolette.

du Musone renferme, avec une population d'environ 14,000 habitans, une université, une grande quantité de palais et une plus grande quantité d'équipages. On y en comptait, avant la révolution, jusqu'à 200, nombre prodigieux pour une ville de cet ordre. Des rues larges et bien pavées en facilitent la circulation. Une ville aussi brillamment habitée doit naturellement offrir une société choisie; il n'en est point dans toute l'Italie où l'on remarque un meilleur ton; il n'en est pas non plus qui jouisse d'un air plus pur. Le bel horizon qui s'étend de tout côté offre, à 5 lieues de distance vers l'Est, la vue de la mer Adriatique, et à 25 lieues vers le Sud, celle d'un groupe de montagnes que je crois les plus hautes de toute la chaîne des Apennins, d'après les neiges dont je les ai vu couvertes en été. On croit que cette ville a pris la place de l'antique *Helvia Recina*. — Parcouru depuis Rome. 61½

§ 19. *De Macerata à Sambucchetto*. 3
§ 20. *De Sambucchetto à Recanati*. 2½
§ 21. *De Recanati à Lorette*. 2½
§ 22. *De Lorette à Osimo*. 3
§ 23. *D'Osimo à Ancône*. 4½

Même nature de pays ou plutôt de paysage. Sambucchetto est un hameau, et Recanati une ville presque aussi considérable que Macerata. Située comme cette dernière, sur le sommet d'une colline encore plus élevée, elle jouit d'une vue au moins aussi belle, à laquelle manque toutefois le rideau des cimes neigeuses que nous avons observées à Macerata : on y arrive par des rampes excessivement rapides. Le pays est un des plus beaux de l'Italie, et par conséquent du monde. En moins d'une heure on arrive de Recanati à Lorette : c'est une petite ville de 6 à 7000 habitans, située sur une colline comme Macerata et Recanati : elle est à une lieue environ de la mer.

Ce que cette ville célèbre, fondée en grande partie par Sixte-Quint, offre de curieux est d'abord la place, ensuite la façade de l'église, enfin la *Santa Casa* ou la maison de Nazareth, « qu'on croit pieusement (dit un ancien Iti-
» néraire d'Italie) avoir été transportée par les
» Anges vers l'an 1291 », tradition que le voyageur anglais Misson attribue aux artifices du pape Boniface VIII. « La place est devant
» l'église. Ce fut le Bramante qui en donna les
» dessins, de même que du palais apostolique
» situé sur la même place.

» L'église est vaste : elle est en forme de
» croix, à trois nefs, surmontée d'une cou-

» pole octogone. Le dessus des nefs est occupé
» par des corridors où l'on fait la garde comme
» dans une forteresse, et qui sont à l'épreuve
» de la bombe ; l'architecture n'a rien de
» remarquable ; le portail fut fait sous Gré-
» goire XIII en 1583 ; la porte du milieu est
» de bronze, avec des bas-reliefs représentant
» la création du monde, la femme qui tente
» l'homme, Adam et Ève chassant Caïn qui a
» tué son frère. Tous ces reliefs sont très beaux.

» La Santa Casa est placée au milieu de cette
» église ; c'est une chambre isolée qui a inté-
» rieurement 29 pieds et demi de long sur
» 13 de large. Elle est bâtie d'une espèce de
» pierre rougeâtre ou d'un grès fin taillé en
» forme de briques ; on en voit de pareils em-
» ployés à Pesaro pour les croisées, et M. de
» Saussure en a vu plusieurs blocs sur le che-
» min d'Ancône. *Journal de Physique, jan-*
» *vier 1776.* Elle n'est élevée que jusqu'à la
» hauteur de 13 pieds, telle enfin qu'elle fut
» apportée de Nazareth par les Anges, suivant
» une tradition qu'on lit sur la muraille de
» l'église, en Grec, Arabe, Illyrien, Polonais,
» Allemand, Anglais, Breton, Français et
» Espagnol ». (*De Lalande, Voyage en Italie,*
tome 8, page 148).

La Santa Casa est revêtue extérieurement de marbre et ornée de bas-reliefs regardés par les Italiens comme des chefs-d'œuvre, et comme des ouvrages très médiocres par M. de Lalande.

Les murs de la Santa Casa, comme l'observe ce voyageur, ne sont pas gâtés sensiblement, malgré le concours des pélerins qui les grattent, qui les baisent continuellement. « Mais le » marbre dont elle a été pavée s'use beaucoup, » ajoute-t-il, à cause de l'habitude où sont les » pélerins d'en faire tous le tour à genoux, en » se traînant sur le pavé, et souvent même la » bouche contre terre. En dedans, et tout au- » tour de cette chapelle, il y a une quantité » prodigieuse de lampes d'argent offertes à la » Vierge; dans le fond, est un autel où l'on » dit la messe; mais il y a une certaine dis- » tance du mur à cet autel, ce qui forme der- » rière une espèce de sanctuaire où est exposée » la statue miraculeuse de la Sainte Madone, » qui a 33 pouces de hauteur : elle est en bois » de cèdre. On l'aperçoit, sans entrer dans ce » sanctuaire, à la lueur des lampes, au tra- » vers d'une grande grille d'argent qui est sur » l'autel. Les couronnes en diamant de la » Vierge et de l'Enfant Jésus sont des vœux » de Louis XIII, lorsqu'il demandait un fils,

» de même que l'église du Val-de-Grâce à Paris.
» Ces couronnes contiennent 3300 pierres pré-
» cieuses tant grandes que petites ».

Je ne pousserai pas plus loin la description que donne M. de Lalande du trésor de Notre-Dame de Lorette, puisque cette description ne nous apprend plus que ce qu'il était avant la révolution. Dépouillée à cette époque, cette église n'a recouvré que la sainte image qui lui a été renvoyée de Paris, où elle avait resté quelques années exposée aux regards du public. On voit, par les détails qu'il en donne et plus encore par ceux renfermés dans un livre imprimé à Lorette, combien ces richesses étaient immenses.

La vente d'images, de scapulaires, de petits soleils et autres menus objets de dévotion, sont à peu près la seule ressource industrielle de cette ville, dont la principale rue est bordée de boutiques exclusivement consacrées à ce genre de commerce.

On est harcelé à Lorette par les mendians d'une manière rebutante pour les étrangers. Ils vous barrent le passage, se mettent à genoux devant vous, baisent la terre, lèvent les mains au Ciel, invoquent la *Novera Madona*, vous prennent par l'habit; enfin ils semblent prêts à vous prendre l'argent dans la poche si vous ne leur donnez pas. Il n'y a qu'un pas de cette manière de mendier au vol. Elle est commune en Italie; mais nulle part elle n'est portée à cet excès : c'est que nulle part la mendicité n'est aussi honorée que dans le pays où l'on a sans cesse sous les yeux, avec la chaumière de la Vierge, l'aspect de la Divinité dans l'indigence. C'est au milieu d'une nuée de mendians de tout âge et de tout sexe qui suivaient ma voiture depuis Lorette, et se relayaient en chemin, que je suis arrivé à Osimo, ville située encore sur le sommet d'une colline d'où l'on jouit de la plus belle vue et de l'air le plus pur. Elle est bien bâtie, peuplée de riches familles, et possède un beau palais épiscopal. Le pays, toujours montueux, est un peu moins beau en approchant d'Ancône, ville moins bien percée, mais non moins bien bâtie. Elle est située en amphithéâtre sur le penchant d'une colline, et resserrée entre deux autres qui s'avancent armées de deux forts jusqu'au bord de la mer. C'est le port le plus considérable et le plus commerçant de toute cette côte orientale de l'Italie, et peut-être de toute l'Adriatique, à l'exception de ceux de Venise et de Trieste.

La bourse d'Ancône est un très bel édifice gothique. Cette ville renferme deux arcs de triomphe, l'un antique et assez bon, érigé à Trajan, l'autre moderne et assez mauvais, érigé en l'honneur du pape **Clément XIV**, tous les deux d'un seul arc.

La population d'Ancône n'est que de 20,000 âmes. Je l'aurais crue bien plus forte au mouvement qui règne dans les rues.

Cette ancienne capitale de la Marche d'Ancône est aujourd'hui celle du département Italien du Metaure. — *Parcouru depuis Rome à Ancône*. . . . . 77.

FIN DE LA ROUTE DE ROME A ANCÔNE.

COMMUNICATION

DE FOLIGNO A FANO.

34 lieues.

lieues.

§ 1. *De Foligno à Pontaccio*. 4
§ 2. *De Pontaccio à Nocera*. . . . . $3\frac{1}{2}$
§ 3. *De Nocera à Gualdo*. . . . . $3\frac{1}{2}$

Au bout d'une lieue de plaine, on laisse à droite la route d'Ancône, qui monte au relais de Casenuove, pour s'enfoncer à gauche dans le vallon d'où sort la petite rivière qui baigne les murs de Foligno.

Pontaccio est un village, et Nocera une petite ville d'environ 1000 habitans, qui possède un évêché, un bureau de poste et des eaux minérales assez fréquentées. Elles sont froides : leur vertu me paraît vaguement désignée par l'épithète italienne de *Dulcifianti*, adoucissantes. On a construit à la source, un peu au dessus de la ville, d'assez beaux bâtimens pour la commodité des buveurs, et pour les bains.

Cette ville est mentionnée sous le nom de *Nuceria*, dans Pline et Ptolémée, ainsi que dans Strabon qui dit, liv. 5, pag. 227, qu'on y fabriquait des vases de bois estimés. Elle est surnommée *Camellaria* dans la table de Pewtinger.

La vallée, fort évasée à Nocera, devient une véritable plaine; et cette plaine cultivée en blé n'est, ni très fertile, ni très intéressante : elle continue jusqu'à Gualdo. Les prairies y réussissent mieux que les champs.

Gualdo est une petite ville de 2000 habitans, qui a un bureau de poste et point d'évêché, quoique plus considérable du double que Nocera. Entre ces deux relais on a laissé à droite une seconde route d'Ancône.—*Parcouru depuis Foligno.* 11

§ 4. *De Gualdo à Sigillo.* . . . . 3 ½
§ 5. *De Sigillo à la Scheggia.* 3

Même plaine, peu montante dans la 1re. distance, vers le milieu de laquelle on franchit la limite des deux états. Montées et descentes nombreuses dans la seconde. Sigillo et Gualdo sont deux villages de 5 ou 600 habitans chacun. Au sortir du premier on passe sur un pont romain, le torrent de ***.

Le second est très près du centre de la chaîne où s'opère le partage des eaux, et, quoiqu'il soit presque au niveau du col où nous allons la franchir, il n'est guères plus élevé que Sigillo. Cette

Tome IV.

élévation, dont il n'existe à ma connaissance aucune mesure, ne doit pas être de plus de 200 mètres au-dessus du niveau de la mer.

C'est à coup sûr le passage le plus abaissé de tout l'Apennin, puisqu'on y parvient presqu'en plaine depuis Foligno, si l'on excepte seulement le peu de montuosité que nous avons remarquée dans la dernière distance. Dans tout ce trajet nous n'avons point quitté la région des vignes : elles réussissent aux environs même de la Scheggia et tout près du col. On sait combien la chaîne centrale des Apennins est étrangère partout ailleurs à ce genre de culture. Entre Sigillo et la Scheggia, j'ai trouvé une demi-lieue de chemin affreux et presque impraticable, la route n'ayant pas été achevée dans cette partie; elle l'a peut être été depuis mon passage. — *Parcouru depuis Foligno*. . . . . $17\frac{1}{2}$

---

§ 6. *De la Scheggia à Cantiano*. 3

Même nature de pays montueux, sans néanmoins aucune rampe considérable. C'est au bout d'un mille qu'on trouve celle dont le sommet forme la séparation des eaux. Immédiatement après, on traverse la Scheggia sur un superbe pont moderne, qui réunit deux montagnes : il est dû aux soins du Pape Pie VII, qui, par cette construction, a fait disparaître la difficulté de ce passage.

Cantiano est un bourg peuplé de près de 2000 habitans, et connu par un baume stomacal, estimé en Italie sous le nom de *baume de Cantiano*. Ce bourg s'est formé des ruines de la ville de Luceola, détruite par Narsès. — *Parcouru depuis Foligno*. . . . . 20 ¼

§ 7. De Cantiano à Acqualagua. 4
§ 8. D'Acqualagua à Fossombrone. 3

La route va toujours en descendant, mais d'une manière peu sensible, en suivant dans un étroit vallon bordé de montagnes souvent arides et presque toujours escarpées, le Cantiano, qui va se jeter dans le Métaure une lieue au dessus de Fossombrone.

Vers le quart de la première distance, on passe le Cantiano sur un pont romain, d'une grandeur prodigieuse, appelé *Ponte grosse*; et vers le milieu, la ville épiscopale de Cagli, peuplée de 2000 habitans. Vers le tiers de la seconde, on trouve le passage du Furlo, qui a donné son nom à cette route, connue sous le nom de *route du Furlo*; comme le plateau du Colfiorito l'a donné à la route d'Ancône.

Ce passage consiste dans un défilé extrêmement étroit, dont une petite partie voûtée en forme de porte, offre une inscription romaine sur chacune des deux faces. La première, du côté de Foligno, est presque effacée; l'autre, quoiqu'un peu fruste, est encore lisible en partie. On y distingue le nom de Vespasien. Cette inscription ajoute à l'intérêt du passage du Furlo, qui est le plus curieux des Apennins. Si j'en ai vu quelques-uns d'aussi étroits, d'aussi pittoresques, c'est dans les Alpes, les Pyrénées, le Jura, les montagnes des Echasses et celles de la Chartreuse. C'est au passage même qu'a été donné le nom de Furlo, et non à la montagne où il a été creusé : elle porte le nom de *montagne d'Asdrubal*.

Le passage du Furlo paraît être l'*intercisa* de la table de Pewtinger. Claudien, dans son poëme sur le 6e. consulat d'Honorius, décrit ainsi cette prodigieuse ouverture.

Lætior hinc Fano recipit fortuna vetusto,
Despiciturque vagus, præruptâ valle metaurus
Quâ mons ante patens vivo se perforat arcu,
Admisitque viam sectæ per viscera rupis.

On traverse le Métaure sur un autre pont romain, une lieue environ avant Fossombrone, ville épiscopale de 3 à 4000 habitans, dont le nom est une corruption de *Forum sempronii*, parce qu'elle a été bâtie avec les ruines et près de l'emplacement de cette ancienne ville. Située entre le Métaure (le *Metaurus* des anciens) et le pied de la montagne qui en borde la rive gauche, cette ville fait un assez grand commerce sur la soie que produit son territoire, où, par cette raison, l'on cultive beaucoup le mûrier.

Elle possède un magnifique pont moderne, qui n'a d'autre défaut que d'être inutile, puisqu'il ne sert pas pour la route, mais seulement pour la communication de la ville avec un ancien couvent bâti de l'autre côté du Métaure. Je n'ai point vu les restes du théâtre, ni du pavé en mosaïque dont parle l'Itinéraire d'Italie, quoique je fusse aidé dans mes recherches par un habitant très instruit et en même temps très obligeant. Fossombrone est la patrie du célèbre cardinal Bassioney.

Un chemin de communication conduit de cette ville à celle d'Urbin, située à 3 lieues N., ancienne et très petite capitale du très petit duché de ce nom, réuni au Saint Siége en 1626. Quoique peu importante, elle possédait une académie et une université. Cette ville est bien moins connue en géographie, par le rang qu'elle occupe, que dans les arts, par la gloire d'avoir donné le jour au célèbre Raphaël.

Outre ce grand peintre du 15e. siècle, elle en a produit un du 16e., le Baroccio ; ce dernier siècle lui doit encore deux savans qui ont fleuri, l'un vers le milieu, l'autre vers la fin, Bardi et Polydore Virgile.

Comme cette ville ne se trouve sur aucune ligne de poste, ni sur aucune grande communication, elle est peu connue des voyageurs ; et ce qu'ils en apprennent par leurs informations ne leur laisse aucun regret. Le château Ducal est l'unique édifice remarquable qu'elle possède. — *Parcouru depuis Foligno*. 28

§ 9. *De Fossombrone à Calcinelli*. 3
§ 10. *De Calcinelli à Fano*. 3

Chemin roulant : la vallée devient une plaine, et cette plaine, parsemée de quelques inégalités, un superbe paysage. La route ne traverse aucun lieu considérable, quoiqu'on y rencontre beaucoup de villages et de hameaux. Le relais qui était naguères aux Taneglia, a été transféré depuis peu à Calcinelli.

Fano (*Fanum fortunæ*) est une petite ville épiscopale, peuplée de 3 à 4000 habitans et située auprès, non au bord de la mer comme le disent quelques auteurs, encore moins sur la mer, comme le dit, sans doute pour égayer ses lecteurs, l'Itinéraire d'Italie, qui n'a pas pu la donner sérieusement pour une ville flottante.

Elle offre trois objets à la curiosité des étrangers : 1°. une grande et belle salle de spectacle qui étonne dans une aussi petite ville ; 2°. une porte ou un arc antique dont la double inscription, en partie oblitérée, se lit en entier sur le mur gothique d'une église attenante, où on l'a copiée dans le temps, en y représentant en bas-relief l'arc tel qu'il était alors, pour en conserver à la postérité la forme et la mémoire (*); 3°. une cascade artificielle formée par la chute de toute l'eau d'un canal, le long d'un plan incliné de plus de 20 pieds de hauteur perpendiculaire (ce canal est destiné à nettoyer le

---

(*) Je n'ai pas pris de note de cette inscription ; et je m'en suis repenti depuis, en voyant les contradictions des auteurs sur lesquels je comptais. Ils font honneur de cet arc, les uns à Auguste, les autres à Constantin, et ils ont peut-être tous raison ; car l'arc, érigé d'abord à Auguste, a pu être consacré ensuite à Constantin ; il porte même le cachet de ces deux époques dans la différence de l'architecture, qui n'est pas (s'il m'en souvient bien au bout de trois ans) d'un aussi bon style, ni d'une aussi haute antiquité dans la partie supérieure du monument, que dans la partie inférieure.

port.); 4°. la cathédrale (*S. Paterniano*) et l'église des Philippins qui renferment de bons tableaux.

La route que nous venons de parcourir est construite sur la voie Flaminia. Nous n'y avons trouvé nulle part les larges pavés des anciens; mais nous avons passé sur un grand nombre de leurs ponts, et sous le plus extraordinaire de tous, celui du Furlo, dont la voûte, produisant sur le même chemin le même effet que celle d'un pont sur une rivière, nous a paru devoir être rangée parmi les ponts de cette ancienne route. Nous n'avons remarqué que les principaux, en admirant leur conservation et leur solidité. Leur beauté est cependant effacée par la magnificence des ponts modernes de la Scheggia et de Fossombrone, comme si leurs auteurs avaient voulu défier l'antiquité, ou pour mieux dire accepter son défi, en la surpassant.

Nous avons observé que c'était le passage le plus bas des Apennins; on ne doit pas craindre d'ajouter que c'est aussi le plus intéressant, tant par ses sites extraordinaires, que par ses ponts antiques, et surtout son passage du Furlo.

FIN DE LA COMMUNICATION DE FOLIGNO A FANO.

COMMUNICATION

DE ROME A CIVITA-VECCHIA.

20 lieues.

	lieues.
§ 1. *De Rome à Mala-Grotta.*	5
§ 2. *De Mala-Grotta à Monteroni.*	5
§ 3. *De Monteroni à Santa-Severa.*	5
§ 4. *De Santa-Severa à Civita-Vecchia.*	5

Même nature de pays et de climat que dans le reste de la campagne Romaine.

Tous les relais sont placés dans des maisons isolées, faute de villages; encore n'y en a-t-il qu'un, celui de Monteroni, qui soit monté. Il n'en est point de plus mal situé sous le rapport de l'insalubrité. Avant ce relais le pays est un peu montueux. La route parcourt de temps en temps quelques fragmens de voie Romaine, qui, conservés dans leur état de vétusté, offrent des restes plus incommodes que précieux; ils disparaîtront apparemment, soit par la réparation, soit par la nouvelle direction de cette route. Après Mondovi elle est assez plate. Santa-Severa est un petit fort, situé à quelques portées de fusil à gauche de la route, et près de la mer qu'on longe à plus ou moins de distance, depuis là jusqu'à Civita-Vecchia. Peu avant ce fort, on passe un ruisseau sur un petit pont moderne, qui en remplace un antique, dont la belle arcade subsiste encore à côté. Près de là, dans la plaine la plus triste et l'air le plus mal sain, on est étonné de trouver une jolie maison de campagne. Elle appartient à un riche particulier de Rome.

Civita-Vecchia est une petite ville assez bien bâtie, percée de rues assez droites mais pas assez larges, entourée de faibles remparts, défendue par un port de mer très sûr et très fréquenté. Le bassin en est rond, et passe pour un chef-d'œuvre. Il est dû aux bienfaits de l'Empereur Trajan. A sa grandeur et à l'activité qui y règne, on voit bien que c'est le port de Rome, l'*Ostia* moderne. On dit que Civita-Vecchia est un espèce de faubourg, et comme le complément de Rome; si cela est, c'est une partie bien éloignée du tout auquel elle appartient, puisque la communication de l'un avec l'autre est interrompue par un désert de 20 lieues. Quoi qu'il en soit, c'est au voisinage de cette capitale dont elle est véritablement l'entrepôt, que Civita-Vecchia doit le mouvement extraordinaire que nous y avons remarqué. Son port est le débouché des grains qu'exporte tous les ans l'état Romain, ainsi que des produits industriels de la capitale, dont la plupart tiennent aux beaux arts. En temps de paix, les Anglais y portent de la morue ; les Français des draps, des toiles et autres produits de leurs fabriques ; les Marseillais y vont chercher des grains dont ils manquent, les Hollandais et les Suédois, de la pouzzolane pour bâtir dans l'eau.

La Martinière et autres auteurs disent qu'elle n'est pas peuplée autant qu'elle devrait l'être. Je puis attester qu'elle l'est deux fois plus que ne comporte son enceinte, qui est celle d'une ville de 3000 âmes, tandis qu'elle en renferme 6000 non compris les forçats, que M. de Lalande porte au même nombre. Cette ville, d'après le même auteur, sur la foi duquel nous nous dispenserons de nos recherches ordinaires, fut prise par Totila et reprise par Narsès, l'an 553. Elle a été encore depuis prise et reprise plusieurs fois, et plusieurs fois ruinée et rétablie. Son nom latin de *Centumcelle* présente une étymologie bien évidente, sur laquelle cependant les antiquaires sont réduits à des conjectures. A la faveur de sa grande population, cette ville jouit d'un air moins insalubre que les campagnes qui l'entourent.

A 2 lieues Nord-Ouest de Civita-Vecchia, est la petite ville de Cornetto, remarquable par quelques restes d'antiquités étrusques qui en sont peu éloignés. A quelques lieues plus loin, s'élèvent plusieurs petites éminences, appelées *Monti - Rossi* (Monts-Rouges), à cause de leur couleur rouge. On y a trouvé des chambres souterraines taillées dans le tuf volcanique, des vases étrusques de différentes formes, et plusieurs tombeaux avec des inscriptions étrusques, etc.

A une lieue au delà de Cornetto, est la mine d'Alun de la Tolsa ; c'est la plus célèbre et la plus abondante de l'Italie. Les travaux en sont décrits dans un grand nombre d'auteurs Français, notamment dans Nollet, Guitard et autres, auxquels nous renvoyons nos lecteurs curieux de détails étrangers à notre plan.

FIN DE LA COMMUNICATION DE ROME A CIVITA-VECCHIA.

DESCRIPTION
ROUTIÈRE ET GÉOGRAPHIQUE
DE L'EMPIRE FRANÇAIS.

Ire. ROUTE DE PARIS A NAPLES,

Par Lyon, Turin, Florence et Rome.

479 lieues et demie.

	lieues.
Depuis Paris jusqu'à Rome (v. 1re. *route par Sienne).* 115 *paragraphes*................	418 $\frac{1}{2}$
(2e. *route par Peruggia*.... 426 *lieues.*)	
§ 116. *De Rome à Torre-di-Mezza-Via*..........	4
§ 117. *De Torre-di-Mezza-Via à Albano*........	3

Sol toujours volcanique, plaine plus fertile, aussi mal saine et non moins inculte que les collines que nous avons traversées en arrivant à Rome.

Au bout d'un mille de jardins et de vignes, on est au milieu des pâturages. Je les ai vus tapissés de gazon et de fleurs au mois de janvier, comme si la nature, en leur prodigant ses dons dans la saison où elle s'en montre le plus avare, voulait s'y montrer riche en dépit de l'homme. Ces gazons et ces fleurs sont broutés, pendant l'hiver, par les nombreux troupeaux de bêtes à laine qui paissent en été sur les Apennins, et pendant toute l'année, par les nombreux troupeaux de bêtes à corne et de chevaux qui s'élèvent dans le territoire de Rome. Ces pâturages ne sont par conséquent pas inutiles, et leur conservation, si elle n'avait point d'autres inconvéniens, semblerait entrer dans la balance agricole de cette partie de l'Italie; balance qui, d'ailleurs, se trouverait rompue par une plus grande quantité de terres mises en culture, puisque celles qu'on ensemence, de distance en distance, produisent encore plus de grain qu'il n'en faut ordinairement pour la consommation locale, et pour les exportations habituelles. La fécondité de ces terres s'élève, année commune, à 9 ou 10 pour 1. Rendues au repos, elles se recouvrent aussitôt d'herbages qui font ressembler les jachères des campagnes de Rome, à des prairies (*).

(*) Je ne conclus pas de ce que je viens de dire de la balance agricole qui semble exister entre les terres

Ire. ROUTE DE PARIS A NAPLES.

On voit, à gauche et à peu de distance de la route, une longue enfilade d'acqueducs, qui, dans leur état de ruine, sont encore imposans, comme l'antiquité à laquelle ils appartiennent. Tout à côté, quelquefois tout contre, ont été dirigées les arcades d'un acqueduc moderne, qui, par sa construction mesquine, semble placé là tout exprès pour servir d'échelle de proportion, entre les anciens et les modernes.

On ne voit presque point d'habitations, mais on aperçoit beaucoup de débris à droite et à gauche, restes des immenses faubourgs de l'ancienne maîtresse du monde.

La poste de Torre-di-Mezza-Via est dans une maison isolée, près de laquelle on remarque, à droite, un autre reste d'aqueduc qui se dirige vers l'Ouest. Celui-ci, construit en brique, est en même temps, et beaucoup moins beau, et beaucoup mieux conservé que le premier, dont il était une ramification. Il portait les eaux aux

---

cultivées et non cultivées de la campagne romaine, qu'il n'en faut pas cultiver davantage; mais je pense qu'il faut auparavant les peupler, et que ce n'est point d'ailleurs la culture du blé qu'il convient le plus d'y encourager, puisqu'il y surabonde. Il est à désirer que celles des cotons, qu'on s'occupe à y introduire, puisse y réussir, et tout porte à l'espérer.

bains de Caracalla, en traversant la voie Appia, dont la chaussée existe encore à quelques portées de fusil de la route actuelle. J'ai eu la curiosité de m'y transporter et de la suivre pendant quelque temps, pour voir de plus près les nombreux tombeaux de toute forme qui bordent cette ancienne et célèbre route. Ils sont tous plus ou moins ruinés, si l'on en excepte un seul, construit en rotonde comme celui d'Adrien à Rome, dont il me paraît approcher pour la beauté, pour la solidité, et même pour le diamètre. Je pense que sous ce dernier rapport surtout, l'apparence m'a trompé; mais ce que je puis assurer, c'est qu'il est incomparablement plus grand que le fameux tombeau de Cecilia Metella, qui, construit également en forme de tour ronde sur la même route tout près de Rome, compte avec raison parmi les plus intéressantes antiquités de cette ville, à cause de son admirable conservation.

Mes recherches n'ont pu me procurer aucune lumière sur ce vaste tombeau, et la mention que j'en fais ici l'exhume en quelque manière lui-même du tombeau de l'oubli. Je me flatte qu'elle ne sera pas désapprouvée par les voyageurs qui se décideront à quitter un instant leur route pour l'aller voir. Il est à 5 ou 600 pas vers le Nord-Ouest, du point où l'acqueduc joint la voie Appia. Une chaumière a été construite dans l'intérieur du monument; une famille de bergers et un troupeau de moutons habitent cette demeure des morts.

Au pied de la montée d'Albano, la route moderne rejoint la voie Appia. Près de cet embranchement, on en laisse un à gauche qui conduit à *Marino*, assez joli bourg, dont on a pu voir la route directe, vers le milieu de la première distance. Plus loin on laisse à droite, le chemin de Porto d'Anzo (jadis *Antium*).

Le parfait alignement de la voie Appia, depuis Rome jusqu'à Albano, fait regretter que le pape Pie VI, à qui on en doit le rétablissement dans les marais Pontins, ne l'ait pas commencée par cette partie même, où l'ancienne chaussée offre une excellente fondation, pendant que les débris de pavés et de tombeaux dont elle est couverte, fournissent des matériaux en abondance. Les nombreux circuits que fait la route actuelle, ajoutent aux regrets du voyageur. Ses informations lui apprennent que le motif de cette fausse direction, a été de ne pas couper les propriétés de quelques familles puissantes de Rome; ainsi la nouvelle route décrit les limites de ces grandes possessions.

Le joli bourg qu'on voit à gauche sur une éminence, peu avant Albano, est *Castel-Gandolso*, qui, entre autres maisons de campagne, renferme celle des papes. Elle n'est remarquable que par sa simplicité. Dans celle de *Barbarini*, on voit les restes du palais de Domitien. La petite ville d'Albano, traversée par la route, s'élève sur la même colline, à un mille du bourg de Castel-Gandolso, avec lequel elle communique par une allée ombragée de vieux chênes, et connue sous le nom de *galerie*. Cette galerie forme une délicieuse promenade en terrasse, sur les bords élevés et pittoresques du lac d'Albano. Ce lac, qu'on voit au fond d'un vaste entonnoir, est évidemment comme celui de Bolsena, comme celui de Vico et comme tous ceux de la campagne de Rome, le cratère d'un volcan. Il n'est pas moins évident que les bords de la montagne escarpée et presque circulaire qui l'entoure, en sont les éjections.

La cime de cette montagne présente une espèce de bourrelet d'inégale hauteur, une circonférence de 6 à 7 milles, qui est à peu près double de celle du lac même, et une promenade également intéressante pour les amateurs, non-seulement des belles vues, mais encore des grands souvenirs ; et non-seulement des souvenirs consacrés par l'histoire, mais encore de ceux qui, plus anciens que les annales des hommes, ne sont écrits que dans les fastes de la nature, je veux parler des volcans, dont les laves et les cratères sont les impérissables monumens.

Les monumens historiques abondent également autour du lac d'Albano ; nous avons déjà fait mention des restes du palais de Domitien. Lorsqu'en parcourant la promenade presque circulaire dont nous venons de parler, on passe auprès de l'Emissario, qui est le déversoir où les eaux du lac prennent leur écoulement souterrain, il ne faut pas craindre la fatigue de descendre jusqu'au bord, pour voir la naissance de cet aqueduc, ouvert à main d'homme dans les flancs même de la montagne, et construit en pierres de taille dans une longueur de plus d'une demi-lieue. Cet ouvrage, attribué à Camille, comme la prise de Veies à laquelle il est lié, est un des travaux Romains les plus étonnans qu'offre l'Italie. Sa construction, qui rappelle un des premiers comme des plus grands défenseurs de la république, et l'un des premiers comme des plus mémorables siéges que nous retracent ses historiens, est fixée par Tite-Live au quatrième siècle de la fondation de Rome. L'oracle de Delphes, consulté sur le débordement subit des eaux de ce lac pendant le long siége de Veies, répondit que cette ville ne serait prise que lorsqu'on aurait ouvert un débouché au lac; et l'oracle fut accompli. Ce dégorgement forme, au sortir de la montagne, une petite rivière, qui court avec la rapidité d'un torrent donner le mouvement à un moulin.

La partie opposée à celle où les eaux s'engouffrent ainsi dans la montagne, offre une haute cime qui s'élève entre ce lac et celui de de Genzano, et d'où la vue plonge également sur l'un et sur l'autre. C'est le *Mons-Albanus* des anciens, aujourd'hui *Monte-Cavi*. On y trouve un couvent de passionistes, construit sur les ruines du temple de Jupiter-Latialis, où les consuls allaient célébrer annuellement les féries latines, établies par Tarquin-le-Superbe, en mémoire de la réunion de tous les peuples du Latium. On y monte par la *via Albana* qui est très bien conservée, en traversant le camp d'où Annibal est venu avec une armée affaiblie par les victoires et par les délices de Capoue, menacer Rome sans oser l'attaquer.

Ceux qui ne veulent que voir le lac peuvent satisfaire leur curiosité, en se transportant au couvent des Capucins, situé au haut de la ville d'Albano, d'où on le découvre parfaitement, surtout de l'un des deux belvéders qui embellissent, sous le nom de *Tabor*, le charmant enclos, pour ne pas dire le parc de ce monastère. L'autre belvéder jouit d'une autre perspective, celle de la mer; mais elle est attristée par la vue des campagnes aussi monotones que pestilentielles, aussi incultes qu'inhabitées, qui s'étendent entre Albano et les côtes. Un délicieux bosquet de beaux chênes-verd compose presque tout cet enclos. La terrasse et les jardins sont décorés de jolies fontaines. Tous les embellissemens et les points de vue de ce monastère étaient, pour les heureux mendians qui l'habitaient, un véritable lieu de plaisance, un petit paradis terrestre.

La ville d'Albano, peuplée de 3 ou 4000 habitans, est bien percée et assez bien bâtie. Agréable par sa situation aérée, elle ne l'est pas moins par les nombreux palais dont l'ont embellie plusieurs riches familles de Rome. On en distingue deux ou trois, notamment le palais Corsini. Les Romains viennent en foule pendant la belle saison, chercher dans cette ville le plaisir, le bon air et la santé. Un moment avant d'y arriver, on voit, à gauche au bord de la route, divers monumens antiques plus ou moins ruinés, dont le principal porte le nom de *tombeau d'Ascagne*, fondateur d'Albe. Si c'était réellement le tombeau du fils d'Enée, il aurait une bien haute antiquité, puisqu'il serait antérieur de quatre siècles à la fondation de Rome. Mais pour s'arrêter à cette opinion, il faudrait commencer par s'assurer si Ascagne et son père Enée ont réellement existé; ce que les récits merveilleux des historiens Romains ne constatent pas plus que les fictions poétiques du chantre de Mantoue. A la sortie d'Albano, s'élève, au milieu du chemin, un autre monument plus remarquable et mieux conservé; c'est une espèce de socle supportant cinq tourelles, en forme de cônes tronqués, dont trois sont encore en bon état. Ce monument est connu sous le nom de *tombeau des Horaces*; d'autres disent des Curiaces, d'autres veulent que ce soit celui de Pompée : ce qui prouve qu'on n'en sait rien.

Albano est une ville moderne bâtie sur l'emplacement de la *Villa Pompeii*, et non comme on pourrait le croire, de l'ancienne Alba Longa, qui était sur le Monte-Cavi (jadis *Mons-Albanus*), dont nous venons de parler.

Le costume des paysannes d'Albano m'a frappé par sa richesse et sa singularité. Outre la soie et la dorure dont elle sont chamarrées,

Iʳᵉ. ROUTE DE PARIS A NAPLES. 199 lieues.

elles ont la gorge enfermée dans un busque d'une grandeur démesurée. Certains voyageurs trouveraient peut-être quelque chose d'antique dans cet accoutrement; pour moi, j'ai cru voir une toilette de carnaval, mon passage à Albano s'étant trouvé justement à cette époque de l'année. Le costume des hommes n'est remarquable que par leurs énormes boucles de jarretières; elles sont de la grandeur de celles des souliers, et celles-ci ont la dimension des boucles de carrosse. Les unes et les autres sont en argent. J'ai vu ce luxe champêtre dans d'autres parties de l'état Romain, mais il ne m'a nulle part autant frappé. — *Parcouru depuis Paris.* . . . $425\frac{1}{2}$.

§ 118. *D'Albano à Velletri.* . . . . $4\frac{1}{2}$

Route montueuse et très pittoresque, surtout au commencement de la distance. Elle traverse des bancs de pépérino, de basalte et de pouzzolane. La fertilité de ce sol volcanique n'excède pas la proportion de 7 à 8 pour 1. Elle s'élève au double dans une petite plaine voisine qu'on laisse sur la droite, entre Albano et Riccia, et qui était anciennement un lac, plus anciennement un cratère. Le bourg de Riccia est l'*Aricia* dont parle Horace.

Egressum magnâ me accepit Aricia Roma.

On y voit une jolie église construite en dôme par le Bernin, et un assez beau palais du prince Ghigi, bâti par le même architecte.

L'on arrive ensuite à Genzano, par une superbe avenue partant d'une étoile où se réunissent trois superbes allées d'arbres. C'est une petite ville peuplée de 2 ou 3000 habitans, et composée d'un petit nombre de rues larges et droites, qui aboutissent toutes à la grande place, décorée d'une assez belle fontaine.

Au haut de la ville, on voit un palais et une terrasse qui dominent le lac de *Nemi*. Il est beaucoup plus petit que celui d'Albano, auquel il ressemble d'ailleurs par sa situation dans le fond d'un entonnoir, qui est de même un ancien cratère. Son nom lui vient de *Nemus*, parce qu'il était entouré d'une forêt que les anciens révéraient comme sacrée. Ils le surnommaient *Miroir de Diane*, parce que cette déesse avait un temple sur ses bords, et sans doute aussi à cause de la limpidité de ses eaux.

On fait cas à Rome du vin de Genzano, moins mauvais que les autres vins des environs. Il m'a paru sans corps et doux jusqu'à la fadeur. Il faut, dit plaisamment le président de Brosse, être aussi doux que lui pour s'en accommoder.

A 2 milles vers le Sud de Genzano on voit quelques restes de l'ancienne *Lanuvium*, aujourd'hui *Civita-Lavinia*, dénomination moderne qui a paru à certains antiquaires indiquer plutôt l'ancienne *Lavinium*, que d'autres placent, avec plus de raison, auprès de la mer. Quoi qu'il en soit, il ne reste de cette ancienne ville que quelques ruines de temples où l'on ne distingue rien. On a présumé qu'il y en avait un consacré à Junon, parce qu'on y a trouvé une statue de cette Déesse. 15 ou 18 milles plus loin, à Porto d'Anzo, sur le bord de la mer, sont les ruines du port d'Antium, ville qui était bien plus considérable que *Lanuvium* ou *Lavinium*, et qui n'offre pas aujourd'hui des restes plus remarquables. On en a enlevé des statues et des colonnes, trouvées à diverses époques.

Nous avons quitté la voie Appia en arrivant à Albano, nous la retrouvons peu après Genzano, pour la quitter encore 2 milles plus loin, au Ponte-Anelli, et suivre la nouvelle route par Velletri, ville épiscopale de 10,000 habitans. Elle est assez mal percée, irrégulièrement bâtie, et d'une situation agréable au pied du Mont *Artemisio*. On y remarque l'hôtel de ville, assez beau bâtiment construit par le Bramante.

Le palais *Ginetti* renferme un superbe escalier de marbre, et le palais *Borgia* un beau muséum d'antiquités et de peinture (*). La statue du pape Urbain VIII, qui décorait une des places de cette ville, n'y existe plus. Velletri a une sous-préfecture avec un tribunal de première instance et une bonne auberge. On y respire un air pur, malgré le voisinage des marais *Pontins*.

A 10 milles vers l'Est, dans les montagnes, près de la petite ville de Cori (l'ancienne *Coria* des Volsques), les curieux vont voir deux beaux débris de temples antiques, l'un de Castor et Pollux, l'autre d'Hercule. L'Italie les compte parmi les monumens les plus précieux qui lui restent de ses anciens maîtres. La ville conserve encore les ruines de ses vieilles murailles. Parcouru depuis Paris 430

§ 119. *De Velletri à Cisterna.* 3½

Sol toujours volcanique, et légèrement montueux. Ce sol règne jusqu'à *Cisterna*, où il cesse entièrement pour ne plus reparaître qu'aux approches de Naples. Nous l'avons vu commencer

---

(*) La famille Borgia l'avait mis en vente lors de mon dernier passage.

à Radicòfani, ce qui fait une bande ou veine de plus de 50 lieues de long; elle s'étend sur une largeur moyenne de 10 à 12, entre les côtes de la mer et le pied du Sub-Apennin Romain. Cette terre brûlée est généralement d'une grande fertilité, qui cependant éprouve quelques intermittences, et beaucoup de variétés. Elle rend sans engrais, 9 à 10 pour 1, dans cette extrémité méridionale où la terre est aussi négligée, aussi peu cultivée, et le climat aussi mal sain que dans le reste des campagnes Romaines. Les travaux agricoles y sont également confiés aux bras d'un certain nombre de montagnards, qui descendent des Apennins tous les hivers, s'en retournent tous les printemps, reparaissent un instant à l'époque des moissons, en aussi grand nombre qu'ils peuvent, pour pouvoir expédier promptement leurs travaux, et regagnent aussitôt après leurs montagnes, si les maladies ou la mort ne les retiennent dans le pays. Cisterna est un bourg de 2000 habitans, dont la partie basse est en proie à l'insalubrité du climat. La partie haute, où passe la route et où est située la poste, est bien moins mal saine. On y traverse une grande place quadrangulaire, dont un des côtés est formé par la façade du palais dit *Baronal*, appartenant au duc de Gaetan.

Des bois immenses règnent depuis Cisterna jusqu'à la mer. — *Parcouru depuis Paris*..... 433$\frac{1}{2}$

§ 120. *De Cisterna à Tortreponti*.............. 4$\frac{1}{2}$
§ 121. *De Tortreponti à Bocca di Fiume*......... 3
§ 122. *De Bocca di Fiume à Mesa*............. 3
§ 123. *De Mesa à Ponte Maggiore*............. 3
§ 124. *De Ponte Maggiore à Terracina*.......... 3

Ces quatres distances comprennent toute l'étendue en longueur des marais Pontins, qui ne commencent véritablement qu'aux deux tiers de la première. On rejoint un peu auparavant la voie *Appia* pour ne la plus quitter, jusqu'à Terracina, où finissent les marais.

Tortreponti est une grande maison, qualifiée de Palazzo, que le pape Pie VI fit construire tout exprès pour la poste. Elle est déjà vieille, sans être ancienne, aussi bien qu'un beau couvent de capucins, construit au même endroit et à la même époque. On n'y trouve, dit Kotzebuë, que des lézards et pas un capucin. Les troupes Napolitaines y ont mis le feu, et il n'en reste plus que les murs. Le pape qui parvint sans peine à peupler ses relais dans les marais Pontins, ne put jamais venir à bout de peupler son couvent. Le mauvais air en avait chassé les religieux, même avant la révolution. Sur la petite place qu'on a ménagée en face du couvent, ont été entassées plusieurs colonnes milliaires de la voie Appia, qui ont été retrouvées çà et là dans les déblais et la reconstruction de cette route.

 Le premier relais des marais Pontins, en est le plus mal sain; l'insalubrité de l'eau s'y joint à celle de l'air pour en faire le lieu le moins habitable de toute cette partie de la route. Les eaux ne sont point malfaisante au même degré à *Bocca di Fiume*, encore moins à *Mesa*, où divers ruisseaux et le large canal d'écoulement qui longe la route, offrent un courant limpide, et fournissent une boisson bien supérieure à celle des eaux stagnantes. A cela près, ces deux derniers relais ne valent guères mieux pour la santé que le précédent. Ils sont également dans deux maisons isolées. La première est très petite; la seconde, aussi grande que celle de Tortreponti, porte de même le titre de palazzo, et vieillit pareillement avant le temps.

 On y a réuni et encastré, tant dans les murs extérieurs des deux côtés de la porte que dans ceux du vestibule, diverses inscriptions antiques, tirées des monumens qu'on a détruits le long de la voie Appia, pour en employer les matériaux à la rétablir, et à construire les maisons de poste, et les auberges nécessaires. Les amateurs peuvent s'amuser pendant qu'on relaye à déchiffrer ces inscriptions la plupart bien conservées, ainsi que celles des deux colonnes milliaires placées à l'entrée de la maison. Un reste de monument massif et carré qui se voit auprès de cette maison, et qu'on a détruit en le dépouillant de son revêtement, en le rongeant jusqu'au cœur et n'en laissant que ce qu'il n'a pas été possible d'arracher, en un mot en l'exploitant comme une carrière, doit avoir été un tombeau. On a détruit ainsi tous ceux qui bordaient cette célèbre route, et frappé pour ainsi dire d'une seconde mort, leurs muets habitans dont le silence parlait à l'âme, et lui parlait un langage si éloquent pour les anciens. Les restes, tous faibles qu'ils sont, de plusieurs villes, où quelques-uns croient retrouver le *Forum Appi* d'Horace, entre Tortreponti et Bocca di Fiume, dont il ne reste plus que des fondations ou quelques décombres enterrés, prouvent, ainsi que des vestiges de bains qui existent encore au delà et à peu de distance de Mesa, que les morts n'étaient pas les seuls habitans de cette contrée, qui n'est plus animée aujourd'hui par d'autres êtres vivans que des postillons et des chevaux, des pâtres et des troupeaux de buffles, des bêtes fauves et des oiseaux aquatiques.

Ce terrain a été de tout temps sujet aux inondations et par conséquent aux marécages. Mais la mortalité n'y régnait pas au même degré du temps de l'ancienne Rome, puisqu'ils étaient parsemés de villes, quoique les exhalaisons en fussent dès-lors même très malfaisantes ; et sans recourir à d'autres preuves, Horace aurait-il oublié cette mortalité dans son voyage critique de Rome à *Brundusium*, sujet de sa 5e. satire? Il le fit sur le canal qui bordait la voie Appia, et passa la première nuit au *Forum Appi*, où il eut à se plaindre, et de l'eau qui ne lui parut pas potable, et des cousins, qui, d'accord avec les grenouilles, l'empêchèrent de dormir. Aujourd'hui les voyageurs sont trop heureux de ne pas s'endormir, puisque le sommeil dans les marais Pontins est pour eux celui de la mort. Il a décrit en traits satiriques, autant qu'enjoués, tout ce qui l'a frappé dans ce voyage, encore plus, tout ce qui l'a incommodé. Il eut, à coup sûr, parlé du mauvais air, s'il eût été réellement alors ce qu'il est de nos jours. On pourrait conclure avec fondement le contraire de son silence, si l'on n'en acquérait la certitude, par les regrets qu'il manifeste de n'avoir pu fermer l'œil, en ajoutant que ses compagnons et le batelier s'étaient endormis. Les voyageurs pouvaient donc alors dormir sans risque dans les marais Pontins. Au surplus ce danger moderne, qu'exagère sans doute la terreur attachée au seul nom de marais Pontins, est bien moindre aujourd'hui que dans les premières années de la reconstruction de cette route, où les terres nouvellement remuées augmentaient l'intensité des émanations malignes. J'ai même vu des teints frais, qui n'éprouvent aucune altération. A la poste de Mesa, le régisseur, sa femme, ses enfans et son maître postillon, m'ont offert de vrais teints flamands. Il est des tempérammens qui résistent, ou plutôt qui s'accoutument à cet air, véritablement dangereux pour le plus grand nombre, et mortel pour beaucoup. L'expérience a prouvé que la bonne nourriture et l'usage du vin en neutralisent ou en modifient au moins l'influence.

On aperçoit de loin en loin des granges, même des métairies, et quelques terres labourées, qui renferment dans leur sein noir et limoneux, avec les sources de l'abondance celle de la mortalité. Des postillons malades, d'une pâleur verdâtre et cadavéreuse, d'un regard morne et stupide, attellent nonchalamment votre voiture, et le valet d'écurie (*le stallière*) vous recommande, en demandant son *pour boire*, de ne pas vous endormir en route. Ces hommes plus ou moins acclimatés à l'air pestilentiel des marais, s'habituent au danger d'y succomber, balancé par l'espoir d'y résister, comme on s'habitue à tous les autres dangers, pour peu qu'ils soient accompagnés de quelque lueur d'espérance. Ceux qui ne succombent point ne sauraient du moins espérer une longue carrière. Je n'ai pas rencontré un vieillard dans toute l'étendue de ces marais, et cependant il y a toujours des habitans, des pâtres, des laboureurs et des postillons. Mais n'y en a-t-il pas au pied du Vésuve? Nous verrons les laves qui ont englouti les villes, servir immédiatement après de matériaux et de fondations à des villes nouvelles.

Dans le principe, le gouvernement papal, pour peupler ces marais, ne fut pas difficile sur la qualité des nouveaux colons; il y avait même ouvert un asile aux malfaiteurs. Telle était l'espèce d'hommes qui servaient naguères tous les relais des marais Pontins. Cet odieux privilége, également contraire à la morale d'un bon gouvernement et à la sûreté des voyageurs, a été remplacé, sur mon rapport, par une augmentation du prix des guides : elles ont été tariffées à 1 franc, au lieu de 75 centimes que portent les règlemens ; exception suffisamment justifiée aux yeux du voyageur, par la fatale célébrité de ces marais. C'est une juste compensation offerte aux postillons qui se résignent à exposer leur vie dans ces funestes localités, et une espèce d'équilibre, au moyen duquel les relais des marais Pontins ne seront pas désormais plus mal montés en postillons que les autres.

L'abondance des grains et des fourrages est un autre genre de compensation, que la nature offre elle-même dans ces marais à leurs habitans ; mais elle ne décide point les titulaires à y résider. Ils confient la gestion et la recette de leur relais, à un valet ou postillon de confiance, et ne vont eux-mêmes que de loin en loin donner le coup-d'œil du maître, ou plutôt régler leurs comptes.

La route des marais Pontins, élevée en chaussée, dirigée en ligne droite dans toute sa longueur d'environ 25 milles romains, et bordée à perte de vue de deux allées d'arbres comme une avenue de château, ou une promenade publique, offre réellement aux voyageurs une espèce de promenade, et un effet peut-être unique en son genre, du moins bien extraordinaire dans une pareille localité.

Sur la gauche, règne à une demi-lieue la chaîne des Apennins qu'on a toujours en perspective, et à 4 ou 5 lieues sur la droite, la mer, dont une vaste forêt dérobe la vue.

Cette forêt, dont le sol en dos d'âne contribue au séjour des eaux stagnantes, par l'obstacle qu'il oppose à leur écoulement, est elle-même à l'abri des stagnations, et peuplée de sangliers et de chevreuils, qui se répandent de là dans les marais. Ils se montrent jusqu'au bord de la route, parmi les nombreux troupeaux d'oiseaux aquatiques, d'oies, de canards sauvages, de vanaux, etc., qui semblent trouver ici leur véritable patrie. On rencontre aussi de grands troupeaux de buffles, auxquels conviennent par excellence ces pâturages aqueux. On en voit d'autres traîner à pas tardifs la charrue que quelques laboureurs se dévouent à conduire dans cette terre à-la-fois nourricière et mortelle. Les buffles labourent avec plus de lenteur que les bœufs, mais opposent plus de force et d'opiniâtreté aux obstacles que rencontre le soc.

Le produit du sol des marais Pontins est excessif dans les parties défrichées nouvellement; il s'y élève jusqu'à 30 et 40 pour 1. Au bout de quelques années, cette exubérance de fécondité s'épuise, et le produit diminue de plus de moitié. Celui des parties non défrichées et des pâturages qui nourrissent les troupeaux de buffles, consiste uniquement dans la vente des veaux de buffles et des fromages. La chair de ces veaux diffère peu, dit-on, de celle des veaux ordinaires. Celle des gros buffles est bien de la même nature, mais non de la même qualité que celle des bœufs : elle est coriace et sent le musc. Les juifs sont les seuls habitans de Rome qui en mangent.

Les fromages de buffle sont aussi peu agréables au goût qu'à la vue. La forme qu'on leur donne est celle d'une vessie. La première fois qu'on m'en a servi, j'ai cru qu'on me servait de la graisse de porc.

Le large canal qui longe la route et que nous n'avons encore que mentionné, en est le plus bel ornement, comme il en est aussi le plus sûr conservateur, ainsi que des terres rendues à l'agriculture. Destiné au seul écoulement des eaux, il est rendu navigable par la rivière dont on traverse un bras sur un beau pont de marbre blanc, un peu après le relais de Bocca di Fiume. A partir de ce point, il roule, avec une certaine rapidité et avec la majesté d'un fleuve, le long de la route qu'il accompagne jusqu'à la mer. C'est même beaucoup moins un canal qu'une rivière navigable. La ligne droite, la double allée, le parfait alignement de la voie Appia, et le canal d'eau courante, ou si l'on veut, la rivière artificielle qui la borde en croissant toujours de largeur et de volume, semblent avoir quelque chose de plus frappant à mesure qu'on avance. On ne se lasse point d'admirer une route aussi belle et aussi roulante, dans un terrain aussi marécageux. C'est qu'elle est assise sur l'ancienne chaussée, dont le ciment indestructible lui sert de fondement.

Nommer la voie *Appia*, c'est parler du plus beau monument en ce genre qui existe dans l'univers. Il a suffi pour immortaliser *Appius Claudius* qui en est le véritable fondateur, comme le pape Pie VI en est le dernier restaurateur.

A *Ponte Maggiore*, autre maison seule et autre relais, on traverse l'*Uffente*, rivière navigable, et le canal se divise en deux bras, dont un va droit à la mer, tandis que l'autre n'y arrive qu'obliquement, en continuant à longer la route jusqu'à Terracine, l'*Auxur* des anciens. Ici la scène change : les montagnes que le voyageur voit à sa gauche, se recourbent devant lui jusqu'au bord de la mer, et lui offrent avec une barrière apparente, la perspective décrite dans ce vers d'Horace.

Impositum saxis late candentibus Auxur.

Si les rochers de Terracine ne sont plus aussi blancs qu'au temps d'Horace, c'est que les siècles les ont rembrunis superficiellement, quoique la couleur intérieure se montre toujours la même dans toutes les parties entamées, soit par les extractions, soit par les éboulemens. Ils sont de cette nature calcaire qui se reproduit en diverses autres parties des Apennins, et que M. de Lalande trouve avec raison pareille à celle des montagnes de la Provence. La ville, assise en amphithéâtre sur la base de ces rochers est descendue, depuis Horace, par les nouvelles constructions; car elle était jadis plus élevée sur la montagne, d'après les ruines qu'on y voit encore.

Il paraît que la voie Appia était dirigée vers cette hauteur, par un chemin qu'on distingue très bien à gauche, 3 milles avant d'arriver à Terracine, et où l'on remarque un joli pont Romain bien conservé, le *Ponte-Allo*. Cette déviation de la route d'Appius, dans laquelle Pie VI paraît n'avoir que suivi Crassus un des anciens continuateurs de la voie Appia, est une véritable rectification, puisque ainsi dirigée, la route, en conservant son plan horizontal, aboutit droit au port, au lieu de gravir les escarpemens où est située la ville.

Le même pape avait entrepris de faire de Terracine une belle ville, et projetté d'y rouvrir le port d'Antonin-le-Pieux. Cette nouvelle ville fut commencée sur un très beau plan, au bord de la mer. Une rue droite d'une immense largeur, une vaste place, de beaux édifices, une superbe auberge, et un palais pontifical ; tels furent les ouvrages qu'il réussit à terminer, et qui, avec la restauration de la voie Appia, absorbèrent le célèbre trésor de Sixte-Quint. Ses ressources épuisées et les événemens qui survinrent, ne lui permirent pas de pousser plus loin les travaux. La reconstruction du port qu'il réservait sans doute pour la fin, n'a pas été commencée ; elle n'offre pas à ceux qui l'entreprendront, d'aussi grandes difficultés qu'on pourrait se le persuader. L'enceinte en est toute faite : le mole demi-circulaire subsiste encore, au revêtement près qu'il faudrait renouveler.

Pour bien voir cet ancien port, il faut d'abord en faire le tour sur le mole, dont la maçonnerie conserve encore un grand nombre de pierres de taille percées d'un grand trou rond, auquel on amarrait les vaisseaux. Il faut ensuite le considérer de la haute plate-forme où est placé le vieux château de Théodoric, qu'on voit au dessus de Terracine.

Ce château d'une certaine apparence présente de loin une superbe ruine, et n'offre de près d'autre intérêt que celui que peuvent trouver certains amateurs dans un édifice des bas siècles, élevé par un roi Goth, sur une roche escarpée d'Italie. Les murs sont revêtus de cette maçonnerie qu'on appelle *Faux auréticulaire*, et qui paraît la même que Pausanias nomme *Cyclopéenne*, et Vitruve *Opera incerta*. Le site extraordinaire de cette ancienne demeure des Rois, est, avec le coup-d'œil dont on y jouit, le véritable dédommagement que peuvent y trouver les curieux, pour la peine d'être montés jusque là. Quand on a fait tant, il faut monter encore un peu plus haut, en poussant la course ascendante jusqu'au télégraphe placé au dessus du château. On met à peu près une heure depuis le pied de la montagne jusqu'à ce point culminant, qui paraît avoir environ 300 mètres de hauteur perpendiculaire au dessus de la mer. De ce point on découvre, à droite toute l'étendue des marais Pontins, à gauche les collines et montagnes diversement découpées qui bor-

Ire. ROUTE DE PARIS A NAPLES.

dent la mer de Naples en deçà, et même au delà de cette ville. On distingue parmi ces montagnes le Vésuve, dont on voit la fumée le jour, et le feu la nuit, pourvu toutefois que le temps soit clair.

En face à 25 ou 30 milles en mer, on distingue un petit groupe d'îles, dont les deux principales sont Palmaria et Ponza. Cette dernière est la plus considérable et la seule habitée. Les Français y ont une batterie. Le Mont Circé, *Monte Circello*, illustré par les vers d'Homère et de Virgile, et par les enchantemens de la célèbre magicienne dont il porte le nom, s'élève, comme une autre île, entre la mer et les marais Pontins, à l'Ouest de Terracine. C'était évidemment une île, comme le pense Pline, lorsque la mer couvrait ces marais. C'est encore aujourd'hui un accident bien étrange, qu'un pareil mont aussi haut, aussi escarpé, aussi isolé, au milieu de cette vaste plaine de sable et d'eau. Quel voyageur ne pense, à la vue de ce lieu extraordinaire, source féconde de tant de fictions poétiques, à ce beau passage de Virgile :

Là grondent enfermés, et de rage écumans,
Tous ces monstres créés par ses enchantemens,
Qui, d'hommes qu'ils étaient, changés en ours informes,
En lions menaçans, en sangliers énormes,

S'irritent dans la nuit, et secouant leurs fers,
De leurs longs hurlemens épouvantent les airs;
Craignant ce sort affreux pour les enfans de Troie,
Le Dieu des mers lui-même à l'instant leur envoie
Un vent qui les enlève à ces bords dangereux,
Et l'île et ses rochers ont déjà fui loin d'eux.

Pour arriver sur la sommité d'où nous découvrons ces divers objets, il faut traverser la ville de Terracine, soit dans son centre, soit à une de ses extrémités. Cette dernière direction, la plus longue et la moins agréable des deux, procure avec la vue d'une petite et fort triste ville épiscopale de 3 à 4000 habitans, celle de son église cathédrale, bâtie sur les ruines du temple de Jupiter *Auxurus*. La façade est ornée d'un portique de colonnes antiques cannelées, sur lesquelles M. de Lalande se dispute avec MM. Richards et Cochin, pour savoir si elles ont 4 pieds et demi ou 5 de circonférence. On remarque un grand et assez beau vase de marbre sous ce porche, qui offre dans son architecture un mélange curieux d'antique et de gothique. La même confusion règne dans l'intérieur de l'église. L'intervalle qui sépare le haut de la ville du haut de la montagne, offre, avec les fondations de l'enceinte d'Auxur, plusieurs tombeaux, dont un très petit et très simple,

mais bien conservé est revêtu du plus joli morceau d'ouvrage réticulaire que j'aie vu en Italie.
— *Parcouru depuis Paris*. 450

---

§ 125. *De Terracine à Fondi*. . . . . $4\frac{1}{2}$

On sort par une belle porte d'architecture moderne, pour côtoyer immédiatement après sur la gauche un roc escarpé, dont le sommet est couronné par le vieux château de Théodoric, et dont la base est battue par les flots de la mer. Pour y tracer la route, il a fallu le tailler à pic jusqu'à une hauteur prodigieuse. Certaines parties, où il la menaçait de ses éboulemens, sont soutenues par des ouvrages en maçonnerie réticulaire, ce qui donne au tout l'apparence d'une grande muraille. Au dessus de sa tête, le voyageur observe des chiffres romains profondément gravés dans le roc et alignés par dixaines, depuis 10 qui est le nombre le plus haut, jusqu'à 120, qui est tout près du niveau de la route. Je n'ai pu former ni obtenir, sur leur ancienne destination, que des conjectures peu fondées.

En continuant à longer la montagne de Terracine, on s'éloigne de la mer dont une forêt dérobe la vue. A peu de distance, une mauvaise muraille moderne descend le long de la pente escarpée de la montagne, et cesse immédiatement après avoir traversé la route. C'est là limite de l'état Romain, dont une porte ouverte à travers ce mur forme la sortie (*). Un peu plus loin, on passe sous la voûte d'un très petit château bastionné, barrière suffisante pour le Roi de Naples contre le Pape, qui, de son côté, n'avait pas d'autre boulevard contre cette

---

(*) Le département de Rome, l'un des plus peuplés de l'Empire à force d'étendue, n'est pas circonscrit aux seules campagnes Romaines, à l'*Agro Romano*. Sa longueur est de 60 lieues, et sa largeur varie entre 18 et 30. Sa population est de 586,000 habitans, et ses arrondissemens au nombre de six, qui sont ceux de Rome, de Tivoli, de Frosinone, de Rieti, de Velletri et de Viterbe. Son territoire se divise naturellement en deux bandes longitudinales, dont la première et la plus considérable se compose des fertiles mais inhabitables campagnes qui bordent la mer, sur une largeur qui varie entre 8 et 15 lieues. L'autre bande, moins riche mais plus habitée parce qu'elle est plus habitable, et plus cultivée parce qu'elle est plus habitée, se compose des collines et des plaines qui précèdent la chaîne des Apennins de laquelle elle n'embrasse qu'une lisière. Il y a tant à dire, et l'on a tant écrit sur ce pays et sur l'état Romain en général, que nous n'ajouterons rien aux observations que nous avons eu occasion de faire chemin faisant, pour ne pas excéder les bornes d'un tableau routier.

puissance, que la muraille dont nous venons de parler. C'est là qu'il faut laisser visiter ses passeports par des vétérans, et tous ses effets par des douaniers.

Une pièce d'eau qu'on voit se prolonger à droite presque parallèlement à la route, et qu'on prendrait pour un large canal, est le lac de Fondi. Il est très poissonneux et produit surtout de belles anguilles. On lui donne 9 milles de long.

La mer s'est éloignée de nous : la montagne ne tarde pas à en faire autant ; et la route, toujours assise sur la voie Appia, reprend dans une large plaine ses longs développemens en ligne droite. Parmi les débris de tombeaux dont elle est bordée, on en distingue un de forme carrée et de la plus solide construction. On ne bâtirait pas autrement une forteresse. Les cendres qu'il renfermait n'en ont pas moins été le jouet des vents ; le monument n'en a pas moins subi l'atteinte des siècles ; le côté qui fait face à la route est le seul conservé ; il n'a même éprouvé aucune altération.

Fondi, anciennement *Fundi*, petite ville épiscopale de 4 à 5000 habitans, est située au pied des Apennins. La voie Appia qui la traverse, en forme la principale rue, et s'y est conservée dans son état primitif ; c'est-à-dire qu'on y foule encore les larges pavés en poligone des anciens. Les remparts sont en grande partie construits ou revêtus de semblables poligones, mais moins grands, moins inégaux et moins irréguliers. C'est cette construction cyclopéenne, cet *Opera incerta* ou *falsum opus reticularum*, que nous avons remarqué au château de Théodoric. L'église cathédrale offre un gothique très ancien qui semble toucher au Bas-Empire. Elle renferme un tombeau de marbre d'un travail curieux, une chaise pontificale et une chaire à prêcher également en marbre, revêtues l'une et l'autre de mosaïques qui décèlent les premiers siècles de l'église, époque où se sont confondus l'antique et le gothique. On montre à Fondi, la chambre qu'habitait Saint-Thomas.

Le territoire de cette ville est aquatique, fertile et mal sain. On y cultive en plein champ l'oranger et le citronnier. C'est peut-être, de toute la route, l'endroit où l'œil d'un voyageur jouit le mieux de cette riante culture. Les coteaux voisins produisent un vin agréable qui était estimé des anciens. On n'a pu m'indiquer à Fondi la grotte mentionnée dans l'Itinéraire d'Italie où, suivant Tacite, Séjan sauva la vie à Tibère; mais on m'a offert de me conduire à une belle fontaine, appelée par les ha-

Ire. ROUTE DE PARIS A NAPLES.   223 lieues.

bitans *Fontana di Petronio*, pour m'y montrer des ruines de bains antiques. Comme on en voit tant en Italie, j'ai mieux aimé m'en rapporter aux auteurs qui en parlent, que de faire pour cet unique objet, une course d'une lieue. — *Parcouru depuis Paris*. . . . . 454 ½

§ 126. *De Fondi à Itri*.   3

La plaine fertile et mal saine de Fondi, devient moins fertile et plus saine en approchant d'une montagne calcaire détachée des Apennins, au haut de laquelle la route arrive par une gorge affreuse entre deux flancs nus et grisâtres, qui lui donnent un aspect aussi triste que sauvage. C'est là que les muses françaises ont perdu en 1812, un de leurs soutiens modernes, M. Esmenard : ses chevaux furent entraînés par la rapidité de la pente, et sa voiture précipitée ; Trépanné sur-le-champ, il survécut peu à cette opération. On redescend par des rampes plus douces à Itri, ville de la même classe, du même genre et de la même population que Fondi. Traversée de même par la voie Appia, elle est située au milieu d'un groupe de collines riantes, où croissent beaucoup d'oliviers, de vignes, de figuiers, de lauriers, de

224 SUD-EST DE L'EMPIRE FRANÇAIS.

myrthes et de lentisques. — *Parcouru depuis Paris*..................................... 457½

§ 127. *D'Itri à Mola-di-Gaëta*.............. 3

Cette partie de route est très pittoresque. On voyage presque continuellement au milieu des collines et des rochers, des oliviers et des carroubiers. Avant d'arriver, on laisse à droite la route de Gaëte, ville de guerre, située au bout d'un petit promontoire que baigne de trois côtés la mer *Thyrréniene*. Cette ville doit sa fondation aux *Lestrigones*, et son nom à la nourrice d'Enée, s'il faut en croire ces deux vers de Virgile :

Tu quoque littoribus nostris Æneia Nutrix
Eternam moriens famam Cajeta *dedisti.*

Fortifiée par sa position, elle l'est encore par son château, où se défendit long-temps le commandant de la place, lors de la dernière conquête du royaume de Naples par les Français. La tour appelée *Torre d'Orlando* est le monument le plus remarquable de Gaëte ; c'était le mausolée de *Munatius Plancus*, qu'on regarde comme le fondateur de Lyon, d'après une inscription qu'on lit sur la porte. Elle commence par son nom, et finit par ces mots : *In Galliâ colonias deduxit Lugdanum et Rauricam*. La tour appelée *Latratina*, située dans un faubourg, est un autre monument antique, sur lequel on n'a que des conjectures. Elle est plus petite que celle d'Orlando. Le clocher de la cathédrale, remarquable par sa hauteur et par son travail, est attribué à l'Empereur Barberousse. Le baptistère de cette église est un vase antique mutilé, dont les reliefs représentent Ino assise sur un rocher, et cachant dans ses bras un de ses enfans, pour le soustraire à la fureur d'Athamas roi de Thèbes, son époux.

Revenant à notre route, peu après l'embranchement de Gaëte, nous longeons à droite une enceinte carrée qui semble être celle d'un jardin : elle est formée par des murs en maçonnerie réticulaire, dont la conservation est admirable. Vers le milieu, s'élève une tour antique construite, dans le bas, en grosses pierres de taille sans ciment, et en maçonnerie dans le haut. Le revêtement qui était sans doute en marbre, a disparu. Cette tour renferme deux chambres voûtées en étage l'une sur l'autre. Dans celle du rez-de-chaussée, la seule que j'ai pu voir, s'élève une énorme colonne, ou plutôt, un gros pilier destiné à soutenir la voûte. Il est construit en grandes pierres de taille, suivant l'usage des anciens ; mais ces pierres sont jointes par un ciment, suivant la manière moderne. Ce monument est regardé comme le tombeau de Cicéron, qui fut tué en cet endroit par les sicaires d'Antoine, et enterré dans ce même lieu par ses affranchis. Il avait choisi pour son asile sa maison de campagne de *Formianum*, disant qu'il préférait mourir dans sa patrie que d'en vivre éloigné. Entre Mola et Gaëte, est une maison de campagne du duc de Mazzolagni, qu'on croit occuper la place de celle de Cicéron.

Mola di Gaëta, est une petite ville de 2000 habitans, consistant en une rue d'un mille de long, agréablement située au pied des Apennins et au bord de la mer. Elle a remplacé l'ancienne *Formia* ou *Formiæ*, détruite par les Sarrasins. Son site pittoresque est embelli par la vue de Gaëte, qui s'élève d'une manière plus pittoresque encore, sur la pointe du promontoire au delà du golfe, où elle semble comme sortir des flots. *O Temperata dulce Formia littus !* s'écrie Martial. Horace mettait les vins de Farmie sur la même ligne que ceux de Falerne. Les jeunes filles de Mola et des environs se font remarquer par les grandes tresses élégamment nattées qui composent leur coiffure, et qui ont contribué sans doute à relever au yeux de M. de

Iʳᵉ. ROUTE DE PARIS A NAPLES. 227 lieues.

Lalande, leur beauté, dont tous les voyageurs ne sont pas aussi frappés que lui. — *Parcouru depuis Paris*................ 460 ½

§ 128. *De Mola di Gaëta à Garigliano.*........	3
§ 129. *De Garigliano à S.-Agatha.*...........	3
§ 130. *De S.-Agatha à Torre-Fioralisi.*........	3
§ 131. *De Torre-Fioralisi à Capoue.*..........	4

La route s'élève sur un plateau calcaire. Près d'arriver à Garigliano, on laisse à gauche les aqueducs, à droite l'amphithéâtre de Minturnes, ville fameuse par les disgraces de Marius. Les autres débris de cette grande cité sont enterrés ; la charrue laboure la place qu'elle occupait, en s'émoussant fréquemment contre les restes d'édifice qu'elle rencontre. Garigliano est un petit fort traversé par la route : on en sort, en passant la rivière de ce nom, sur un pont de bateaux, moyennant un péage de trois carlins. Cette rivière (le *Liris* des anciens) paraît former la ligne de démarcation entre les terres calcaires et les terres volcaniques, qui, cessant comme on l'a déjà dit après Cisterna, se remontrent immédiatement après Garigliano. La route devient un peu montueuse ; la campagne variée de culture comme de surface est généralement agréable et fertile. Le produit du sol y

15*

roule entre 10 et 12 pour 1. Les bœufs romains s'entremêlent ici aux bœufs napolitains, qui sont loin d'être aussi grands et aussi beaux. S. Agatha est un hameau où l'auteur de l'Itinéraire d'Italie place les ruines de Minturnes, que nous avons vues auprès de Garigliano; il aurait mieux fait d'apprendre à ses lecteurs le nom de la ville qu'on voit perchée de la manière la plus pittoresque sur le sommet d'une colline, en face et à 2 milles de la poste. C'est l'ancienne *Arunca*, aujourd'hui *Sessa*. Les églises de cette ville méritent d'être vues, à cause des tombeaux et des tableaux qu'elles renferment. Près du même endroit, le même auteur nous montre le mont Falerne, que nous verrons sur la côte de Bayes; mais qu'on ne voit pas du tout de cette partie de la route, à moins qu'il n'y en ait deux comme on serait tenté de le croire, d'après les contradictions des auteurs, tant anciens que modernes, sur ce nom célèbre que plusieurs associent au mot *Ager* (champ), que d'autres confondent avec le *Mont-Massicus*, sans indiquer la position du mont Falerne, qui existe bien réellement, et sous son ancienne dénomination, sur la côte de Bayes.

On ne quitte plus les terres volcaniques: elles se décèlent dans tous les tertres et tous les

Ire. ROUTE DE PARIS A NAPLES.

fossés de la route, par leur couleur et leur nature particulière. Une montée douce suivie d'une descente rapide, conduit à une seconde montée moins considérable, d'où l'on gagne la belle et riche plaine de Capoue. *Torre-Fioralisi* est un simple lieu de relais, sans intérêt et sans ressources. On laisse à gauche, quelques milles avant Capoue, la route qui mène de Naples à Rome, par Calvi, S. Germano, et Frosinone (*Voy. ci-après 2e. route de Rome à Naples*). Au delà de cet embranchement, nous ne tardons pas à passer le Vulturne, et l'on est aussitôt après dans Capoue. Cette ville archiépiscopale, peuplée de 6 à 7000 habitans, se présente bien, tant par ses rues larges et droites, que par ses maisons neuves et bien bâties. L'église de l'Annonciade qu'on longe à gauche, est d'un beau stile moderne. Les peintures de la voûte m'ont paru très bonnes. Dix-huit médiocres colonnes de granit antique et de différens modules, soutiennent la coupole de la cathédrale; et deux de vert antique décorent le maître-autel. Cette église renferme de bons tableaux de Solimène, et de bonnes sculptures du Bernin. Ces deux églises vues, on n'a rien de mieux à faire qu'à relayer et partir, les auberges de Capoue n'étant pas en bonne réputation, et quelques fragmens d'antiquités, tels que des marbres, des inscriptions, des débris de figures et de colonnes qu'on rencontre çà et là, ne devant arrêter que les antiquaires de profession. Cette ville qui n'est pas, comme pourraient le croire les voyageurs, celle que le séjour d'Annibal a rendue fameuse, quoique les débris dont on vient de parler en aient été tirés, fut fondée en 856 par les Lombards, sur l'emplacement de l'ancienne Cassilium.

Quant à la célèbre Capoue, fondée par les Tyrrhéniens d'après Strabon, par Capia chef des Samnites d'après Tite-Live, et saccagée trois fois, savoir, par le sénat Romain, par les Sarrasins, et par les Lombards, elle offre encore ses ruines à 2 milles Est de la Capoue moderne, à l'endroit où l'on a bâti depuis la ville de S. Maria. Parmi les faibles restes de son ancienne splendeur, celui qui mérite le plus d'attention, est un grand amphithéâtre qu'on voit hors de l'enceinte actuelle. Un homme âgé du pays m'a dit l'avoir vu dans un très bon état de conservation. « Il a été détruit (m'ajoutait-il avec douleur), par mes contemporains, qui, en l'exploitant comme une carrière et arrachant surtout les pièces de fer qui liaient les pierres entre elles, l'ont réduit à l'état de ruine où vous le voyez ». M. de Lalande l'avait vu dans le même état que moi trente ans auparavant.

Après cet amphithéâtre, un crypto-portique ou galerie souterraine, et un arc placé sur le chemin de la nouvelle Capoue, sont tout ce que l'ancienne offre de plus intéressant à voir. On y a formé (dans la maison Rincis) un cabinet d'antiques, où se trouvent entre autres objets précieux, un buste d'Annibal qu'on dit être fait d'après nature. Il est représenté borgne. Le nom d'Annibal a été donné, sans aucun fondement, à une statue pseudonyme qui existe dans la Villa Albani, près de Rome.

Beaucoup plus grande que la moderne Capoue, la ville de S. Maria est de même peuplée de 6 à 7000 habitans.

On peut se rendre, si l'on veut, de S. Maria à Caserta, petite ville qui n'est connue et ne mérite de l'être que par son château royal, l'un des plus magnifiques de l'Europe ; et de là aux aqueducs qui portent les eaux dans le parc. Chemin faisant, on aperçoit deux tombeaux antiques, le premier à gauche, le second à droite. Une autre route conduit de Caserta, soit au relais d'Aversa, soit directement à Naples. Mais on ne peut quitter l'heureux territoire de Capoue, sans lui donner un dernier coup d'œil ;

SUD-EST DE L'EMPIRE FRANÇAIS.

et le meilleur moyen de l'observer, est de parcourir la route de cette dernière ville à Naples, réservant la visite de Caserte, pour l'une des excursions à faire de Naples même.— *Parcouru depuis Paris.* . . . . 473 ½

§ 132. *De Capoue à Aversa.* 3
§ 133. *D'Aversa à Naples.* 3

La plaine située entre Capoue et Naples, est le coin le plus fertile de l'Europe, et peut-être aussi le mieux cultivé. Les champs y produisent de 20 à 25 pour 1 année commune, dans le territoire même de Capoue, de 25 à 30 dans celui d'Aversa. Ce produit extraordinaire se renouvelle non-seulement tous les ans, sans aucun repos pour les terres, mais il est encore suivi annuellement d'une seconde récolte qui consiste ordinairement en blé de Turquie. Ce dernier grain s'ensemence en juillet, la récolte de froment étant faite en juin, et se cueille en octobre ou novembre. Les nouveaux labours et les nouvelles semences de froment, ont lieu en décembre et janvier. Outre cette double récolte, on peut compter pour une troisième, celle des vignes suspendues aux grands arbres qui ombragent cette terre inépuisable, sans nuire à sa fécondité par leur ombrage, sans la fatiguer par leurs racines. Il n'y a presque point de champ qui soit sans arbre, et point d'arbre sans treille. On ne saurait comprendre l'effet que produisent sur la vue, et ces hautes tiges mariées à de vigoureux ceps de vignes, depuis le pied jusqu'aux branches qu'elles suivent dans leurs diverses ramifications, et ce mélange gracieux du feuillage des arbres avec les pampres des treilles, dont les bras étendus en guirlandes d'un arbre à l'autre les entrelacent amoureusement, comme pour les réunir en une seule famille. On ne peut s'empêcher de se rappeler à cette vue l'*ulmisque adjungere vites* de Virgile; et l'on conçoit que c'est ici qu'il a dû composer ses Géorgiques.

Cette manière de cultiver la vigne est la plus ordinaire en Italie, comme elle est la moins usitée en France, ce qui tient à la différence des climats; mais elle ne m'a nulle part autant frappé que dans la plaine de Capoue : c'est que nulle part la vigne n'est mariée à des arbres d'une aussi prodigieuse hauteur; nulle part les campagnes n'en sont aussi agréablement parées. Celle que nous parcourons depuis Capoue jusqu'à Naples, est aussi belle de cet ornement que riche de la fécondité de son sol, élaboré par le feu des volcans.

L'intervalle qui sépare ces deux villes est

coupé par celle d'Aversa en deux parties égales qui sont encore subdivisées elles-mêmes, la première par le canal de Lagni, la seconde par le village de Melito. La ville d'Aversa est petite, mais bien bâtie et bien percée, très agréable surtout par sa position dans la partie la plus fertile et la plus riante de la plus délicieuse des contrées, et au bout d'une longue avenue qui conduit à Naples. — *Parcouru depuis Paris jusqu'à Naples.* . . . . $479\frac{1}{2}$

FIN DE LA 1ʳᵉ. ROUTE DE PARIS A NAPLES.

DESCRIPTION
ROUTIÈRE ET GÉOGRAPHIQUE
DE L'EMPIRE FRANÇAIS.

IIe. ROUTE DE PARIS A NAPLES,
Par Rome et le Mont-Cassin.

465 lieues et demie.

lieues.

Depuis Paris jusqu'à Rome (v. 1re. route par Sienne).
115 paragraphes................ 418½
   (2e. route par Perruggia... 426 *l.*)

§ 116. De Rome à Colonna..............	6
§ 117. De Colonna à Valmontone.............	3
§ 118. De Valmontone à Anagni............	4½
§ 119. D'Anagni à Ferentino............	2
§ 120. De Ferentino à Frosinone...........	2½
§ 121. De Frosinone à Ceprano...........	4
§ 122. De Ceprano à S.-Germano..........	6
§ 123. De S.-Germano à Presenzano........	6
§ 124. De Presenzano à Calvi...........	4
§ 125. De Calvi à Capoue............	3
§ 126. De Capoue à Aversa...........	3
§ 127. D'Aversa à Naples............	3

N'AYANT pu parcourir cette route, soit parce qu'elle n'est plus montée de relais, soit parce qu'elle est presque impraticable pour les voitures, et ne pouvant, par cette raison, en donner la description d'après le témoignage de mes propres yeux, nous allons, en abrégeant néanmoins les détails qui sortiraient de notre cadre, la remplacer par une autre qui, publiée dans le siècle dernier sous le nom de deux gentilshommes Suédois, nous paraît la plus exacte et la plus conforme à la méthode et à la marche que nous suivons.

« Nous partîmes de Rome, disent nos deux voyageurs, pour aller à Naples, dans les premiers jours d'octobre. Deux routes parallèles y conduisent, la première et la plus fréquentée par Velletri et Terracine; l'autre par Anagni et le Mont-Cassin, que nous voulions voir. L'une et l'autre est également ruineuse pour les voitures; et ceux qui s'avisent d'y courir la poste ont lieu de répéter à chaque pas le *minus est gravis appia tardis* d'Horace. Profitant de cet avis, nous nous livrâmes au *Proccacio*, c'est-à-dire, à un messager qui, moyennant un prix fixe, vous mène dans des *cambiatures* à deux personnes, vous nourrit, vous défraie et vous rend à Naples *lassatos sed non satiatos*.

» Nous prîmes la route du Mont-Cassin, et fîmes partie d'un convoi de cinq ou six cambiatures. Cette route parcourt le pays des anciens herniques, qui forme une lisière entre la campagne actuelle de Rome et le royaume de Naples.

ANAGNI.

» Anagni fut une des villes les plus considérables de ce pays hérissé de montagnes, et Virgile disait :

» Hernica faxa colunt quos dives Anagnia pascit.

» On sait combien cette ville est déchue de ce titre (si elle l'a jamais mérité) depuis que ses habitans eurent livré aux Français et à Sciara Colonne, Boniface VIII leur compatriote. La malédiction que ce pape lança alors sur sa patrie s'exécute encore, quoique les gens d'Anagni s'en soient fait relever en forme, sous le pontificat de Clément VII. On est généralement persuadé en Italie que cette ville maudite et son malheureux territoire ne retirent jamais, par une récolte pareille à celle des cantons voisins, le fruit de leurs travaux.

» Au pied de la montagne dont cette ville occupe le sommet, notre Proccacio nous avait fait préparer un dîner tel que Boniface VIII aurait pu l'ordonner pour les gens qu'il avait maudits. Je déterminai mes compagnons de voyage, presque tous Français, à monter à la ville, au risque d'y être aussi mal régalés à nos frais. Nous montâmes pendant une heure, à travers des plans d'oliviers très vigoureux et qui promettaient une abondante récolte. Arrivés enfin à la ville, le coup d'œil qu'elle offre nous confirma la vérité des bruits désavantageux qui courent sur son compte : nous n'y pûmes trouver de couvert que dans un horrible cabaret, où cuisaient des abattis de bouc pour le dîner de vignerons à demi-nus et mal en physionomie, qui entraient successivement et s'arrangeaient autour d'une grande table sans nappe, par coterie de quatre ou cinq. Cette table et deux bancs, dont elle était flanquée, composaient tout l'ameublement de ce beau lieu; ils étaient aussi vieux que Boniface VIII, et la malpropreté répondait à l'antiquité. Nous y prîmes aussi séance, en regrettant le dîner du Proccacio : le patois que parlaient nos commensaux ne nous permettant pas de nous entendre mutuellement, nous priva de la seule indemnité que nous pussions espérer.

» A l'air des bâtimens de cette ville et des gens que nous vîmes ensuite dans les rues, nous pûmes juger que nous avions eu l'honneur de dîner avec des matadors du lieu. Cependant cette ville a encore un évêque dont on rebâtissait la cathédrale et le palais, dans un goût à la vérité proportionné à l'état de sa ville épiscopale. La cathédrale a pour parvis un terre-plein d'où l'on voit à perte de vue les campagnes qui gissent au midi d'Anagni (*). La vue de ce paysage aussi riche que varié, nous consola un peu de notre déconvenue, en nous rappelant que, dans le physique ainsi que dans le moral, les situations les plus tristes ont toujours quelque côté favorable pour ceux qui savent le saisir.

» D'Anagni, côtoyant toujours les *Saxa Hernica*, nous passâmes au pied de la montagne sur laquelle est située Ferentino dont la conquête signala le règne de Servius Tullus, pour aller coucher à Frosinone, capitale de la campagne de Rome. On ne trouve sur cette route et dans ces villes aucun monument d'antiquité.

(*) « On aperçoit de là les restes du château du Fumone, où Boniface VIII avait fait enfermer Célestin V son prédécesseur, après qu'il lui eut fait abdiquer la papauté. Boniface VIII, livré à la vengeance des Français et des Colonnes, eut à se rappeler, à la vue de ce château, la maxime si souvent répétée dans l'Ecriture : *Quâ mensurâ mensi fueritis, eadem remietur vobis* ».

Les maisons y sont des amas de moellons et de rocailles, qui forment des murs d'une épaisseur prodigieuse, percés, pour chaque appartement, de deux ouvertures aussi basses qu'étroites, l'une pour la porte, l'autre pour la fenêtre; bâtisse qui donne aux appartemens l'air et l'humidité de souterrains, mais qui offre, contre la chaleur, un rempart dont ces climats ont besoin.

» Les gens de Frosinone faisaient leurs vendanges; ils apportaient les raisins dans des manequins et dans des corbeilles, les écrasaient avec les pieds dans des espèces de baignoires, et jetaient le vin dans de grandes chaudières, où il bouillonnait à grand feu. Ces chaudières étaient établies dans la rue même, à la porte de chaque maison, sur un trépied de maçonnerie faisant corps avec le mur de la rue. L'air de gaîté qui animait ce spectacle, en nous offrant la réalité des vendanges représentées ou décrites par les artistes et les écrivains de l'antiquité, nous présenta les gens de Frosinone sous un aspect que nous n'avions encore trouvé dans aucun canton de l'Italie : les seuls hommes s'occupaient de tous ces travaux. A notre arrivée, nous avions rencontré une partie des filles et des femmes qui, en troupe, apportaient à la ville l'eau qu'elles venaient de puiser à une petite rivière qui coule au pied de la colline que couronne Frosinone. L'attitude des ces femmes, la forme des vases qu'elles portaient sur la tête, le repos de quelques-unes arrêtées mi-côte, offraient, d'après nature, ces sujets dont le savant Poussin aimait à enrichir ses paysages.

» Nous fîmes route le lendemain à travers une campagne arrosée par les plus belles eaux, riche en pâturages et en terres de la plus grande fertilité : il ne manque, à ce délicieux pays, que des habitans et des cultivateurs. Là finissait l'ancien Latium, et commençait le pays habité par la nombreuse et belliqueuse nation des Samnites. Là finissaient aussi les états du pape et commence le royaume de Naples.

» Après avoir passé le Gariglian, grossi par plusieurs rivières qui s'y rendent à travers le pays dont je viens de parler, on côtoie les ruines d'Aquino, célèbre par la naissance du docteur Angélique, qui en a pris le nom. De cette ville, qui a encore les titres de comté et d'évêché, il n'existe plus qu'un moulin construit sur un très beau ruisseau qui côtoie les ruines d'Aquino. La richesse de ces ruines et l'étendue du terrain qu'elles couvrent, annoncent bien tristement la grandeur et l'ancienne splendeur de cette ville. La vue de ces débris porte dans l'âme tous les sentimens qu'inspire la vue d'un cadavre humain......

» Les causes de la ruine de cette ville et de la désertion de ses habitans, sont, à ce que j'ai appris dans le pays, 1°. le passage des troupes dans toutes les expéditions heureuses ou malheureuses contre le royaume de Naples; 2°. les désordres que commettaient ces troupes dans une ville sans défense, et par elle-même, et de la part de ceux qui défendaient le royaume, à qui elle n'offrait qu'un poste très désavantageux; 3°. le voisinage de S. Germano, qui, défendu par la religion et par l'argent des Bénédictins, a attiré dans son enceinte ceux des habitans d'Aquino, de Casino et de plusieurs villes du voisinage qui n'ont pas voulu chercher plus loin un asile contre les horreurs de la guerre.

CASINO.

» En approchant de S. Germano, on côtoie le terrain qu'occupait la ville de Casino. Il existe encore trois monumens de l'ancienne magnificence de cette ville.

» 1°. Un amphithéâtre où l'on entrait par

cinq portes qui sont encore sur pied, à une près, et dont les ruines découvrent, par la grosseur des blocs dont elle était formée et par le soin avec lequel tous les flancs ont été dressés, l'importance de l'édifice dont elle faisait partie.... Cet amphithéâtre, situé au pied de la montagne, paraît avoir occupé le centre de la ville : il est exactement rond; sa hauteur est de 50 pieds sur 30 de diamètre.

» 2°. Un théâtre dont il n'existe plus que la scène adossée au flanc même de la montagne, en forme de demi-cercle, de 260 pieds de diamètre.

» 3°. Un temple ancien bien conservé dans toutes ses parties. Ce temple, situé sur la croupe de la montagne, a la forme d'une croix latine; forme qui pourrait faire douter de son antiquité, si la bâtisse sans chaux ni ciment ne la constatait. Il sert aujourd'hui de chapelle à un hermite.

» Un bassin formé par la retraite de la montagne, fut le lieu qu'occupaient la maison de campagne et les jardins de Varron. En reprochant à Marc-Antoine d'avoir profané ces lieux par ses débauches, Cicéron disait : *Studiorum suorum M. Varro illud voluit diversorium*......

» Varron prétendait avec raison que, de

toutes les parties du monde connu, aucune n'était, de son temps, aussi cultivée que l'Italie, *nullam quæ tam tota sit culta*. Les choses ont bien changé. Pour ne parler que du canton de la culture duquel Varron se trouvait plus à portée de juger, le terrain admirable que nous avons parcouru depuis Frosinone est à peine cultivé : celui en particulier qu'occupait la métairie même de Varron se trouve en partie abandonné.

» Il est vrai que tout ce terrain n'est pas d'une culture aisée : la graisse du sol le rend très difficile à manier, et il ne pourrait être bien mis en valeur qu'étant partagé en métairies et non industrié comme il l'est par un petit nombre de laboureurs que leur habitation, dans les petites villes qui dominent la plaine, éloigne trop des champs qu'ils ont à industrier.

» Nous avons vu ces laboureurs au travail. Leurs charrues, qui n'ont que le soc sans roues ni avant-train, sont tirées par 4, 5, 6 paires de bœufs conduits et dirigés par un seul homme. Cet homme, debout et en équilibre sur un petit siége adapté à la tête du soc, en aidant par sa pesanteur l'action du coutre, chante, ou joue de la flûte sans désemparer ni quitter son poste, lors même qu'il faut revenir à un nouveau sillon. Au moyen de cette manœuvre singulière, quand le champ qu'il laboure est borné par un fossé, par une haie ou par quelques buissons, on perd, dans le contour, autant de terrain qu'en embrasse la file des bœufs : perte très légère dans un pays presque désert, mais qui, dans ceux où une nombreuse population rend le terrain plus précieux, serait matière à une multitude de procès interminables.

LE MONT-CASSIN.

» Le canton où nous vîmes avec étonnement des gens occupés à semer du lin (en octobre), fait partie des immenses domaines de l'abbaye du Mont-Cassin. Saint Benoît fonda cette abbaye en 525, c'est-à-dire, qu'accompagné de deux disciples, précédé de deux anges, et suivi de trois corbeaux dont on nous fit voir les descendans, il vint s'établir dans un hermitage dont était en possession un bon anachorète qu'il engagea à le lui céder. Quoique dans le sixième siècle, quoique aux portes de Rome, la ville de Casino était en partie idolâtre, et l'objet de son culte était un Apollon qui avait un temple fameux sur la montagne qu'occupe aujourd'hui l'abbaye. Saint Benoît renversa l'idole, détruisit le temple, le remplaça par un monastère, convertit les idolâtres, prêcha les chrétiens que leur évêque avait abandonnés, et mourut seigneur temporel et spirituel du territoire et de ses habitans. Tout cela se passait dans le temps que l'Italie, devenue la proie des Barbares, obéissait aux Goths, à Théodat, à Vitigés, à Totila. Le Mont-Cassin, renversé en 559 par les Lombards, rebâti en 660, saccagé en 884 par les Sarrasins, se servait avantageusement de ses désastres particuliers et de la désolation générale, pour amplifier ses possessions, augmenter ses biens et étendre ses domaines..... c'est ce qu'apprennent ses anciennes chroniques, et l'histoire qui en a été composée d'après ces chroniques.

» Les papes le comblèrent d'exemptions; et par un privilège sans exemple avant et depuis, ses abbés obtinrent, en 1326, le titre d'évêque, dont ils usèrent et firent toutes les fonctions; de manière que pour le bien de la maison, Urbain V fut obligé, en 1326, de remettre les choses dans le premier état.........

» S. Germano est une petite ville d'environ 4000 âmes, insensiblement formée au pied du Mont-Cassin, des débris des villes voisines. L'abbé y réside, avec une partie de ses officiers, dans une maison assez spacieuse pour donner le couvert à tous les passans, depuis le pape jusqu'au dernier mendiant. Chacun y est logé, traité et nourri suivant son état ou les recommandations dont il est muni. L'abbé rend chaque jour visite à tous les hôtes qui s'y trouvent quelquefois au nombre de 200, de 300. L'hospitalité, ainsi exercée, était le meilleur expédient qu'on pût imaginer pour réconcilier avec les yeux jaloux, les richesses immenses dont jouissait saint Benoît.

» Le lendemain de notre arrivée, nous nous mîmes en route pour le Mont-Cassin, après avoir été prendre les ordres du révérend père Abbé..... L'escarpement de la montagne est un peu adouci par un chemin bien pavé, qui forme un zig-zag perpétuel, et qui, par le plan et par l'exécution, ressemble beaucoup au chemin qui ouvre aujourd'hui l'Alsace du côté de la France, par la montagne de Paverne.

» Nous avions déjà gravi pendant une heure : le Mont-Cassin paraissait s'éloigner, et le soleil montant à l'horizon, acquérait une chaleur qu'augmentait la réflexion du roc immense que nous côtoyions. Nous commencions à nous repentir de notre entreprise, lorsque nous aperçûmes un mulet qui descendait en renvoi. Nous voulûmes en vain lui persuader de revenir avec nous à l'écurie du Mont-Cassin : il nous esquiva et suivit sa destination...... Nous arrivâmes enfin au Mont-Cassin après deux heures de marche continuelle, trempés de sueur, excédés de fatigue et de faim.

» On y entre par une voûte longue et obscure en forme de souterrain : c'est tout ce qui reste de la première maison bâtie par saint Benoît. Cette entrée, qui annonce mal une telle maison, peut être d'une grande ressource en cas d'incursion d'ennemis qu'on ne voudrait pas recevoir ; il suffirait d'y rouler des pierres. Le reste des bâtimens, élevés sur un socle ou contrescarpe de 18 pieds d'élévation, n'aurait que l'escalade à redouter. Ces bâtimens forment au dehors un carré long de la plus grande étendue, couronné par une grande corniche qui porte le toît. L'intérieur est distribué en une infinité de cours, de portiques et de péristiles affectés aux officiers, besoins et commodités d'une communauté toujours très nombreuse......

» Pour arriver à l'église on traverse trois cours. Les deux premières ont au milieu deux tronçons de colonnes, l'un de granit, l'autre du plus beau porphyre. Ils ont neuf pieds de circonférence ; d'où l'on peut conclure la hauteur de ces colonnes lorsqu'elles étaient entières, l'importance de l'édifice auquel elles servaient de décoration, et les difficultés de leur transport en ce lieu.

» On monte, d'une cour à l'autre, par des escaliers disposés et ornés avec autant de goût que de magnificence. La troisième est, par excellence, appelée *le Paradis*. Elle a en face, dans toute sa largeur, un escalier de 40 degrés, orné de deux grandes statues en marbre, représentant saint Benoît et sainte Scholastique. Il est couronné d'un péristile en colonne de granit, que termine une riche balustrade, dont les massifs portent quatre bustes antiques. Ce péristyle sert de façade à un portique encore plus riche, qui forme le parvis de l'église. Vingt colonnes, la plupart de granit oriental, soutiennent ce portique, sous lequel sont distribuées dix-sept statues en marbre de grandeur naturelle, annoncées par cette inscription :

HEROIBUS BENE MERENTIBUS
CASINATES
PROPRIÆ PIETATIS ARGUMENTUM
MONIMENTUM ALIENÆ
1646.

» Huit papes, la plupart choisis parmi les vingt que l'ordre de saint Benoît a donnés à l'église, tiennent le premier rang de cette auguste assemblée : saint Grégoire en mène la file, que termine Benoît XIV. Viennent ensuite six souverains, dont Charlemagne est le premier et Don Carlos, roi de Naples, le dernier : la statue de ce prince est la moins bien traitée. Le père et la mère de saint Benoît, et le premier bienfaiteur du Mont-Cassin, complètent le nombre, dans lequel les statues de saint Grégoire et de saint Henri, exécutées par le célèbre Legros, se font avantageusement distinguer. Dans un des angles intérieurs du portique, on voit une colonne antique d'albâtre transparent taillée en spirale, et portant 6 pieds de haut.

» L'intérieur de l'église efface toute la magnificence répandue dans les avenues : c'est un assemblage de tout ce que la peinture, les marbres et les métaux employés par d'habiles mains, ont de plus brillant : l'œil ne trouve pas le moindre vide où il puisse se reposer. Les peintures représentant les miracles et les visions de saint Benoît et de ses premiers disciples, sont, pour la plupart, de Lanfranc, de Luc Giordano, du Muro, du Solimène, du Conca. Quant à l'architecture, elle tient moins du goût Romain que du Napolitain, trop prodigue d'ornemens : prodigalité qui se fait sentir surtout dans l'emploi des colonnes appliquées aux faces intérieures des arcades qui bordent la nef : prodigalité qui donne à ce brillant édifice moins l'air d'un temple que d'une décoration théâtrale.

» Cet édifice, successivement détruit par les Lombards et par les Sarrasins, renversé de fond en comble par un tremblement de terre en 1349, avait encore essuyé le même malheur dans le seizième siècle. Il avait eu jusqu'alors la forme des basiliques Romaines, c'est-à-dire, que toute sa partie antérieure, jusqu'au sanctuaire, était une nef avec deux collatéraux, soutenus et séparés par un double rang de colonnes. Ce sont ces colonnes de très beau granit oriental, que l'architecte a répandues sous les arcades de la nef de la nouvelle église commencée en 1649.

» L'autel, exécuté sur les dessins de Michel-Ange, est un assemblage des marbres les plus précieux, la plupart antiques. Au pied de cet autel, est le tombeau de saint Benoît et de sainte Scholastique, que l'on montre aussi en France dans l'abbaye de Saint-Benoît-sur-Loire. Les deux fonds de la croisée dont cet autel occupe le centre, sont remplis par deux tombeaux, l'un de Pierre de Médicis, frère de Léon X, l'autre d'un capitaine Ferramosca ; morceaux dans lesquels la plus savante exécution répond à la grandeur et à la majesté du dessin.

» Le chœur, peint en grande partie par le Solimène, et orné de stalles sculptées avec le plus grand soin, occupe le fond de l'église, dont le rond-point est rempli par un buffet d'orgue de la plus grande proportion, chargé de figures et d'ornemens, et doré dans toutes ses parties en or moulu.

» En sortant de l'église, nous en observâmes les portes : elles sont couvertes de compartimens de bronze, dans lesquels on lit en lettres d'argent le détail des fiefs, des terres et des mouvances qui appartiennent au Mont-Cassin. Ces biens immenses sont, pour la plus grande partie, situés dans les états de Naples et des deux Siciles......

» La sacristie n'est pas moins ornée que l'église, à laquelle elle est contiguë. Ses ornemens consistent en statues, en peintures et en bas-reliefs exécutés et distribués avec goût. Les mêmes ornemens se retrouvent dans le chapitre et dans tous les lieux claustraux.

» Je n'ai vu nulle part des archives aussi avantageusement logées et aussi bien tenues que celles du Mont-Cassin : elles remplissent trois grandes pièces dans lesquelles sont répandus quantité de morceaux de peinture et de différens genres de curiosités. Parmi les peintures, nous remarquâmes un saint Pierre et un saint Paul sortis d'un pinceau grec, dans le neuvième siècle, et un portrait original du Dante. Parmi les antiques, nous observâmes une chaise percée en marbre grec, de la forme la plus exquise, de la plus belle conservation, et guillochée sur toutes les arrêtes de ses parties saillantes, d'un goût et d'une finesse de travail qui ne me permirent pas de croire qu'elle eût été faite, ainsi qu'on nous le dit, pour l'usage de la maison, dans un temps où les bains étaient plus usuels qu'aujourd'hui......

» Nous terminâmes la visite de la maison par la bibliothèque et la tour de Saint-Benoît. Quant à la bibliothèque, il ne m'appartient pas d'en parler, après ce qu'en a dit le père Mabillon. La tour est au dessus de la première entrée : c'est de là que saint Benoît vit l'âme de saint Germain évêque de Capoue, et celle de sainte Scholastique s'envoler au ciel dans un tourbillon de feu. Il avait là sa cellule où il est mort. Cette tour, que le temps et les Barbares ont respectée, a été depuis liée au corps du bâtiment : il ne reste des vestiges de sa première forme que dans l'intérieur de l'appartement jadis occupé par saint Benoît.

» Cet appartement consiste en trois chambres, dont une a été convertie en chapelle, et qui toutes sont remplies de petits tableaux des meilleurs maîtres anciens et modernes..... Pour donner une idée de cette collection, il suffit de nommer les principaux maîtres dont elle rassemble différens petits morceaux : Raphaël, Jules Roman....., Marc Antoine de Caravage....., Annibal Carrache, le Guide, le Dominicain, le Guerchin, Lanfranc, l'Espagnolet, le Calabrois, les Bassans, le Salviati, Salvator Rose, Claude Lorrain, Luc Giordano et le Solimène : ces trois derniers ont fourni à cette collection quantité de morceaux très précieux.

» En sortant de l'abbaye, nous remarquâmes une statue de saint Benoît tenant un livre ouvert sur lequel on lit un privilège singulier, dont, au rapport de saint Grégoire, Dieu avait favorisé ce patriarche ; il est exprimé en ces termes : *Vix obtinere potui ut ex hoc loco animæ mihi cederentur*; c'est-à-dire, ainsi qu'on nous l'expliqua, que tous les bénédictins qui meurent au Mont-Cassin sont sauvés. C'est sans doute par une extension de ce privilège que les bénédictines de France croient qu'avant que quelqu'une d'elles viennent à mourir, la maison en est avertie par le fondateur du Mont-Cassin : avertissement donné par quelques bruits nocturnes qu'elles appellent les *coups de saint Benoît*.

» Des appartemens les plus élevés qui regardent le Nord, nous avions vu avec étonnement que le monastère n'est qu'aux deux tiers de la montagne dont il porte le nom. La partie de montagne qui le commande nous parut un roc pelé, dont la sommité est presque toujours, ou couverte de neige, ou perdue dans les nuages.

» On nous avait fait aussi observer de là l'Albanette, petite maison très agréablement située à l'Ouest du monastère, dont elle n'est éloignée que de 5 à 600 pas. L'air y est admirable, et l'infirmerie y envoie ses convalescens. L'Albanette est célèbre par la retraite de saint Ignace de Loyola, qui, en 1538, vint y passer quelques mois et y composa sa règle.....

» Après une journée très agréablement passée au milieu de tant de belles choses, nous revînmes à S. Germano..... De S. Germano nous allâmes coucher à Capoue, à travers des pays sauvages, presque déserts, et qui ont tous l'air de retraites de brigand. Le revers des montagnes que nous avions à la gauche est précisément ce beau pays arrosé par le Volturne; pays si fameux dans l'antiquité, par l'huile qu'il donnait dans le territoire de Vénafre, par les vins de Falerne et du *Mont-Massicus*, par l'abondance inépuisable du canton apppelé *Campus stellatus*, que Cicéron appelait *Agrum orbis terræ pulcherrimum*, enfin par les expéditions des Romains contre les Samnites et contre Annibal ».

On trouve l'embranchement de la 1re. route, de Paris à Naples, par Terracine, 4 milles avant Capoue, ville décrite avec cette route à laquelle nous renvoyons le lecteur pour les deux distances qui nous restent à parcourir. — *Parcouru depuis Paris jusqu'à Naples par la 2e. route*. . 465

FIN DE LA 2e. ROUTE DE PARIS A NAPLES.

DESCRIPTION

DE

LA VILLE DE NAPLES.

Je suis arrivé à Naples le 29 janvier 1810, par un temps des plus doux et un soleil des plus purs, un vrai soleil d'Italie. Il élevait néanmoins à l'horizon des vapeurs d'hiver qui m'empêchaient de voir le Vésuve, premier objet de ma curiosité. Je n'ai pu jouir non plus de l'aspect de la ville, parce qu'elle est située plus bas que la plaine qui la précède. L'on y descend par un chemin creusé profondément entre deux tertres l'espace d'un mille, et aucune porte n'en marquant l'entrée de ce côté, on s'y trouve sans s'en apercevoir.

J'avais tant ouï dire que le mouvement des rues de Naples l'emportait sur celui des rues de Paris, que j'ai douté d'abord s'il l'égalait. J'ai fini par me rendre après quelque séjour, à l'opinion générale, du moins pour certaines rues. J'avais tant lu que l'architecture des maisons n'était pas bonne, que je ne l'ai pas trouvée mauvaise. Elle m'a paru même, quant aux bâtimens ordinaires, meilleure en général que celle de notre capitale; et je ne suis pas revenu de cette dernière opinion, que j'ai eu la satisfaction de voir partager par les hommes les plus propres à confirmer la mienne, notamment MM. Gasse et le Conte, architectes distingués de Paris, établis à Naples. Des bâtimens presque neufs, de grandes croisées toutes encadrées dans des chambranles, et presque toutes ornées de balcons, font nécessairement un bel effet.

Les maisons sont plus hautes que celles de Paris : elles ont également 4, 5, et jusqu'à 6 étages, mais ils sont beaucoup plus élevés les uns sur les autres. Couvertes toutes ou presque toutes de terrasses, elles m'ont rappelé les palais de l'ancienne Babylonne. Il faut cependant convenir avec le président de Brosses, que des maisons sans toitures ont l'air de n'être pas achevées, à moins qu'elles ne soient couronnées par des balustrades; et celles de Naples le sont rarement. Ainsi, chaque maison a un belvéder pour couverture. Sur celui de l'auberge où j'étais descendu, j'ai vu pour la première fois le Vésuve, une heure après mon arrivée; il était nuit : une lave enflammée me le faisait distinguer à travers les ténèbres. Il y a peu de maisons à Naples

VILLE DE NAPLES.

dont la terrasse n'offre la même perspective. Revenons à cette ville, nous parlerons du Vésuve quand nous l'aurons vu de plus près.

Comme elle n'a pas d'enceinte, il est difficile d'en indiquer l'étendue; mais on peut assurer qu'elle est bien moins grande que celle de Rome, avec une population environ trois fois plus nombreuse, qui est évaluée avec exagération par quelques auteurs à 500,000 habitans, et avec plus de fondement par d'autres à 350,000.

Quoique Naples soit loin d'être comparable à Rome et aux autres belles villes de l'Italie, pour le nombre et la magnificence des édifices, elle n'en est pas aussi dépourvue qu'on le dit communément. On en voit même un en arrivant qui est remarquable par l'immensité de sa façade, c'est le bel hôpital du Reclusorio, qui malheureusement n'est pas fini; et un autre plus loin, celui Degli Studi, d'une architecture plus recherchée, dont nous aurons occasion de parler.

La rue de Tolède qu'on parcourt ensuite dans toute sa longueur d'un mille, offre une suite non interrompue de belles maisons, dont quelques-unes sont des palais, ce qui, joint à sa largeur, à son parfait alignement et à son beau pavé en larges dalles de pierres volcaniques, en fait la plus belle rue de l'Europe. Les autres sont la plupart alignées, mais très étroites, pavées dans le même genre, mais avec moins de soin.

Cette ville renferme un grand nombre de places dont plusieurs très grandes, mais aucune de vraiment belle. Deux ou trois sont décorées dans leur centre d'un obélisque remarquable par un travail de mauvais goût, dont il est plutôt chargé qu'enrichi.

La plupart des fontaines publiques ne sont pas d'un goût pur; il faut cependant en distinguer une de Jean de Molle, sur le quai de Sainte Lucie. Son humble emplacement et sa modeste apparence la dérobent à l'attention des passans, qui ne l'ont pas plutôt aperçue, qu'ils s'arrêtent pour l'admirer. J'ai éprouvé la même admiration en voyant la porte Capouana, dont personne ne m'avait parlé, et qui dans son genre, m'a paru un chef-d'œuvre.

Le palais du Roi auquel aboutit la rue de Tolède est, à proprement parler, le seul qui mérite d'être cité; la façade en est assez imposante : elle présente trois étages et trois ordres d'architecture, le dorique, l'ionique et le corinthien. Les autres façades du même palais se trouvent masquées; l'une l'est agréablement par

VILLE DE NAPLES.

une haute et longue terrasse, embellie de berceaux, chargée de bustes, et donnant sur la rade dont cette extrémité du palais n'est séparée que par l'arsenal de la marine. L'intérieur renferme de beaux tableaux et quelques antiquités choisies d'Herculanum.

Capo di Monte est une autre maison royale, placée sur une hauteur à l'une des extrémités de la ville, et non encore terminée. Elle n'est remarquable que par son heureuse position; sous ce rapport on est plus satisfait encore de la maison des Chartreux, qui, ressemblant moins à un monastère qu'à un palais, doit par cette raison trouver ici sa place. Elle domine sur l'amphithéâtre que forment le port et la rade de la ville avec les environs de Naples, et semble, dit Kotzebuë, avoir été bâtie pour le plaisir d'un empereur qui voudrait, de cette position, dominer sur ce vaste amphithéâtre et en admirer la magnificence. La maison est belle, sans mériter néanmoins le premier rang que lui assigne le même auteur après celle de Pavie. Il n'avait pas vu la Chartreuse de Pise.

Celle de Naples est aujourd'hui consacrée à un dépôt d'invalides, et n'en est pas moins bien conservée, ainsi que son église, qui, toute revêtue de marbre et enrichie de peintures, nous a paru la plus jolie de Naples. Un tableau dans la première chapelle à droite, et quelques autres dans la sacristie, ont fixé notre attention, notamment un Christ mort, qu'on dit le plus bel ouvrage de l'Espagnolet. Le fameux Christ de Michel-Ange n'y est plus, ayant, sans doute, pris la route de Palerme, avec tous les autres objets précieux que les Français ont laissé le temps d'emporter.

Il ne faut pas descendre de la Chartreuse sans monter au fort Saint-Elme, qui s'élève immédiatement au dessus, et semble avoir été placé là tout exprès, dit encore Kotzebuë, pour protéger les pieux enfans de saint Bruno. On y jouit, du haut des remparts, d'une perspective plus étendue et peut-être moins agréable par cette raison que celle qu'offre la Chartreuse. Voir ce couvent et ce fort est l'affaire d'une matinée entière. La montée est pénible à moins que l'on ne suive la route des voitures.

Après l'église des Chartreux, les voyageurs peuvent voir encore celle de Saint-Janvier (la cathédrale), remarquable par une chapelle souterraine attribuée au Bramante, par celle du Saint renfermant quatre beaux tableaux du Dominiquain; et par le trésor du même Saint estimé à plusieurs millions. On nous a ouvert diverses armoires renfermant quantité de bustes et de statues d'argent; et l'on nous a montré la serrure de celle qui renferme la fameuse fiole où se liquéfie le sang de S. Janvier. Cette précieuse relique est fermée sous trois clefs, dont une reste entre les mains du Roi, qui a bien voulu continuer à se charger de ce dépôt. L'église de Saint-Philippe de Néri est remarquable par les belles colonnes en granit antique qui en supportent la nef; celle de Sainte-Claire, par son magnifique vaisseau et par quelques tombeaux antiques; celle de Saint-Paul, par deux belles colonnes canelées d'un temple de Castor et Pollux, sur l'emplacement duquel elle est bâtie.

Une autre église intéressante à voir encore est celle de Saint-Sévère, non par elle-même, ce n'est qu'une chapelle, mais par deux chefs-d'œuvre de sculpture qu'elle renferme; savoir une statue voilée qu'on dit être la Modestie, et une autre enveloppée dans un filet, qu'on dit représenter l'Illusion détrompée, *il desinganô del mondo* (le désenchantement du monde).

Ces deux ouvrages ne sont goûtés que par le mérite de la difficulté vaincue; mais pourquoi ce mérite ne suffit-il pas pour assurer la réputation d'un artiste? Pourquoi est-il dédaigné par les artistes même? N'est-ce donc rien que de reculer la borne des possibles? La première de ces deux statues est du Vénitien Corradini, la seconde du Génois Francesco Queroli. Ils auront du moins cette mention honorable, si leur talent particulier ne leur a pas marqué une place parmi les sculpteurs du 1er. ordre. Au maître-autel de la même église, est une descente de croix en relief fort estimée; elle est de Célébrani.

On peut encore voir beaucoup d'autres jolies églises; mais sur plus de 200 qu'en renferme la ville de Naples, on n'en trouvera aucune de vraiment belle, si l'on ne veut regarder comme une beauté l'abondance du marbre et des peintures, qui satisfont peu le voyageur arrivant de Rome. C'est pourquoi je conseillerais à ceux qui vont voir ces deux villes, de commencer par Naples en réservant Rome pour le retour. C'est parce que la plupart des voyageurs suivent une marche contraire, ne pouvant contenir leur curiosité en arrivant à Rome, qu'ils sont si peu satisfaits des églises et des palais de Naples. Parmi ces derniers, on peut voir encore après ceux que nous avons cités, ceux des ducs Gravina et de la Riccia.

Dans celui des Studi que nous avons remarqué en arrivant, sont renfermés les objets les plus précieux à voir à Naples. Ce sont, 1°. la bibliothèque ; 2°. le cabinet des manuscrits d'Herculanum, avec les machines et les procédés qu'on emploie pour les dérouler ; 3°. le musée de peinture ; 4°. celui de sculpture ; 5°. une collection de bronzes d'Herculanum et Pompéïa ; 6°. une autre de vases Étrusques.

La bibliothèque renferme des manuscrits nombreux, parmi lesquels on en distingue un du Tasse, et un en papyrus antique du 5e. siècle, écrit en gothique, caractère qui semble au bibliothécaire se rapprocher du grec (*). Ceux d'Herculanum fixent la curiosité et attachent les regards de tout ce qu'il y a d'hommes pénétrés du respect dû à l'antiquité. Au premier aspect de ces rouleaux noirs et grésillés, on croit voir des morceaux de charbon ou des rondins de bois brûlé. La machine ingénieuse sur laquelle on les déroule, ressemble à l'instrument sur lequel les relieurs attachent leurs livres.

On colle autour du rouleau des pellicules de baudruche extrêmement fines et morcelées, afin de les appliquer dans tous les plis et replis qui y ont formés le temps, le feu et la pression

---

(*) Le chevalier Masfei a soutenu que ce qu'on appelle improprement gothique, n'est autre chose que le caractère Romain corrompu.

des laves sous lesquels ils sont restés enterrés pendant 17 siècles. Il me semblait voir un doreur placer légèrement ses petites follicules d'or. La colle qu'on emploie est un enduit qui a la vertu de ramollir en même temps le papirus prêt à tomber en poussière. La peau est attachée et tirée en haut par des fils de soie qui se montent sur des chevilles, à peu près comme les cordes d'un violon. En tournant ces chevilles avec précaution, les fils tirent la baudruche qui fait suivre avec elle la feuille à laquelle elle est collée ; moyennant toutefois que l'ouvrier l'aide, en détachant à fur et mesure la feuille du rouleau avec un outil pointu. Il est content si à chaque opération il réussit à détacher un quart de pouce; après quoi il recommence. Il ne faut pas croire que ce quart de pouce si péniblement gagné, soit un tissu complet; il ressemble plutôt à un morceau de linge brûlé, criblé de trous et tombant en lambeaux.

On se plaît à déchiffrer soi-même quelques mots dans les feuilles déjà déroulées. Je suis parvenu à lire les deux vers suivans,

Consiliis nox apta ducam lux aptior armis.
. . . .
. . . .
Omne vagabatur lethi genus omne timoris.

dans un poëme latin entièrement déroulé qu'on

va publier incessamment, avec les lacunes remplies par des interprètes, en caractères rouges pour les distinguer. Les manuscrits seront ainsi imprimés en caractères rouges et noirs. « Je vois » déjà, dit Kotzebuë, les savans de l'Europe » les lire avec avidité, et critiquer ou remplacer » les complémens chacun à sa manière ». Si tout l'ouvrage est aussi bien versifié, ce sera un bon poëme ajouté à ceux que nous ont transmis les anciens.

La plus grande partie de ces manuscrits sont grecs. Les mieux conservés sont à Paris.

C'est une espèce de prodige que le feu les ait réduits à l'état de charbon sans les consumer; que dans cet état ils soient restés lisibles, quoique les traits de l'écriture et le fond du papyrus, n'aient qu'une seule couleur, celle du charbon. Ceux de ces manuscrits qui n'ont pas subi l'action du feu ont péri : c'est à cet élément destructeur que les autres doivent leur conservation. En les réduisant à l'état de charbon, il les a rendus indestructibles.

Dans une autre salle on conserve tous les bronzes d'Herculanum, de Pompeia et de Pœstum qui n'ont pas été emportés à Palerme, de Porteu où ils étaient auparavant réunis. On y remarque beaucoup d'ustensiles semblables aux nôtres, marmites, casseroles, poêles à frire, etc.; des balances en quantité, une petite scie, un éperon qui a lieu d'étonner en ce qu'on n'en voit point aux statues équestres, et deux armures qui n'étonnent pas moins par leur ressemblance avec celle de nos anciens chevaliers ; ce qui fait soupçonner quelque erreur de la part de ceux qui ont formé la collection.

Attenant à cette salle, est le muséum de sculpture, où se trouvent réunis tous les beaux morceaux que le roi Ferdinand n'a pas eu le temps d'emballer ; entre autres, les deux statues équestres en marbre des deux Palbées qui décoraient le théâtre d'Herculanum, tous les chefs-d'œuvre de la galerie Farnèse transportés à Naples par Ferdinand, du nombre desquels est l'Hercule *Farnèse*, où on lit le nom de *Glycon Athénien* cité par Pline, la Vénus sortant du bain, la Flore, un torse de Bacchus, un fragment de torse attribué à Praxitèle, etc., etc., beaucoup de statues, de bustes d'Empereurs et d'Impératrices, et un Faune montrant à jouer de la lyre à Apollon, dans un état fait pour étonner les regards et blesser la pudeur.

Le muséum de peinture renferme de très beaux tableaux des meilleurs maîtres de l'Italie, et les plans en relief de la ville, des remparts et des temples de Pœstum, morceaux intéressans qui donnent de cette ville, naguères exhumée de la poussière des siècles, une idée suffisante pour dispenser les simples curieux d'une course longue et pénible, que les artistes regardent comme indispensable pour eux. Les colonnes striées et lourdes de ces antiques édifices, n'ayant ni bases ni chapiteaux, ont l'air de sortir de terre. La hauteur des fûts n'a que cinq fois le diamètre. A côté de ce muséum est un cabinet qui offre une très belle collection de vases Étrusques.

Dans le couvent de *Jésus-Vecchio*, est un cabinet de minéralogie que je n'ai pas pu voir, parce que je n'ai pu rencontrer les heures du gardien ; et dans celui de la Vita une manufacture de porcelaine, qui est bien loin de la perfection de celle de Sèvres. Protégée par la reine, elle se perfectionne tous les jours. On en voit le magasin sur la place du palais.

Il y a quatre principaux théâtres à Naples ; celui de Saint-Charles passe pour le plus grand et le plus beau de l'Italie. Le théâtre de Turin m'a paru presque aussi vaste et plus beau ; celui de Milan, presque aussi beau et plus vaste. J'ai été confirmé dans cette opinion par une personne qui, ayant pris la peine de mesurer les deux théâtres, a vérifié que la réalité répondait aux apparences.

Il y a de bonnes auberges, mais à de très haut prix, et de très vilains cafés. Des restaurateurs français y ont depuis peu formé des établissemens magnifiques, qui le disputent à ceux de Paris.

Des calèches nommées *Curriculo*, élégamment construites en forme de coquilles et proprement vernissées, les unes à deux, les autres à quatre roues, sont répandues sur une foule de places et attirent le public, tant par cette forme gracieuse que par l'extrême vitesse des chevaux et la modicité des prix : on les loue à dix ou douze francs par jour, suivant qu'elles sont à un ou deux chevaux.

La construction des voitures et la fabrication des meubles d'acajou, sont les deux seules branches d'industrie perfectionnée qui distinguent les Napolitains.

Le port contribue beaucoup à l'agrément et à l'activité de Naples, qui, comme Londres, joint au mouvement d'une grande capitale, celui d'un port de mer considérable.

Les quais se prolongent en croissant le long de la rade pendant près de 5 milles, depuis la grotte de Pausilippe qui forme l'entrée de la ville à l'Ouest, jusqu'au large et beau pont de la Madelaine qui la termine du côté opposé. C'est à peu près la longueur de celui de Bordeaux, mais quelle différence de beauté ! Autant sont élégantes et nobles les maisons qui forment la façade de ce dernier, autant sont mal construites et peu agréables celles du port de Naples. Les plus belles n'offrent que la médiocrité et toutes le plus mauvais goût. On dirait que le port de Bordeaux a été construit en Italie, et celui de Naples en Guienne. Ce port est bon et sûr dans la partie abritée par le mole ; le reste appartient à la rade qui a beaucoup à souffrir du *Sirocco*.

Cette rade, embrassée à droite par la jolie colline de Pausilippe, à gauche par les bases prolongées et non moins jolies du Vésuve, forme un superbe bassin, terminé, embelli et défendu par l'île de Capri, la fameuse Caprée de Tibère. Elle a menacé un moment la ville au lieu de la défendre, étant tombée au pouvoir des Anglais. Le courage des Français dirigé par le Roi Joachim, l'a rendue à sa destination naturelle. Cette île a un évêque que l'on appelle l'évêque des cailles, parce qu'elles y abondent dans la saison, et qu'elles forment son principal revenu.

La nature calcaire de cette île semble un accident extraordinaire au milieu d'un bassin entièrement volcanisé. Les autres îles Nisita, Procida, Ischia, portent toutes l'empreinte de la volcanisation ; il y a même peu de siècles que la dernière a jeté des flammes. Elles sont toutes trois à droite : on ne les voit point de Naples, si ce n'est du Mont Saint-Elme ; mais on a la première en perspective, dans l'excursion de Naples à Bayes, après avoir passé la grotte de Pausilippe, et la seconde après avoir passé le promontoire de Micène, quand on pousse l'excursion jusqu'aux Champs-Elysées ou à Cumes. L'île de Capri, n'étant pas comme ces dernières le produit du feu, doit appartenir aux montagnes de Castella - Mare également calcaires, dont elle est beaucoup plus rapprochée que d'aucune autre partie des côtes. Le temps, l'érosion des eaux ou quelques violentes secousses de tremblement de terre l'en auront détachée.

Ces montagnes sont l'extrémité d'une ramification des Apennins, laquelle s'élevant à une hauteur assez considérable pour offrir de la neige tout l'hiver, s'étend à la vue de Naples le long et à gauche de la rade, au delà du Vésuve, dont elle est séparée par un autre bassin ou hâvre qui s'enfonce assez profondément dans les terres. Le lointain de ces montagnes majestueuses ajoute à l'effet pittoresque de la rade de Naples. Mais nulle part l'œil n'embrasse à-la-fois (comme le disent tant d'auteurs qui n'ont certainement pas pris comme nous la peine de le vérifier) les deux côtes de Pausilippe et de Portici ; pas même du haut du phare, d'où l'on ne découvre bien que celle de Portici.

C'est au delà de la digue du petit mole qui conduit au château de l'Œuf, jeté dans la mer à quelques portées de fusil des quais, qu'on jouit de l'aspect gracieux qu'offre la côte de Pausilippe. Dans cette partie se trouve une grande et belle promenade, Villa-Réale, régnant en terrasse le long de la mer. Elle est décorée de beaucoup de statues et de groupes, parmi lesquels on distingue le fameux taureau de Farnèse. Cette promenade ne sera pas long-temps la seule que possède Naples. On en faisait une pendant que j'y étais, sur l'avenue de Capo di Monte ; sur cette hauteur, les collines verdoyantes et fertiles qui embrassent la ville, se montrent dans toute leur fraîcheur. C'est une véritable promenade champêtre ; et c'est cet ensemble qui complette la magnificence de la position de Naples, de cette position heureuse et riante dont les anciens faisaient leurs délices, Virgile son séjour de prédilection.

Illo Virgilium me tempore dulcis alebat Parthenope.....

Au temps de Virgile, le Vésuve n'était qu'un volcan éteint : et son voisinage, loin de troubler les plaisirs de l'heureuse Parthénope, devait y contribuer, par la vue charmante qu'offrait son dôme de verdure, par les troupeaux et les pâturages qui en nuançaient les forêts, et par les maisons de campagne dont la vive blancheur reluisait sur sa croupe aujourd'hui ravagée, qui fait si souvent pâlir les habitans de la moderne Parthénope. Mais heureusement ils ne pensent à ce dangereux voisin qu'au moment où il les menace. Dès qu'il s'apaise on chante, on rit, on joue comme auparavant.

Le climat de Naples est si doux, qu'on pourrait dire que c'est une ville d'hiver : effectivement la température de l'hiver à Naples, est à peu de chose près celle du printemps à Paris, avec cette différence que le printemps de Paris est ordinairement pluvieux et brumeux, et que l'hiver de Naples est ordinairement sec, en ne comptant l'hiver que du mois de janvier où il commence réellement. Les pluies de Naples s'épuisent dans les mois de novembre et décembre ; mais dans ces deux mois il en tombe plus à Naples qu'à Paris ou à Londres dans toute l'année, d'après les calculs qui en ont été faits. Les deux mois suivans se passent quelquefois sans aucune gelée. Par extraordinaire, j'en ai éprouvé de très fortes vers le milieu de février, à la suite d'une tempête accompagnée d'un tremblement de terre, qui sembla produire un dérangement atmosphérique.

J'ai vu les amandiers en fleur à la fin de janvier, et ils l'étaient depuis quinze jours; j'ai cueilli des violettes à la même époque, et ce n'était pas les premières.

Cette extrême douceur du climat produit l'inconvénient de ne pas détruire les mouches, les puces et autres insectes incommodes, dont l'hiver nous débarrasse entièrement dans le centre ou le nord de l'Europe. Elle dégénère, comme on pense bien, en chaleur brûlante pendant l'été; mais cette chaleur est tempérée par un vent qui s'élève ordinairement le soir.

Un climat si favorable à la végétation, joint au sol le plus fertile, forme la richesse du pays. Le produit ordinaire du territoire de Naples, peu inférieur à celui de Capoue, est de 15, 20 et jusqu'à 25 pour 1. Toutes les autres branches d'agriculture y prospèrent au même degré; et toutes réunies forment les élémens du commerce d'exportation de Naples, qui consiste en grains de toute espèce, huile, chanvres, laines, et surtout en coton, depuis quelques années.

Aussi beau que celui des Indes, il le remplace en partie dans nos fabriques. Les fruits secs font aussi partie du commerce de Naples, ainsi que la pierre-ponce. Le macaroni qui s'y fabrique en très grande quantité, est encore une petite branche du commerce de cette ville, en même temps que la nourriture de tous les habitans pauvres, particulièrement de ceux connus sous le nom de *Lazzaroni*.

Cette espèce de peuplade de 40,000 sauvages au milieu d'une ville policée, sans autre domicile que les rues, sans autre loi que ses caprices, a été extrêmement réduite par le massacre qu'en firent les Français, auxquels elle opposa de la résistance lors de leur entrée à Naples. Elle l'a été encore depuis par la bonne police du nouveau gouvernement. On en a enrôlé et classé beaucoup pour la marine : les autres sont obligés de travailler pour gagner leur vie. Le plus grand nombre font le métier de portefaix, et ne paraissent pas plus multipliés aujourd'hui que les crocheteurs de toutes les autres villes capitales et maritimes.

Ainsi cette populace, tumultueuse, oisive, et presque nomade dans les rues de Naples, ne les encombre plus comme autrefois. On y voit encore néanmoins circuler beaucoup d'hommes et de femmes en guenilles dont plusieurs mendient chemin faisant; et l'on a souvent le déplaisir d'en être coudoyé ou froissé dans la foule, ce qui est un des inconvéniens attachés au sort des piétons; mais il est facile de ne pas l'être, en profitant du grand nombre et du bon marché des voitures de place dont nous avons parlé plus haut.

Parmi les productions recherchées et friandes du pays, il faut compter le veau de Soriento, préféré par les connaisseurs à celui de Pontoise, et les huîtres du lac Fusaro, préférées à celles de Cancale. Les fruits et les légumes sont excellens à Naples. On y mange les asperges et surtout les petits pois pendant tout l'hiver. La vie animale y est généralement avantageuse pour une capitale aussi peuplée. Les traiteurs et les auberges y sont néanmoins à de très hauts prix. Les cafés y sont forts bons; c'est la ville aux bonnes glaces. On voit les dames s'arrêter pour en prendre sans descendre de voiture, devant les limonadiers les plus renommés; c'est ordinairement en allant à la promenade ou en revenant.

Le sexe est loin d'être aussi beau à Naples qu'à Rome, dont cependant les deux beautés de mon temps, la princesse Justiani et la duchesse de Piano, étaient l'une et l'autre Napolitaines. Un séjour d'un mois m'a convaincu que la beauté est peu commune à Naples. Elle n'est pas favorisée par le costume du pays, qui consiste dans une robe de soie noire, dont une partie recouvre la tête en forme de grand capuchon; ce qui fait ressembler celles qui le portent à autant de veuves revenant du convoi de leurs maris. Les dames du bon ton, avant d'avoir un souverain Français, recevaient et suivaient les modes de Paris, long-temps après qu'elles avaient passé dans cette dernière ville; de manière à être en arrière, assure-t-on, d'environ deux ans; mais elles ne recevaient de cette capitale du goût, ni la grâce, ni les manières, ni ce qu'on appelle la tournure. On les trouve fort maltraitées dans les souvenirs de M. Kotzebuë, comme si lui-même l'avait été par elles, et que ses souvenirs ne fussent que des ressentimens. Mais ce n'est point la cruauté qu'il leur reproche; il les accuse au contraire de n'en pas avoir assez, et de traiter un peu trop légèrement l'union conjugale. On n'attendrait pas cette sévérité de l'indulgent auteur de Misanthropie et Repentir.

Un autre auteur les traite encore plus mal, et ne traite pas mieux les hommes, dans le passage suivant que nous rapportons, pour tenir lieu du tableau général qui nous restait encore à faire des mœurs de cette ville.

« Naples est toujours la *Mitis*, l'*Otiosa*
» *Parthenope*. Les hommes ayant peu de be-
» soins y travaillent peu, exercent peu leur
» industrie; la pauvreté n'y est pas horrible
» comme chez nous; on peut ne rien posséder
» et jouir encore, ou du moins ne pas souffrir.

» La nation est divisée en deux classes, dont
» l'une possède tout, et l'autre rien. La pre-
» mière n'est composée que d'hommes qui mé-
» ritent à peine ce nom, qui n'ont ni connais-
» sances, ni talens, ni énergie. Leur unique
» occupation est de monter en voiture, de se
» montrer à de longs et ennuyeux spectacles,
» d'être, sous le nom de *Cavalieri-serventi*, les
» indolens esclaves de quelques femmes sans pu-
» deur. Le reste de leur vie est toute à l'ennui.

» Le peuple de la dernière classe leur ressem-
» ble quant aux qualités morales. L'individu
» qui a de quoi vivre une journée, ne s'occupe
» plus; il dort ou reste paisible, oisif. Les seuls
» hommes qui montrent de l'activité, sont les
» gens de loi. Avec combien de recherches et
» de subtilité, ils ruinent leurs malheureux
» cliens! Ils sont en grand nombre à Naples,
» on les y respecte, parce qu'on les craint.

« Beaucoup s'enrichissent par quelques années
« d'exercice. Mais ceux qui cultivent leurs ta-
« lens naturels, deviennent des hommes supé-
« rieurs. L'esprit ne manque pas, c'est la cul-
« ture. On voit paraître de temps en temps des
« hommes de génie, surtout des poètes pleins de
« feu, d'imagination : ce sont comme ces plantes
« hautes, majestueuses qui sortent du milieu
« d'un lac tranquille » (*Voyage dans les Deux
Siciles par Spallanzani, notice préliminaire*).

Nous n'eussions osé dire nous-mêmes des habitans de Naples, tout ce qu'en dit l'auteur que nous venons de citer; et nous sommes loin de garantir l'exactitude de ses critiques qui nous paraissent même plus sévères que justes. Il faut étudier long-temps un peuple avant d'être en état d'en peindre le moral. Ce qu'il y a de sûr, c'est que cette ville n'a pas fourni au Dictionnaire historique un nombre d'hommes illustres proportionné à sa population. Elle a été le séjour, non le berceau, des deux premiers poètes de l'Italie, Virgile et le Tasse, et n'a produit que leur faible émule Sannazar. Elle a été aussi, non le berceau, mais le séjour et même l'école des deux plus grands peintres dont elle s'honore, l'Espagnolet et Solimène. Plus féconde en musiciens, elle peut s'attribuer avec justice tous ceux qui se sont formés à son école, la première de l'Italie et par conséquent du monde ; de ce nombre sont entre autres, Pergolèse, Piccini, Sacchini et le castrat Farinelli. Ainsi la civilisation de la classe aisée est poussée très loin, du moins sous ce rapport ; elle est reculée tout aussi loin, et sous tous les rapports, dans la classe du peuple.

Si la grossière populace de Naples était autrefois insolente, c'est qu'elle faisait la loi ; aujourd'hui elle la reçoit. Il n'y a point de grandes villes dont les rues soient plus sûres. On peut les parcourir de nuit comme de jour, sans crainte d'être volé ou assassiné. Si un manant vous foule ou vous heurte, il vous en témoigne son repentir ; s'il vous manque, un bâton levé suffit pour l'écarter. Ces hommes sont plus sauvages qu'audacieux ; et on pourrait même, sous ce rapport, trouver leurs mœurs assez douces.

Ils n'en sont pas moins fanatiques ni moins ensorcelés de leur Saint-Janvier. C'est à l'époque du miracle annuel, le 19 du mois de septembre, que ce fanatisme se manifeste dans tout son excès. La populace entoure le prêtre avec des cris d'impatience qui ressemblent à des hurlemens. Le miracle tarde-t-il, les hurlemens redoublent. On supplie le Saint de se laisser fléchir ; on prie Dieu d'intercéder auprès de lui : *Dio, prega san Gennaro per noi che faccia il miracolo*. Le miracle tarde-t-il encore, le peuple devient furieux ; le Saint est invectivé : *faccia verde, faccia brutta, faccia gialla* sont les complimens les plus ordinaires qu'on lui adresse ; mais il en reçoit de bien différens, aussitôt que le prêtre étend son bras pour faire voir le sang liquéfié. On sait que cette liquéfaction s'opère dans une fiole qui contient le sang miraculeux. On sait aussi que ce miracle pourrait consister dans une préparation chimique, mise en fermentation par la chaleur de la main du prêtre, qui presse plus ou moins la fiole ; et il ne manque pas d'incrédules qui en sont persuadés. Mais cette incrédulité n'atteindra jamais le peuple de Naples.

Le Saint a beau l'avoir trompé plusieurs fois par des pronostics qui ne se réalisaient pas, il a beau s'être montré favorable à tous les partis dominans, il n'a pas pour cela perdu toute confiance ; quoiqu'il ait néanmoins un peu dégénéré dans l'opinion, tant à cause de ses complaisances excessives, que de son refus souvent réitéré d'opérer un miracle plus essentiel, celui d'arrêter les laves du Vésuve, lorsqu'elles ont menacé les lieux situés au pied de la montagne. On l'a porté en cérémonie, on l'a présenté religieusement à la lave, qui n'en a pas moins poursuivi son chemin.

On lui sait pourtant bon gré de ce que, placé depuis quelques années sur le pont de la Madelaine en habits pontificaux dans une posture suppliante, il fait ce qu'il peut en conjurant du regard et de la main le volcan, qui, soit par égard, soit par caprice, n'a plus dirigé depuis ce pieux stratagême, ses laves de ce côté. C'est une remarque que le peuple prétend avoir faite, et que je rends ici à peu près telle que je la tiens du guide qui m'accompagnait dans mon excursion sur cette montagne. « Les laves, me » disait-il, se sont plusieurs fois dirigées vers la » ville, qui heureusement s'est avisée de placer » sur le pont de la Madelaine, la statue de Saint-» Janvier; et depuis lors elles ont pris une autre » direction ». Ce qui étonne le plus, c'est que ceux des habitans de Naples qui ne font point partie du peuple, en ont presque tous la crédulité, quand il s'agit du miracle de Saint-Janvier.

Horace s'égaie sur un miracle semblable, ou du moins de la même nature, que lui offrit une ville de la même contrée nommée *Gnatia*, dans son voyage de *Brundusium*. Pline parle aussi de ce miracle, dont celui de Saint-Janvier pourrait bien n'être qu'une imitation.

L'origine de Naples se perd dans les fables de l'antiquité, dont les différentes versions ne s'accordent qu'en un seul point; c'est qu'elles font toutes venir ses fondateurs de la Grèce. D'après les uns, ce serait Falerne l'un des Argonautes; d'après d'autres, Parthénope l'une des Sirènes de l'Odyssée; suivant quelques-uns une seconde Parthénope, fille de Meleus Roi de Thessalie; d'après d'autres enfin, les Phéniciens.

Un fait moins ancien et en même temps moins obscur, en ce qu'il est éclairé par le flambeau de l'histoire, est que les habitans de Cumes, ville plus puissante que Naples, jaloux de la grandeur et de la beauté qu'acquérait cette dernière, la ruinèrent de fond en comble, et la rebâtirent ensuite, l'oracle ayant prédit que la peste dont ils étaient affligés ne cesserait qu'autant qu'ils rebâtiraient la ville de Parthénope. Elle reçut alors le nom de *Néapolis* des mots grecs πόλις ville et νέα neuve.

Pendant la durée de la république Romaine, la ville de Naples n'a pas éprouvé de grandes révolutions. Elle fut toujours une ville grecque dans ses usages, sa religion, et même dans son langage; et ne reçut le nom de colonie Romaine que sous les Empereurs. C'était alors un lieu de délices pour les plus riches habitans de Rome.

En 470, elle fut subjuguée par Odoacre Roi des Hérules, et possédée ensuite par Alaric Roi des Goths, qui lui donna le titre de Comté. Comme si la destinée de cette ville était de se voir détruite et rétablie par les mêmes mains, elle fut prise, saccagée, livrée au pillage et les habitans massacrés en 536, par Bélisaire, qui la fit rebâtir lui-même quatre ans après.

Elle appartint dans la suite et alternativement, aux Normands, aux Empereurs d'Allemagne, aux ducs d'Anjou, aux Rois d'Espagne et de France, jusqu'à ce que dom Carlos s'étant emparé du royaume de Naples, il lui fut assuré en 1736 par le traité de Vienne.

Les environs de Naples sont très intéressans à connaître, soit pour le naturaliste, soit pour l'antiquaire. De toutes les excursions à faire, celle du Vésuve est la première qui se présente aux voyageurs. Elle se fait en trois temps, savoir, de Naples à Portici ou Résina en voiture, de Portici à l'Hermitage sur des ânes ou des mulets, et de l'Hermitage à la cime du mont sur ses pieds et sur ses mains, pour ne pas dire à quatre pattes. On cherche l'occasion d'aller en société, ce qui se trouve aisément.

Les rapides calèches de Naples vous conduisent au prix le plus modique, et en une demi-heure de temps, depuis le pont de la Madelaine où se terminent les quais et la ville de Naples, jusqu'à Portici, où vous êtes accueilli par une nombreuse troupe d'ânes et de mulets, qui accourent tout en trottant vous offrir à l'envi leur dos, pour vous porter à l'Hermitage. Je me suis lancé sur un, moyennant le prix convenu de six carlins; mais un de mes compagnons, en feignant de vouloir monter à pied, a obtenu le sien pour trois. (Avis aux voyageurs économes).

En une heure d'ascension à travers les vignobles qui produisent le fameux vin de *Lacryma-Christi*, nous arrivâmes sur nos ânes suivis de leurs maîtres à l'Hermitage, dont ils connaissent si bien le chemin, qu'ils nous y auraient conduits tout seuls.

Cet Hermitage n'est pas, comme on pourrait le croire, une misérable cellule; mais une maison propre et commode, dont le site est à-la-fois le plus périlleux et le plus ravissant de l'univers; le plus périlleux par le voisinage du volcan, le plus ravissant par la vue délicieuse dont on y jouit, sur la rade et les îles, sur la ville et les environs de Naples. Placé un peu au dessus de l'endroit où cessent les vignobles, un peu avant celui où commence le volcan, il semble marquer la borne entre la végétation et la stérilité, je dirai presque, entre la vie et la mort. Sur la belle terrasse qui est devant la maison, s'élèvent deux superbes chênes, derniers adieux de la végétation, derniers efforts de la nature expirante.

Tout le monde sait que l'Hermitage est le reposoir des voyageurs : on pourrait dire que c'est comme l'entrepôt du commerce des hommes avec le Vésuve. Mais ce que tout le monde ne sait pas également, c'est que l'hermite, qui semble s'être établi près de cette bouche de l'enfer dans la pieuse intention de gagner plus sûrement le paradis, ne s'y croit pas en danger; il ne l'est véritablement pas autant qu'on le craint pour lui, étant garanti des laves, par un un petit mont auquel il est adossé, et qui est séparé de la montagne enflammée par un bassin ruiné, encombré de laves et large d'environ un quart de lieue. Il ne craint ni les laves, ni les pluies de pierres ou de cendres, auxquelles sa maison n'est point exposée; et quant aux tremblemens de terre, dont il n'est pas aussi exempt, il y est fait; ce qui prouve qu'on se fait à tout.

Quoique ce soit à l'Hermitage que cesse le

chemin muletier, cependant les ânes et mulets qui avaient guidé notre caravane jusque là, nous ont encore conduit au milieu des ruines du Vésuve, jusqu'au pied du cône qui les a vomies.

Nous avons laissé nos montures attachées, non à des arbres, on n'en trouve plus d'aucune espèce après l'hermitage, mais à de grosses laves; après quoi, précédés de leurs conducteurs qui étaient devenus les nôtres, nous nous sommes mis à grimper avec les mains autant qu'avec les pieds, dans une direction qui approche de la ligne perpendiculaire, à travers un immense talus de lave cendreuse et sablonneuse, qui s'étend sur la gauche et à côté d'une lave pierreuse, ferrugineuse, scorifiée, entassée à droite et à perte de vue sur tout le reste de la montagne. C'est entre ces deux genres de laves, séparées entre elles par une ligne à peu près droite du haut en bas, que s'exécute l'ascension, en se tenant tantôt sur l'une, tantôt sur l'autre. Les cendres et les sables dans lesquels on s'enfonce jusqu'à mi-jambe, glissent sous les pieds, et l'on glisse soi-même avec eux; de manière qu'après plusieurs enjambées fatigantes, on se trouve presque à la même place. Les scories roulent aussi, mais rarement; elles sont même la vraie ressource de ceux qui ne viennent pas à bout d'avancer sur la lave sablonneuse. Cette ressource est à la vérité la destruction des souliers et de l'épiderme des mains qui viennent souvent au secours des pieds, et ne s'appuient qu'en s'écorchant sur ces scories raboteuses à l'excès; mais il faut être résigné à tous ces sacrifices, quand on veut voir le Vésuve. Une autre ressource vous est offerte par les conducteurs qui marchent en avant : ils vous lâchent un bout de leur longue ceinture par lequel ils vous tirent.

Quoique la fatigue de cette ascension ne donne pas plus le temps que le goût des observations, voici cependant celles que j'ai essayé de faire sur la nature des laves que je foulais. Le sable n'est pas noir comme il devrait l'être ce semble, étant le produit du feu; ce n'est pas non plus de la pouzzolane comme on pourrait s'y attendre. Il faut savoir que c'est une lave, pour ne pas douter de sa nature volcanique; il faut voir le Vésuve au-dessus de sa tête pour ne pas croire fouler un sable ordinaire. Je ne l'ai ni analysé, ni examiné d'un œil savant; je l'ai cependant examiné d'un œil curieux. Plusieurs grains m'ont offert une apparence quartzeuse. La plus grande quantité est composée de petites pierres ponces et autres laves poreuses et légères, entremêlées d'un très petit nombre de laves compactes. Quant à la lave en masse qu'on longe à droite, ce sont de véritables scories, des quartiers de pierre, de terre, de fer, de soufre, d'alun et autres matières pétries, fondues, congelées ensemble. Le fer est l'ingrédient qui domine dans cette pâte ou croûte écumeuse, ressemblante à la gueuse la plus grossière, la plus raboteuse, la plus scorifiée.

Dans leur état naturel, ces vastes coulées de laves formeraient de vastes couches superposées les unes aux autres, suivant l'ordre des différentes éruptions qui les ont vomies; et la surface ondée de ces matières coagulées par le refroidissement, ressemblerait à celle d'une mer agitée, si les fréquentes secousses de la montagne n'eussent fait craquer, sauter, ouvrir ces croûtes de toute part; de manière que ce n'est plus que bouleversement, entassement et confusion. C'est l'image la plus complète et la plus affreuse du chaos. A ce désordre, se mêle celui qui résulte des pierres de toute forme et de toute grandeur lancées par la bouche du cratère et retombées, les unes en parabole à plus ou moins de distance des bords, les autres perpendiculairement dans la bouche même, pour être lancées de nouveau jusqu'à ce qu'elles prennent enfin la direction de la parabole dans cette espèce de mortier, qui doit avoir donné l'idée de la bombe.

Après une heure de l'ascension la plus pénible qu'il soit possible d'imaginer, on commence à trouver la lave chaude; les crevasses fument; les pentes diminuent; les aspérités augmentent; enfin on est au bord du cratère, de ce cratère si redoutable et si peu redouté : j'y étais et ne le voyais pas, la fumée me le dérobait, mais je l'entendais; à chaque minute une détonnation épouvantable, suivie d'un silence plus épouventable encore, m'aurait averti de sa présence, si les croûtes de laves fumantes qui craquaient et retentissaient sous mes pieds, ne m'eussent rappelé que j'étais sur les voûtes même de la fournaise. On craint que ces voûtes mal affermies qui frémissent à chaque éruption, ne manquent sous les pieds, ou que le feu ne sorte des trous et des crevasses, qui exhalent continuellement une fumée épaisse et sulfureuse. On craint, avec encore plus de fondement, d'être écrasé par la chute des pierres que vomit le cratère à chaque éruption; danger d'autant plus effrayant pour nous, que la fumée ne permettait pas de les voir en l'air pour s'en garantir. Les conducteurs eux-mêmes en redoutaient la chute, et n'avançaient qu'en tremblant; on pourrait craindre encore d'être réduit en cendre en marchant sur un volcan enflammé, ou d'y être englouti tout vivant; d'autant que des amas de substances salines que nous traversions de temps à autre, nous offraient des surfaces à-la-fois molles et chaudes, qui semblaient prêtes à céder sous nos pas, et qu'en y enfonçant les bâtons dont nous nous étions munis, nous les retirions tous allumés par le bout comme des torches. Ces dangers sont réels, et ces accidens n'arrivent guères: c'est tout ce qui peut rassurer au milieu de cet atelier de destruction; car qui peut calculer les caprices d'un volcan?

Nous étions entourés de ses éjections, scories noires et très légères dont plusieurs étaient encore chaudes, sans pouvoir distinguer la bouche qui les vomissait. Vainement nous cherchions à la voir, vainement nous attendîmes quelque temps dans l'espoir donné par nos conducteurs, qu'un coup de vent pourrait dissiper la fumée et nettoyer le creuset, objet principal de notre curiosité. Il semblait que la divinité infernale qui règne dans ces lieux, voulût, en cachant dans les ténèbres son affreux laboratoire, le dérober aux mortels assez hardis pour oser y pénétrer. Nous avons rencontré plusieurs petites bouches ouvertes verticalement qui ne vomissaient plus ni feu, ni pierres, ni fumée, et pouvaient nous donner une faible idée de celle qui en vomissait, et que nous ne voyons pas. La plus belle était ronde et ressemblait à un tuyau de cheminée. Elle avait un diamètre de 3 ou 4 pieds, une profondeur de 9 à 10; et les parois quoique froides étaient rougies par les matières salines dont elles étaient tapissées, au lieu d'être noircies par la fumée, comme celles des cheminées ordinaires. Un de nous y est entré pour prendre quelques échantillons de ces matières extrêmement curieuses à observer.

Nous avons trouvé sur nos pas une petite fournaise ardente, au feu de laquelle nous nous sommes chauffés; nous y avons fait cuire deux pommes, l'une après l'autre, ce qui n'a pas été long à un brasier aussi ardent. Il devait être aussi bien salé; car les pommes l'étaient comme si elles avaient été cuites dans la saumure : c'était de sel ammoniac qu'elles étaient imprégnées.

Il y avait peu de jours qu'une lave coulait encore; et ce n'est pas sans regret que je me suis vu privé du plaisir de voir de près ce torrent enflammé, que j'avais vu de loin le soir même de mon arrivée, du haut de la terrasse de mon auberge.

Après avoir commencé plusieurs lettres au bord du cratère, pour me donner la satisfaction de les dater du haut du Vésuve, en attendant qu'un vent favorable vînt en mettre la bouche à découvert, enfin ce vent n'arrivant pas, et les éruptions accompagnées de pluie de pierres, dont me garantissait mal un gros quartier de lave, derrière lequel j'écrivais sur mes genoux, se renouvelant à chaque minute pendant que la pluie du ciel d'un autre côté menaçait d'augmenter, et d'accroître, avec celle du Vésuve, le danger de la position et la difficulté de la retraite, il a fallu se hâter de l'effectuer; et comme doyen de la compagnie, j'en ai donné le signal. Nous avons descendu en 5 à 6 minutes, partie en sautant, partie en roulant, partie en glissant, la montagne que nous avions été une heure à gravir. Nos ânes se sont mis à braire en nous voyant arriver; et nous, à leur témoigner de notre côté le plaisir que nous avions à les rejoindre, en leur remontant sur le dos, et trottant ensuite vers l'Hermitage, où mes lettres, commencées à la fumée du Vésuve, furent achevées à celle du Lacryma-Christi par lequel l'anachorète aubergiste rétablit les membres fatigués des curieux.

C'est le cas de dire un mot de ce vin renommé que nous regardons en France comme le premier du monde, d'après sa réputation et d'après son nom. Je m'attendais à une liqueur spiritueuse comme un élixir limpide, comme une larme divine; au lieu de cela, quelle a été ma surprise, de ne trouver qu'un très gros vin rouge, inférieur aux secondes qualités de nos vins du Rhône, ceux de tous les vins de France auxquels il ressemble le plus. Pour mieux le connaître, j'en ai bu du vieux et du nouveau; et j'ai répété l'expérience à Portici et à Naples, toujours avec les mêmes résultats : voilà du moins une erreur géographique rectifiée.

L'hermite nous a présenté un journal que les voyageurs remplissent de leurs réflexions, tant bonnes que mauvaises, au retour du Vésuve. Pour payer mon tribut, j'ai dicté, à celui de mes compagnons qui tenait la plume, la note suivante, que les curieux pourront retrouver en cherchant dans ce registre, l'année 1810 et le mois de mars. « Quel est donc » ce feu éternel, inépuisable comme celui de » l'Enfer? Quelle cause produit cet épouvan- » table effet?... Réponse, s'il vous plaît, par la » même voie, Messieurs qui allez écrire vos » observations au dessous des nôtres ». En attendant qu'on ait répondu, c'est-à-dire, qu'on ait découvert la cause des volcans, jetons un coup d'œil sur les effets de ce terrible phénomène.

Mon principal désir, en allant au Vésuve, était de comparer ce volcan allumé avec les volcans éteints que je venais de voir dans d'autres parties de l'Italie; et plus encore avec ceux que j'avais parcourus quelques années auparavant dans l'Auvergne, le Velai, le Vivarais et autres anciennes provinces de France. Les produits n'en sont point parfaitement les mêmes; mais l'analogie est assez frappante pour qu'on ne puisse pas la méconnaître. Le basalte y est moins abondant et même assez rare; il m'a paru d'une nature plus ferrugineuse. J'y ai trouvé peu de cette lave légère et persillée, à couleur brune, qui roule sous les pieds des voyageurs dans la limagne d'Auvergne; j'en ai cependant emporté quelques échantillons. Le fer fondu se montre au Vésuve presque sans mélange; on croirait fouler les scories d'une fonderie de fer. Ce genre de lave est celui de la plupart des coulées. Leur superficie, toujours écumeuse, finit par se décomposer à la longue et forme un excellent terrain. On a calculé que c'est au bout de 50 ans qu'elles ouvrent leur sein à la charrue. Tel est le sol qui recouvre toutes les bases du Vésuve, partout où des laves nouvelles ne sont pas venues le recouvrir de nouvelles incrustations; tel est celui des vignobles de *Lacryma-Christi*.

Une particularité remarquable est que le Vésuve, distant de Naples à peu près comme le Puy-de-Dôme de Clermont, a presque la même hauteur au dessus du niveau de la mer, que ce dernier au dessus de Clermont; et qui plus est la même forme, celle d'un cône tronqué. Ils sont l'un et l'autre tronqués en plan incliné, et l'une et l'autre inclinaison regarde l'Ouest. Cette direction est celle de la Méditerranée qui baigne l'un, et de l'Océan qui a dû baigner l'autre. L'identité de ces circonstances, jointe à la presque identité des effets, concourt à prouver celle des causes. Mais quelle prodigieuse différence offre l'état actuel de ces deux montagnes, l'une couverte de pâturages qui depuis long-temps ont remplacé les laves, l'autre couverte de laves qui, depuis près de 18 siècles, époque de la première éruption connue du Vésuve, ont remplacé les pâturages; l'une attestant des ravages antérieurs aux Annales du monde, l'autre ravageant encore les contrées qui se trouvent placées sous son empire, et menaçant celles qu'elle ne peut atteindre.

La ville de Naples, au moyen de l'inclinaison du cratère, voit très distinctement sa fumée, ses laves, ses éruptions; et ne s'en inquiète nullement: elle s'est même beaucoup plus étendue sur la côte qu'il domine que sur celle de Pausilippe, qui présente du côté opposé de plus beaux sites avec bien moins de danger. Les maisons de campagne, les villages, les bourgs et les villes s'y succèdent pendant plus de 10 milles avec tant de continuité, qu'on croirait être toujours dans les faubourgs de Naples. On est cependant sur les bases du Vésuve. De terribles et nombreux exemples, tant anciens que modernes, ont de quoi faire trembler; mais on ne tremble au pied du Vésuve qu'autant que les maisons tremblent elles-mêmes; et on ne les quitte que lorsque la lave les menace : on fuit alors dans les campagnes, emportant avec soi les effets les plus précieux. Le danger est-il fini? on rentre dans sa maison. Est-elle renversée, enterrée ou brûlée? on la rebâtit avec et sur les mêmes laves qui l'ont engloutie, sans songer qu'on peut, avant même d'avoir achevé sa nouvelle habitation, en être privé par un semblable désastre. Heureuse imprévoyance de l'homme! Qu'il serait à plaindre s'il était plus sage! Au surplus, l'habitant du Vésuve a là ses pénates, sa fortune, ses ancêtres. Eh! en quel lieu ira-t-il, où la mort ne le menace sous mille formes différentes? Elle ne se montre ici que sous une forme de plus.

Si le Vésuve est un formidable voisin, on doit dire cependant à sa louange que, semblable à ces malades frénétiques qui avertissent de leurs accès quand ils les sentent approcher, il annonce toujours ses éruptions en pompant l'eau de tous les puits dans les lieux qui l'avoisinent; et c'est ce présage qui forme la sécurité des habitans : ils comptent aussi sur la lenteur avec laquelle marche ordinairement la lave. « On la voit venir (me disaient-ils) cette lave; bah! le Vésuve n'est pas si méchant qu'on le fait ». Quant aux tremblemens de terre, ils y sont si accoutumés, qu'ils n'y prennent pas garde.

A côté du Vésuve, sur la même base et à peu près à la même hauteur, s'élève une autre sommité, le Mont-Somma, qui n'en est détaché que par une espèce d'échancrure d'une profondeur moyenne, et qu'on regarde comme l'ancien cratère. On suppose même qu'il était là lors de l'éruption célèbre, qui fut marquée par la mort de Pline, ou que les deux sommités n'en faisaient qu'une, séparée en deux par les affaissemens successifs qu'ont dû produire les éruptions. Ainsi le Vésuve est composé de deux sommités unies par une base commune, savoir, le Vésuve proprement dit et le Mont-Somma. La lave de ce dernier, dès long-temps refroidie, ne ressemble pas plus à celle du Vésuve que celle-ci ne ressemble à celle de l'Etna. Sa substance vitreuse et variée se prête beaucoup mieux au poli : j'en ai pris divers morceaux que j'ai fait travailler, et qu'on m'a transformés en jolies tabatières.

Pour tout ce que les lecteurs curieux de détails pourront désirer de plus sur le Vésuve, nous les renverrons au père de la Torre, à Williams Hamilton et au savant Spallanzani.

Après le Vésuve, il reste à voir encore sur la même côte, les deux villes d'Herculanum et de Pompeïa qu'il a ensevelies, la première sous sa lave, la seconde sous sa pluie de cendre; il reste à voir aussi Portici et son muséum. Je voudrais peindre à mes lecteurs tout ce que j'ai vu dans ces deux villes, et dans ce muséum antique; je voudrais leur transmettre, suivant mon usage, toutes mes sensations : mais en décrivant le Vésuve, j'ai déjà franchi mes limites que j'avais posées à Naples. Je vais me borner à parcourir rapidement le reste des environs de cette ville.

C'est de Résina, d'où nous sommes montés au Vésuve, qu'on descend à Herculanum. Résina est une petite ville bâtie à la suite de Portici dont elle semble faire partie, et comme cette dernière, sur la lave qui couvre Herculanum.

Herculanum est toujours une ville enterrée, malgré les travaux qu'on fait pour l'exhumer de son tombeau. Les excavations n'ont déblayé qu'une portion de théâtre. On vous y montre la place qu'occupaient les deux statues équestres des deux Balbus. Le curieux, à la pâle lueur du flambeau porté en avant par son guide, ne distingue que les objets qu'on lui montre, et ne les distingue que très difficilement à la faveur de longues explications.

Dans les étroites et noires galeries qu'on lui fait parcourir, son œil a autant de peine à démêler la lave du marbre, qu'en a eu le ciseau du carrier à séparer l'un de l'autre : car c'est une carrière à exploiter; et l'exploitation en est d'autant plus difficile, que la lave a rempli tous les vides, de manière à ne plus faire qu'un corps avec les murs, et que le tout ne forme plus qu'un seul et dur rocher, dont la partie la moins dure est précisément celle que le ciseau doit respecter, savoir la maçonnerie et le marbre.

Il a fallu des efforts et des frais immenses pour ce qu'il y a déjà de fait, et c'est bien peu de chose auprès de ce qui reste à faire. L'ancien gouvernement de Naples a discontinué les travaux, soit à cause de ces frais d'autant plus considérables que la conservation des monumens qu'on trouvait, et des deux villes de Portici qui sont placées au dessus, non-seulement ne permettait pas le secours de la poudre, mais exigeait encore de grandes précautions; soit à cause du danger que couraient, malgré toutes les précautions, ces deux villes, qu'il eût fallu finir sans doute par sacrifier. Il n'a pas cru devoir, pour déterrer une ville détruite, en détruire deux existantes.

On reprend, pour sortir de ce souterrain, le long escalier par lequel on y est descendu; et l'on en sort peu satisfait d'avoir vu moins une ville romaine, qu'une carrière de lave.

Il n'en est pas de même de Pompéia qu'on trouve sur la même côte à 8 milles au delà de Portici, à 12 milles de Naples. Celle-ci a véritablement revu le jour; on se promène dans ses rues, on en visite les maisons, les édifices, les temples, les théâtres, etc.; on y entre par un édifice bâti en forme de cloître, qui est regardé comme une caserne. Les fouilles étaient bien plus faciles à faire dans le sable et les cendres qui ont enseveli cette ville, que dans la lave compacte d'Herculanum. Lors de ma dernière promenade à Pompéia, en 1810, le gouvernement faisait continuer les travaux avec ardeur. A côté des jolies petites chambres carrées, stuquées et peintes, qui étaient déjà déblayées, j'en voyais paraître de nouvelles. Un mur fraîchement bâti sortait de terre; sur un autre paraissait une porte figurée en peinture avec les couleurs les plus vives, et la plus grande vérité. Décrire tout ce qui était alors, ne serait pas décrire tout ce qui est aujourd'hui. J'éprouverais d'ailleurs le besoin, après avoir conduit mon lecteur de rue en rue et de maison en maison, de l'arrêter à la belle fresque où est représentée la fable d'Actéon; de le reposer aux deux théâtres qui subsistent encore en entier, l'un à côté de l'autre; de le faire sortir de la ville par la belle porte dont l'avenue est une promenade, et dont les embellissemens sont des tombeaux; de m'asseoir avec lui sur le joli banc de pierre en fer à cheval où s'asseyaient les promeneurs de Pompéia : et après avoir considéré ensemble tous ces monumens funéraires, de la même place où l'on s'occupait jadis à considérer les passans, après l'avoir conduit, non loin de cette porte, à la maison de campagne dont les caveaux conservent encore les amphores dressées à la même place qu'elles occupaient lors du désastre, j'éprouverais encore le besoin de lui raconter ce désastre mémorable. Mais il est assez connu par la mort de Pline, qui en fut la victime, et par la lettre de son neveu à Tacite; ainsi nous renverrons nos lecteurs, pour ce récit, à la lettre de Pline le jeune, et pour les fouilles de Pompéia, aux descriptions qui se vendent et se réimpriment tous les ans à Naples, sous le titre de *Guide des Etrangers*.

Quant à Portici, où nous avons déjà passé deux fois sans nous y arrêter, nous ne dirons rien de cette jolie ville, sinon qu'elle contient un beau château royal, sous les arceaux duquel passe la route; et nous ne dirons autre chose de ce beau château, sinon qu'il renferme la plus intéressante galerie de peinture qui soit au monde : ce sont les fresques de Pompéia. On voit partout des tableaux des écoles Flamande, Française, Italienne; mais un muséum de l'école d'Athènes!... Où le voit-on ailleurs qu'à Portici? Ainsi, par l'effet du plus affreux désastre, il nous est donné de voir une immense collection de peintures antiques, dont plusieurs sont peut-être des copies d'après Zeuxis ou Appelles; et c'est au plus destructeur des élémens qu'on en doit la conservation!

Des peintures qui ont franchi vingt siècles!... Quel bonheur j'ai goûté à les contempler! Qu'elles ont été courtes les trois heures que j'ai passées dans ce muséum! Il est composé de neuf à dix chambres entièrement tapissées de ces fresques antiques, enlevées avec art aux murs des appartemens de Pompéia, où elles n'auraient pas tardé à s'altérer, étant exposées aux injures de l'air : plusieurs sont très bien conservées. Ce sont des tableaux de famille, des sujets tirés de la Fable ou de l'Histoire, des allégories ingénieuses et simples, des scènes de la vie privée. Combien de jolis sujets, combien d'ornemens délicats, surtout en arabesque, ont tour-à-tour captivé mes regards? Ce ne devait pas être là cependant les chefs-d'œuvre des anciens, qui avaient sans doute, comme nous, leurs peintres décorateurs, et qui, comme nous aussi, n'employaient sans doute pas les artistes du premier ordre à orner leurs appartemens. C'est ce qui rend d'autant plus admirables les fresques de Pompéia. Le goût sévère des artistes modernes en trouve fort peu de véritablement belles, et beaucoup de médiocres. Ils ont peut-être raison. Mais il est si beau d'exister depuis 2000 ans!

Je ne voulais dire qu'un mot de ce muséum, et je m'y oublie. Terminons par un vœu que tous les amateurs doivent partager, qui est de voir transporter cette précieuse collection à Naples, puisque les éruptions et les tremblemens de terre la menacent sans cesse à Portici.

Quoique le Vésuve, Portici, Herculanum et Pompéia soient sur la même côte, et qu'on puisse à la rigueur voir le tout en une seule journée d'été, cependant les personnes qui ne se contentent pas d'un seul coup-d'œil, consacrent au moins deux jours à ces quatre objets, savoir, un pour le Vésuve, un autre pour Pompéia; et l'on voit Portici en allant à l'un, Herculanum en allant à l'autre, ou bien en revenant. Dans cette dernière excursion qui se fait le long de la mer, on voit et l'on foule en passant différentes coulées de lave, dont la dernière a détruit naguère la ville de *Torre-del-Greco*, rebâtie immédiatement après sur la lave même, qui lui a servi à la fois de fondations et de matériaux. De l'autre côté du golfe de Castella-Mare, on voit la petite ville de ce nom, au bord de la mer et au pied de la haute montagne calcaire qui s'élève dans cette partie de la côte. Cette ville a un port de construction.

La côte de Pouzzole depuis Naples jusqu'au cap de Misène, appelle actuellement nos regards. Elle peut être visitée en un jour, quoiqu'elle renferme un plus grand nombre d'objets à voir que celle du Vésuve; il en faut pourtant deux, si l'on veut voir avec quelque détail. Le premier objet qui se présente est la fameuse grotte de Pausilippe, longue, large et haute galerie, creusée en ligne droite dans le tuf volcanique dont se compose la colline du même nom. C'est le plus étonnant ouvrage de ce genre qui existe. Comme elle forme de ce côté l'avenue de Naples, on y croise à chaque pas des voitures et des chariots, des hommes à pied et à cheval, des bêtes de somme, des troupeaux, etc. Une circulation aussi active entretient dans cette route souterraine un bruit confus et retentissant, dont l'impression ne peut être comparée, pour l'effet qu'elle produit, qu'à celui que produit sur la vue la ren-

20 *

contre de tant d'êtres animés au fond de cette espèce d'antre.

On est naturellement porté à faire honneur aux Romains de cette ouverture, qui est peut-être antérieure à leur existence. Plusieurs de leurs auteurs en parlent, et Sénèque rend compte, dans sa 57e. Lettre, de l'incommodité de ce passage, de la poussière dont il y était étouffé, et du trouble qu'il y éprouvait.

Eclairée aujourd'hui par des réverbères et par deux orifices pratiqués à quelque distance l'un de l'autre, en forme de soupiraux, élargie, exhaussée, nivelée par Alphonse Ier. roi d'Aragon, et sous Charles-Quint, par le vice-roi don Pierre de Tolède, cette galerie souterraine n'a plus rien d'effrayant. On jugera même que cette entreprise ne fut pas aussi extraordinaire qu'elle le paraît, si l'on considère, 1°. que le tuf volcanique de la montagne de Pausilippe est, par sa nature, tendre et très facile à excaver; 2°. que cette excavation a dû être, pour la ville de Naples, une carrière qui lui a offert un avantage de plus que les autres, celui d'ouvrir une superbe route qu'il eût fallu sans cela diriger sur la colline, dont la nature escarpée présentait des difficultés majeures.

Dans le milieu de la galerie est une petite chapelle de la Vierge. Un hermite y entretient une lampe qu'on aperçoit dans le lointain, comme un point lumineux, dès qu'on entre dans la grotte.

Cette route souterraine est entièrement pavée de laves vésuviennes, taillées en larges dalles aussi plates qu'unies. Malgré sa longueur de 900 pas (361 toises), je l'ai parcourue en 6 minutes au grand trot de mon cheval.

C'est au dessus de l'entrée de cette grotte que j'ai été visiter, dans un jardin, ce qu'on appelle, sans autre preuve que la tradition, le tombeau de Virgile. Si l'on y voit toujours un laurier, c'est parce que le jardinier l'entretient, en le renouvelant à mesure qu'il périt faute de terre suffisante pour pousser des racines sur ce tombeau, consistant en une petite chambre carrée, voûtée, et revêtue en dedans de maçonnerie réticulaire. La voûte ne nourrit le maigre laurier et les tristes broussailles que j'y ai vues, qu'au moyen des éboulemens d'un tertre qui est au dessus. Tel est ce tombeau et son laurier sur lesquels j'ai lu, avec des contes ridicules, des discussions polémiques plus ridicules encore.

Au sortir de la grotte, je me suis trouvé dans

la jolie plaine que Dupaty nous peint couverte de hauts peupliers, réunis par des vignes qui se suspendent à leurs branches. Bientôt après j'ai quitté cette charmante route, qui est celle de Pouzzole, pour prendre à droite, non dans le riant vallon dont parle le même auteur, mais dans une profonde cavée, un chemin pittoresque qui m'a conduit en peu de temps au lac d'Agnano, ancien cratère sur les bords duquel on visite, à droite la grotte du Chien, à gauche les étuves de Saint-Germain, plus loin les Pisciarelles.

Le lac d'Agnano, comme tous ceux qui doivent leur origine à des volcans, est au fond d'un bassin en forme d'entonnoir : il a un mille et demi de circuit; ses hautes rives sont en partie couronnées de ces bois de châtaignier qui ont charmé M. Dupaty ; mais les eaux n'en sont point aussi pures qu'il le prétend; elles rendent même l'air malsain en été.

La grotte du Chien, fameuse dans toute l'Europe, surtout parmi les savans, est ainsi nommée à cause qu'on se sert ordinairement de cet animal pour faire l'expérience des vapeurs mortifères qu'elle produit. Un voisin nourrit un chien exprès pour cet usage. On le conduisit à ma demande : à la vue de la fatale grotte et de la fumée qui s'en exhale, il voulut reculer; mais deux enfans l'ayant pris par les quatre pattes, l'y introduisirent malgré lui, et le tinrent couché de manière à l'étouffer, et à faire douter si l'état de mort dans lequel nous le vîmes au bout de quelques secondes, n'était pas l'effet de la pression à laquelle il était soumis, autant que de la vapeur méphytique qu'on lui faisait respirer. J'ai baissé la tête jusqu'à un demi pied de terre, ainsi que tous les curieux qui se trouvaient avec moi, et nous n'avons rien senti. J'ai pressé la détente d'un pistolet à un pouce de terre, et l'amorce seule a pris; s'il n'est point parti, c'est qu'il était chargé depuis très long-temps. Il n'en eût peut-être pas été de même un autre jour, la hauteur et l'intensité du gaz qui produit cet effet variant suivant l'état de l'atmosphère. J'ai vu en France, notamment en Auvergne, des grottes et des caves méphytiques d'un plus grand effet, quoique d'une moindre célébrité. Quoi qu'il en soit, le chien asphyxié fut jeté hors de la grotte, et non dans l'eau comme on le dit ordinairement, et il revint à la vie; ce qui prouve que c'est l'air vital dans lequel il rentre, et non l'eau du lac, qui lui fait reprendre l'usage de ses sens.

Les étuves de Saint-Germain et les *Pisciarelles* sont des exhalaisons sulphureuses, les premières sèches, les autres humides.

Revenant sur ses pas pour se rendre à Pouzzole ville épiscopale peuplée de 6000 habitans, on y visite diverses antiquités, entre autres un grand amphithéâtre attribué à Dioclétien; les trois temples de Mercure, de Diane et de Sérapis, (celui-ci est très beau et encore orné de nombreuses colonnes en marbre Cipollin); la Solfatara, volcan prétendu éteint quoiqu'il fume encore, et dont la fumée ne s'arrête, ainsi que celle des Pisciarelles et de la grotte du Chien, que lorsque le Vésuve est en éruption; preuve certaine qu'il n'est pas éteint et qu'il communique avec ce dernier. C'est ainsi que la ville de Naples se trouve placée entre deux volcans; ou plutôt sur tous les deux, puisqu'ils se communiquent à travers le terrain qu'elle occupe. Le nom de la Solfatara vient du soufre qu'on y extrait, comme celui de Pouzzole de la Pouzzolane.

Passé Pouzzole, on voit dans le golfe, en suivant la côte soit par mer soit par terre, des restes de l'ancien mole, donnés mal-à-propos pour ceux du fameux pont que Caligula fit construire entre Bayes et Pouzzole, dans une longueur de 3600 pas, et qui paraît avoir été le premier acte d'aliénation de cet empereur, mais qu'on ne peut retrouver dans des piles de pierre, puisque d'après Suétone, qui nous apprend le fait, c'était un pont de bateaux.

A 2 milles au delà de Pouzzole s'élève le *Monte-Barbaro*, ancien mont *Gaurus* suivant les uns, ancien mont *Falerne* suivant les autres. Dans cette dernière supposition, il n'a pas tout-à-fait perdu le mérite qui le rendait si cher aux gourmets de l'ancienne Rome. Les vins en sont encore recherchés à Naples; mais il en produit peu, les vignes y étant aussi clairsemées que le sol en est aride. Il se refuse à toute autre culture.

A un quart de lieue de ce mont s'élève, à près de 200 mètres de hauteur, celui de Monte-Nuovo, sorti de terre en 1538, dans l'espace de 48 heures. Cette éruption combla en partie, et réduisit à n'être plus qu'un simple étang, le lac Lucrin, renommé chez les Romains par ses excellentes huîtres. Il ne nourrit plus aujourd'hui que des anguilles.

La cime de ce mont ressemble aux bords, et le milieu au fond d'un entonnoir; et il est si profond, qu'on doute à la simple vue s'il n'est pas plus bas que la mer qui baigne le pied du côté du sud : on s'étonne de n'y point voir d'eau. Du côté opposé on descend au fameux lac Averne, autre cratère d'un ancien volcan; ce qu'on ignorait au temps de Virgile, lorsqu'il l'a dépeint sous des couleurs si effrayantes, car cette circonstance lui aurait fourni de nouvelles couleurs et enrichi son tableau.

Au bord de ce lac on voit à droite un temple d'Apollon, à gauche la grotte de la Sibylle, galerie souterraine comme celle de Pausilippe. Vers les deux tiers de cette galerie, on en trouve une autre plus basse et moins large, qui se dirige à droite et en pente jusqu'à une petite chambre ronde que j'ai trouvée remplie d'eau. C'était, s'il faut en croire le conducteur qui vous promène dans cette rotonde sur ses épaules ayant l'eau jusqu'aux genoux, le palais ou le temple, comme on voudra, qu'habitait la fameuse Sibylle de Cumes.

La porte par laquelle on sort de la galerie, ramène sur les bords du lac Lucrin qu'il faut côtoyer à gauche, pour aller rejoindre la mer et la chaloupe dans laquelle il convient de longer cette côte, pour visiter sans fatigue les antiquités de l'art et de la nature qui se multiplient à l'infini et sans discontinuer, depuis

Naples jusqu'au cap de Misène : c'est même le moyen d'en mieux jouir, la plupart étant au bord de la mer et les autres fort près.

Le premier endroit où nous a fait débarquer ensuite le *cicerone* que nous avions pris à Pouzzole, est ce qu'on appelle *les Bains de Néron*. Ce sont des chambres et des galeries construites dans le tuf. Lorsqu'on peut résister aux maux de cœur que provoque ces étuves, on n'en peut encore supporter la vapeur étouffante qu'en se dépouillant de ses habits. Une particularité de ces chambres, c'est que le pavé ne participe pas de la chaleur, et qu'il suffit de se baisser pour s'en garantir quand elle est trop forte, et se trouver même au frais. Gallien parle de ces bains avec éloge; le plus grand usage qu'en font les modernes, est pour les maladies vénériennes.

En continuant à suivre la côte dans sa nacelle, on voit des vestiges peu apparens, 1°. d'un palais de Jules-César 2°. des bains de la ville de Bayes, que la mer a envahis et en partie couverts, ensuite les ruines plus imposantes des trois temples presque contigus de Diane, de Vénus et de Mercure, dont l'un présente un singulier effet d'acoustique. Les ruines continuent à border la mer sans offrir aucun objet particulier.

Voilà tout ce qui reste de cette délicieuse Bayes, célèbre par la pureté de l'air, par l'abondance de ses eaux thermales, et le nombreux concours de Romains qui l'embellirent de leurs maisons de campagne, formant d'après Strabon (*L*. 5, *pag*. 246.), comme une nouvelle ville. Voilà cette Bayes dont Horace a dit : *Nullus in orbe locus Baiis prælucet amœnis.* Un grand nombre d'autres anciens auteurs en ont parlé; Sénèque décrit dans l'épître déjà citée, les délices de Bayes et la vie voluptueuse qu'on y menait; Clodius reproche à Cicéron d'avoir une maison de campagne à Bayes; et Properce défend ce séjour à sa Cynthie, comme dangereux pour la vertu. Un des palais de Bayes était celui de Pison, où eut lieu la conjuration d'Epicharis. Cette ville était placée en amphithéâtre, sur la colline demi-circulaire qui ceint le golfe auquel elle a donné son nom.

Fameux chez les Romains pour sa sûreté, le golfe de Bayes offre encore, malgré les ruines dont est encombrée la partie qui formait autrefois le port, une rade beaucoup plus abritée que celle de Naples; et c'est même là que se mettent en sûreté les gros vaisseaux, sous la protection d'un château fort que Charles-Quint fit construire sur un rocher, dont la saillie en promontoire les protège d'un autre côté contre les vents d'ouest.

En doublant ce rocher, on aborde dans un hameau, où une construction Romaine porte le nom de tombeau d'Agrippine, et a l'apparence d'un théâtre. De là on va visiter la *piscina mirabile*, ancien réservoir fait pour étonner par sa grandeur et sa parfaite conservation. Le fer peut à peine détacher l'enduit dont sont incrustés les murs. On en fait des ouvrages qui imitent le marbre le plus dur et le plus beau.

Les *cento Camerelle* (cent petites chambres) qui subsistent à peu de distance au delà, sont des cachots, si l'on en croit l'homme qui les montre, et cette opinion n'est pas plus ridicule que les savantes et chimériques conjectures que j'ai lues à ce sujet.

Notre course va se terminer aux Champs-Elysées, délicieux coteau de vignes baigné par l'Achéron, et embelli par la muse de Virgile. Cet Achéron, qu'il ne faut point confondre avec celui ou ceux des Grecs (car ils ont eu plusieurs fleuves de ce nom), est un très petit lac séparé de la mer par une digue faite de main d'homme et attribuée à Hercule, qui la construisit, dit-on, pour y faire passer les bœufs qu'il amenait d'Espagne. C'est autour de ce petit lac que se développent en amphithéâtre les Champs-Elysées, où quelques réalités semblent s'être mêlées aux fictions auxquelles elles ont, sans doute, donné lieu, puisqu'on trouve dans cet asile solitaire et gracieux, plusieurs restes de tombeaux antiques qui font présumer que c'était un lieu de sépulture pour les habitans de Bayes, de Cumes ou de Misène; et peut-être aussi traversait-on le lac dans une barque.

Quelle féconde et brillante imagination que celle des anciens! Ils avaient embelli jusqu'à la mort.

A une demi-lieue sud des Champs-Elysées, la ville de Misène occupait l'extrémité du promontoire qui porte encore son nom. Elle devait ce nom, s'il faut en croire l'auteur de l'Enéide, à l'un des compagnons de son héros qui mourut sur la flotte Troyenne, près de ce cap, et y fut enterré.

Monte sub ærio qui nunc Misenus ab illo
Dicitur æternumque tenet per sæcula nomen.

Les curieux n'y trouvent que de bien faibles restes de cette ancienne ville. Lucullus y avait une célèbre maison de campagne, à laquelle appartenait peut-être le théâtre dont on reconnaît encore quelques vestiges, sous la chaumière d'un paysan, au midi du port de Misène.

Le cicérone qui nous guidait ayant refroidi notre curiosité sur les restes de la ville de Cumes, nous ne nous sommes pas déterminés à cette dernière course, qui n'eût exigé qu'une heure de plus. Je pourrais la décrire sans l'avoir vue, si le témoignage d'autrui pouvait remplacer par moi celui de mes propres yeux; mais ce dernier est le seul qui puisse diriger ma plume. Le lecteur au surplus n'aura, comme moi, à regretter qu'une porte en arc de triomphe dite *Arco-felice*, seul débris digne de quelque attention. Il aurait cru voir aussi çà et là, l'emplacement des nombreuses maisons de campagne que les Romains élevèrent sur cette partie de la côte; mais il doit être fatigué comme nous de souvenirs vagues, d'explications incertaines et des débris la plupart informes qui peuplent cette côte, et qui finissent par rassasier par leur multiplicité, sans laisser dans la mémoire aucune trace lumineuse.

On traverse directement, pour regagner sa voiture à Pouzzole, le golfe qu'on a longé en allant. C'est, après avoir parcouru l'arc, en parcourir la corde. Comment le président Desbrosses a-t-il pu éprouver le mal de mer dans ce trajet? Il est si court, et la mer si calme! C'est une traversée de 4 milles qu'on fait en une demi-heure quand le vent est bon, en trois quarts d'heure quand il ne l'est pas.

Le roc escarpé, et couvert en certaines parties de figuiers d'Inde, qui domine à gauche la route de Pouzzole à Naples, baignée à droite par la mer, est une lave qui mérite l'attention des naturalistes.

Le château royal de Caserta est le plus beau, non-seulement de l'état de Naples, mais même de toute l'Italie. Sa position à l'extrémité orientale de la plaine de Capoue, qui est moins belle ici qu'ailleurs, et au pied des Apennins, qui n'offrent qu'une triste chaîne aride et blanchâtre, ne peut point paraître bien choisie à ceux qui connaissent les délicieuses campagnes du royaume de Naples. Les souverains de cet état ont voulu faire de Caserta leur Versailles, et ils ont commencé l'imitation par un mauvais choix en fait de site. C'est en cela seulement que s'est démenti le goût de Don Carlos, qui l'a fait construire. Ce château est un vaste rectangle, dont la figure paraît équilatérale sans l'être cependant tout-à-fait, le carré étant un peu alongé. Il est

VILLE DE NAPLES.

construit en brique, et aussi simple de construction que pauvre d'ornemens extérieurs ; je dis extérieurs, car pour le dedans le marbre y est prodigué. Le vestibule, l'escalier, la chapelle, le théâtre, sont d'une richesse dont on ne peut se faire une idée. Les colonnes, les statues, les reliefs y captivent à l'envi les regards et l'admiration que réclament aussi les peintures ainsi que les dorures. L'escalier, accompagné d'un superbe vestibule, est un des plus beaux, et peut-être le plus beau qui existe.

Un autre genre de mérite qu'offre ce vestibule, est la perspective de la superbe cascade artificielle par laquelle les eaux arrivent au château. Elle est en plan incliné et en ligne parfaitement droite, comme si celui qui la dirigea eut craint, en imitant trop bien la nature, qu'on ne s'y trompât, et qu'on ne lui refusât ainsi au premier aspect une partie de sa gloire. Ces eaux sont amenées de plusieurs lieues par un somptueux aqueduc, construit à grands frais.

A 5 milles du château, il traverse un vallon sur trois rangs d'arcades magnifiques, placées les unes sur les autres, à la manière de celles des Romains, qui n'ont rien fait de plus *grandiose* en ce genre.

Tome IV.

Avant de quitter ce château, on peut en parcourir le parc planté de chênes-verts, qui m'ont procuré l'agrément de l'ombrage dans une journée chaude du mois de mars (*).

(*) On sait que le chêne-vert est au nombre des arbres qui ne se dépouillent jamais de leur verdure.

FIN DU TOME QUATRIÈME.

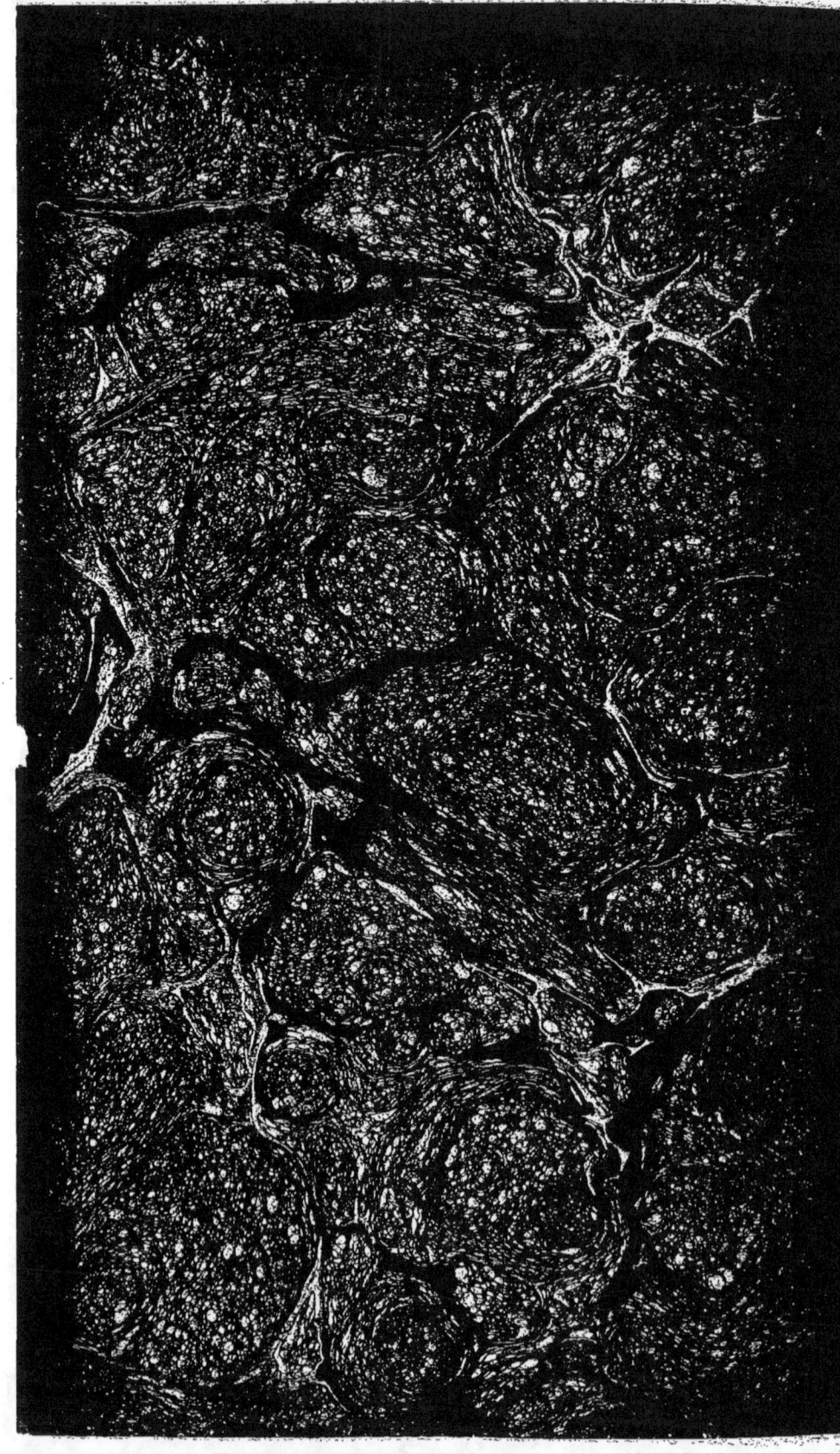

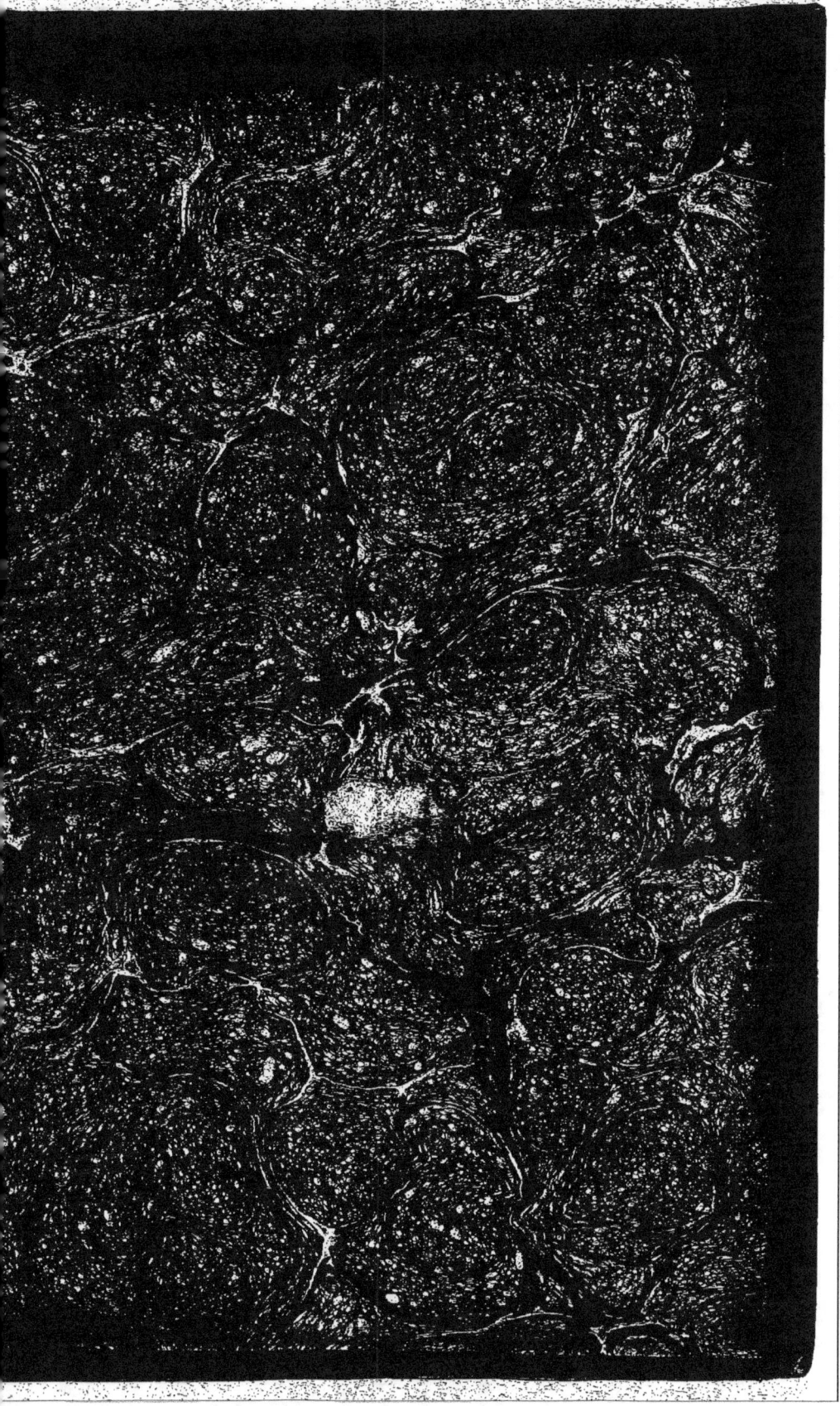

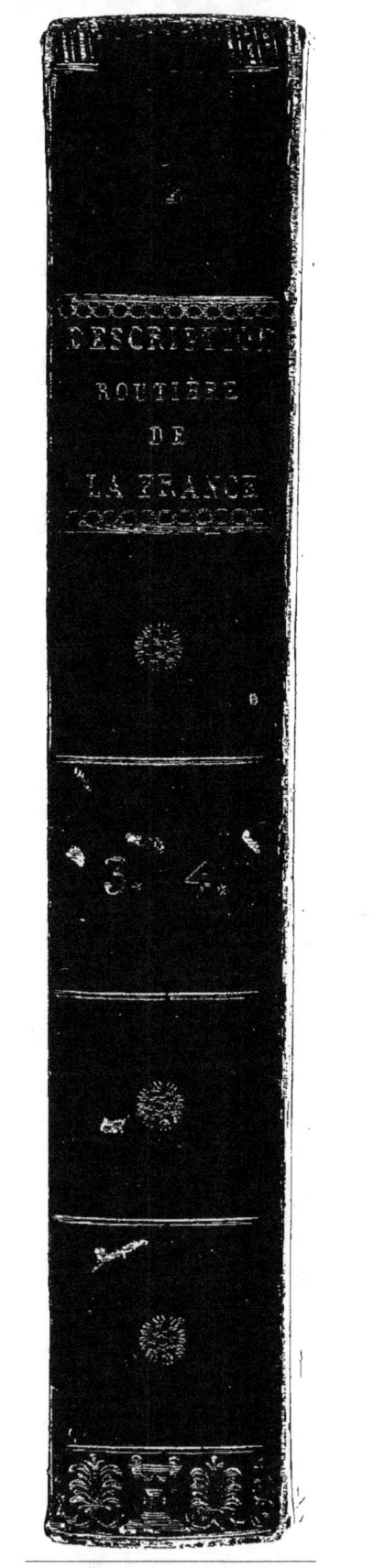

www.ingramcontent.com/pod-product-compliance
Lightning Source LLC
Chambersburg PA
CBHW072019240426

43667CB00044B/1484